AU-DELÀ DU CODE : À LA DÉCOUVERTE DE L'INTELLIGENCE ARTIFICIELLE

CHAPITRE 1 : FONDAMENTAUX DE L'INTELLIGENCE ARTIFICIELLE

Définition

L'intelligence artificielle, souvent abrégée en IA, est un domaine d'étude interdisciplinaire qui cherche à simuler ou à reproduire l'intelligence humaine dans des machines. Cette définition apparemment simple cache une profondeur et une complexité remarquables, puisque l'intelligence elle-même est un concept insaisissable et multidimensionnel. Alors, que signifie « simuler » ou « reproduire » l'intelligence ? Et qu'entend-on plus précisément par intelligence ?

Traditionnellement, l'intelligence est considérée comme la capacité d'acquérir et d'appliquer des connaissances et des compétences. Cependant, dans un contexte plus large, cela peut également inclure d'autres formes de résolution de problèmes, de créativité, d'adaptabilité émotionnelle et même d'intuition. Lorsque nous transférons ce concept au monde des machines, la définition devient encore plus insaisissable. Contrairement aux humains, les machines n'ont ni conscience biologique, ni émotion, ni instinct. Alors, dans quelle mesure une machine peut-elle être considérée comme « intelligente » ?

Dans le contexte de l'IA, l'intelligence est souvent comprise comme la capacité d'une machine à effectuer des tâches qui, si elles étaient exécutées par un humain, nécessiteraient l'application de l'intelligence. Ces tâches peuvent aller du simple traitement de données et calculs à la résolution de problèmes complexes, en passant par l'apprentissage et l'adaptation au raisonnement et à la planification.

L'un des principaux obstacles à la définition de l'IA est sa segmentation en diverses sous-disciplines et approches.

Certains domaines de l'IA se concentrent sur des problématiques spécifiques, comme la reconnaissance vocale ou d'image.

D'autres explorent des problèmes plus généraux liés à l'apprentissage automatique, à la logique et à l'optimisation. Il existe également des branches de l'IA qui traitent de l'interaction homme-machine, en essayant de rendre les machines plus « compréhensibles » et « naturelles » dans la manière dont elles interagissent avec les humains.

La technologie a atteint un point où les machines peuvent non seulement effectuer des tâches spécifiques qui nécessitent des formes d'intelligence, mais aussi apprendre des données et de l'expérience, en s'adaptant à de nouvelles situations. Cela marque un tournant important : l'IA n'est plus seulement un ensemble de règles programmées dans une machine, mais un système capable « d'apprendre » de manière similaire, mais non identique, à un être humain.

L'intelligence artificielle est donc un domaine en évolution rapide qui remet continuellement en question nos conceptions préexistantes sur ce qu'une machine peut et ne peut pas faire. Et alors que nous nous dirigeons vers un avenir dans lequel l'IA sera de plus en plus intégrée dans nos vies, il est crucial de comprendre quel type d'« intelligence » nous construisons réellement et quelles seront ses implications éthiques, sociales et humaines.

Avec cette définition comme point de départ, nous pouvons désormais explorer en détail les différents aspects de l'intelligence artificielle, en essayant de comprendre non seulement son fonctionnement, mais aussi comment elle transforme notre monde d'une manière qui aurait pu paraître inconcevable il y a quelques années à peine.

Caractéristiques fondamentales

Apprentissage : une grande partie de l'IA moderne est basée sur l'apprentissage automatique, qui permet aux systèmes d'apprendre à partir de données plutôt que d'être explicitement programmés.

Cet apprentissage peut se produire par le biais d'exemples (apprentissage supervisé), d'expérimentation (apprentissage par renforcement) ou d'identification de modèles dans les données (apprentissage non supervisé). Ce concept est au cœur de l'IA moderne. Les machines apprennent des données et des expériences passées, ajustant leurs algorithmes pour améliorer les performances au fil du temps.

Raisonnement : l'IA peut simuler le raisonnement humain pour résoudre des problèmes spécifiques, comme dans l'IA symbolique ou la programmation logique.

Autocorrection : un système d'IA peut revoir et corriger ses décisions en fonction de nouvelles données ou de nouveaux commentaires.

Interaction : de nombreux systèmes d'IA peuvent interagir avec les utilisateurs ou d'autres systèmes de manière avancée, par exemple grâce à la compréhension du langage naturel ou à la vision par ordinateur.

Automatisation : l'IA a le potentiel d'automatiser les tâches répétitives et fastidieuses, libérant ainsi du temps humain pour des activités plus créatives et stratégiques.

Réseaux de neurones : Inspirés de la structure du cerveau humain, les réseaux de neurones artificiels sont des systèmes d'algorithmes qui permettent aux machines de reconnaître des modèles complexes dans les données. Les réseaux de neurones profonds sont capables d'apprendre des représentations de données de plus en plus abstraites.

Types d'intelligence artificielle

IA étroite (ou IA étroite) : Cette forme d'IA est conçue et entraînée pour effectuer une tâche spécifique sans conscience humaine ni intelligence émotionnelle. Les exemples incluent les assistants virtuels comme Siri ou Alexa ou les programmes de reconnaissance d'images.

IA générale (ou AGI, Intelligence Générale Artificielle) : Ce type d'IA aura toutes les capacités cognitives d'un humain, lui permettant d'effectuer n'importe quelle tâche intellectuelle qu'un humain peut accomplir.

A l'heure actuelle, l'AGI reste une cible théorique.

IA superintelligente : Fait référence à un avenir dans lequel la capacité cognitive des machines dépassera de loin celle des humains dans presque tous les domaines.

ÉVOLUTION HISTORIQUE

Les origines philosophiques

Les origines philosophiques de l'intelligence artificielle (IA) remontent loin, bien avant l'ère de l'informatique et de l'ingénierie modernes. Les racines philosophiques de l'IA remontent à d'anciens penseurs qui remettaient en question la relation entre l'esprit, la conscience et la matière.

Aristote, l'un des plus grands philosophes de l'Antiquité, a développé le concept d'« âme rationnelle» comme principe qui donne forme et fonction au corps humain. Ses idées sur la logique ont finalement été codifiées sous une forme qui a jeté les bases de la programmation informatique de règles, l'un des aspects centraux de l'IA symbolique.

Le philosophe cartésien René Descartes, avec son célèbre «Cogito, ergo sum » (« Je pense, donc je suis »), a ensuite isolé davantage l'esprit en tant qu'entité indépendante de la matière, suggérant implicitement qu'un «esprit» pourrait peut-être exister indépendamment de la matière. un corps organique. La philosophie des Lumières a conduit à la séparation de l'esprit et de la machine, ouvrant la voie à l'idée que la raison pouvait être mécanisée. Cette réflexion a été un précurseur direct de la révolution industrielle, qui a conduit à l'émergence de la cybernétique et de l'ingénierie des systèmes, disciplines qui contribuent largement à l'IA moderne.

Au XXe siècle, avec l'avènement de la théorie du calcul de Turing et la naissance de l'informatique, la question « Que signifie penser ? » trouvé un nouveau contexte. Alan Turing a proposé l'idée qu'une machine pourrait être considérée comme « intelligente » si elle était capable d'imiter un être humain au point d'en être impossible à distinguer lors d'un test de conversation. C'est sur cette base que repose le fameux « test de Turing », un critère encore utilisé pour évaluer l'intelligence artificielle.

Au fil du temps, la philosophie de l'IA s'est enrichie des contributions de diverses disciplines, notamment la psychologie cognitive, la linguistique, l'éthique et les neurosciences. Des idées telles que le fonctionnalisme, qui soutient que ce qui fait d'un esprit un « esprit » est plus la fonction qu'il remplit que la matière à partir de laquelle il est constitué, ont ouvert la porte à l'idée que l'intelligence pourrait également être créée à partir de substrats non biologiques.

Plus récemment, l'IA a soulevé de nouvelles questions philosophiques, notamment dans le domaine de l'éthique et de la moralité. Avec l'essor des techniques d'apprentissage automatique et d'apprentissage profond, l'IA devient de plus en plus autonome, ce qui suscite des inquiétudes quant à son impact potentiel sur le travail, la vie privée, la sécurité et la société dans son ensemble.

Les origines philosophiques de l'IA sont profondément enracinées dans des siècles d'enquête sur la nature de l'esprit, de la réalité et de l'existence elle-même. Chaque nouvelle découverte en matière d'IA soulève de nouvelles questions philosophiques, faisant de ce domaine une intersection continue de la technologie et de la pensée humaine.

Les précurseurs technologiques (1800-1950)

Charles Babbage : Au 19ème siècle, Charles Babbage conçoit le « Moteur Analytique », capable d'effectuer des calculs complexes. Bien qu'il n'ait jamais été entièrement construit, il est considéré comme un précurseur des ordinateurs modernes.

Alan Turing : En 1936, Turing a introduit le concept de « Machine de Turing », une théorie selon laquelle une machine pouvait simuler n'importe quel processus informatique. Pendant la Seconde Guerre mondiale, Turing a joué un rôle essentiel dans le décodage de la machine allemande Enigma.

L'aube de l'IA (1950-1970)

La Conférence de Dartmouth de 1956 est souvent considérée comme la naissance de l'intelligence artificielle (IA) en tant que domaine universitaire et de recherche.

Organisée par John McCarthy, Marvin Minsky , Nathaniel Rochester et Claude Shannon , la conférence a réuni un éventail d'experts de plusieurs disciplines, dont les mathématiques, l'ingénierie et la logique, au Dartmouth College du New Hampshire, aux États-Unis.

L'objectif était d'explorer la possibilité de construire des machines capables de simuler tous les aspects de l'intelligence humaine. En particulier, les partisans ont fait valoir que « tout aspect de l'apprentissage ou toute autre caractéristique de l'intelligence peut en principe être décrit avec une telle précision qu'il peut être simulé sur un ordinateur ». Il s'agissait d'une déclaration audacieuse pour l'époque, compte tenu de la puissance de calcul limitée alors disponible et de la compréhension relativement primitive de la cognition humaine.

Au cours de la conférence, les participants ont travaillé sur divers défis, notamment la résolution de problèmes, la représentation des connaissances, l'apprentissage automatique et la linguistique informatique. L'événement a contribué à définir les limites et les aspirations du nouveau domaine de l'IA, offrant un forum d'échange d'idées et de collaboration interdisciplinaire.

L'un des résultats les plus durables de la Conférence de Dartmouth a été l'introduction du terme « Intelligence artificielle », inventé par John McCarthy.

Le terme est alors devenu le nom du domaine de recherche visant à construire des systèmes capables d'effectuer des tâches qui, si elles étaient exécutées par des humains, nécessiteraient de l'intelligence. La conférence a marqué le début de collaborations significatives et la création de laboratoires et de centres de recherche dédiés à l'IA, comme le MIT AI Lab fondé par Marvin Minsky et John McCarthy peu après la conférence.

La Conférence de Dartmouth peut être considérée comme un

point de départ optimiste qui a établi une feuille de route ambitieuse pour l'IA. Même si de nombreuses attentes initiales étaient trop optimistes, les thèmes et les questions soulevés lors de la conférence continuent de façonner le domaine de l'IA des décennies plus tard. La conférence a catalysé la recherche et l'innovation dans ce domaine, façonnant ce qui est devenu l'un des domaines scientifiques et technologiques les plus influents et dynamiques de l'ère moderne.

Après la conférence, le domaine de l'intelligence artificielle (IA) a commencé à prendre de l'ampleur et a produit quelques premiers succès notables qui ont contribué à définir ce domaine. Voici quelques-unes des premières étapes :

- ELIZA (1964-1966) : Ce fut l'un des premiers programmes de traitement du langage naturel, développé par Joseph Weizenbaum au MIT. Le programme imite un thérapeute rogérien et démontre comment un ordinateur peut simuler une conversation avec des humains, quoique de manière très rudimentaire.

- Perceptron (1957) : Frank Rosenblatt a créé le Perceptron, une sorte de réseau neuronal artificiel, capable d'apprendre et de prendre des décisions simples. Le perceptron pourrait être considéré comme le précurseur des réseaux de neurones modernes.

- Dendral (1965) : Un des premiers exemples de systèmes experts, Dendral a été développé pour aider les chimistes à identifier les structures moléculaires par leur masse spectrale.

- SHRDLU (1968-1970) : Développé par Terry Winograd , SHRDLU était un programme de traitement du langage naturel capable d'interpréter et de répondre à des commandes données dans un langage naturel dans un environnement de « monde de blocs ».

- Algorithme ID3 pour l'apprentissage inductif (1970) : Cet algorithme, développé par Ross Quinlan , a été l'un des premiers algorithmes d'apprentissage automatique et a jeté les bases d'algorithmes comme C4.5.

- MYCIN (1972) : Un autre système expert, MYCIN, a été

développé pour diagnostiquer les infections bactériennes du sang et suggérer des traitements antibiotiques. Bien qu'elle n'ait jamais été utilisée en milieu clinique, elle a démontré le potentiel de l'IA en médecine.

- Prolog (1972) : Créé par Alain Colmerauer et Philippe Roussel, le langage de programmation Prolog est devenu populaire pour les applications d'IA, notamment dans les systèmes experts et le traitement du langage naturel.

- Système XCON pour la configuration des ordinateurs (fin des années 1970) : XCON (ou R1) était l'un des systèmes experts commerciaux les plus anciens et les plus connus. Il a été utilisé pour configurer les commandes des systèmes informatiques VAX de Digital Equipment Corporation.

Ces premiers succès ont démontré le potentiel de l'IA dans diverses applications et ont fourni une base solide pour le développement futur dans ce domaine. Ils ont également contribué à obtenir le soutien financier et académique nécessaire aux recherches futures, même si le parcours de l'IA a été ponctué de périodes d'optimisme excessif suivies d'« hivers de l'IA », au cours desquels le financement et l'enthousiasme pour le domaine ont chuté.

L'hiver de l'IA (1970-1980)

L'hiver de l'IA 1970-1980 représente une période emblématique pour le domaine de l'intelligence artificielle. Suite à une vague d'optimisme et à un financement généreux, la discipline a été confrontée à un certain nombre de défis qui ont remis en question sa validité et son avenir.

Les attentes initialement élevées ont été anéanties par une série d'échecs, tant théoriques que pratiques, qui ont contribué à désillusionner non seulement le public mais aussi la communauté scientifique.

L'un des premiers problèmes abordés a été celui des attentes non satisfaites. Les premiers pionniers de l'IA prédisaient que des machines capables de simuler tous les aspects de l'intelligence humaine seraient développées d'ici quelques années. Mais lorsque ces attentes n'ont pas été satisfaites, l'enthousiasme général pour la discipline a commencé à décliner. Le public, qui avait été exposé à des promesses grandioses, commença à montrer des signes de scepticisme.

Les limitations techniques de l'époque ont joué un rôle crucial dans ce déclin. Le matériel disponible n'était pas assez puissant pour gérer les tâches de calcul requises pour les modèles d'IA avancés. Le problème théorique de la complexité informatique était encore plus problématique, un défi que les chercheurs de l'époque n'étaient pas encore en mesure de surmonter. Ces difficultés techniques ont été amplifiées par le manque de données à grande échelle, qui sont aujourd'hui le moteur de nombreux algorithmes d'apprentissage automatique.

Au cours de cette période, le domaine de l'IA a également été attaqué par les critiques universitaires. Par exemple, le livre « Perceptrons » de Marvin Minsky et Seymour Papert proposait une critique dévastatrice des réseaux de neurones, qui constituaient à l'époque l'une des approches les plus prometteuses. Ces critiques ont eu un impact négatif sur le financement et la recherche, déplaçant l'attention vers d'autres domaines de l'informatique.

À ces défis s'ajoute la réduction du financement provenant du gouvernement et des entités privées. De nombreux projets de recherche ont été suspendus et le domaine de l'IA, autrefois considéré comme l'avenir de l'informatique et de la technologie, a été relégué au second plan.

Ce changement de ressources et d'intérêt a également affecté la formation universitaire, avec moins d'étudiants disposés à s'orienter vers un domaine apparemment en déclin.

Toutefois, cette période hivernale n'a pas été totalement négative. Cela a obligé les chercheurs à réfléchir plus profondément aux questions fondamentales de l'IA et à repenser les objectifs et les approches de la discipline. Cela créerait à terme une base plus solide pour la renaissance du domaine, alimentée par des améliorations matérielles, une plus grande disponibilité des données et de nouveaux algorithmes plus efficaces. Cette période d'introspection a constitué une pause bien méritée, permettant à la communauté de l'IA de se repositionner et de se préparer aux succès à venir dans les années à venir.

Renaissance et croissance (1980-2000)

La période des années 1980 au début des années 2000 a marqué une renaissance significative dans le domaine de l'intelligence artificielle, ouvrant la voie aux développements incroyables auxquels nous assisterions au 21e siècle. Cette renaissance est le résultat d'une combinaison de facteurs, notamment les progrès du matériel, la disponibilité du financement et un retour à des méthodes de recherche plus fondamentales.

Les années 1980 ont apporté de nouvelles architectures informatiques et des microprocesseurs plus rapides, qui ont rendu possibles des tâches de calcul auparavant impensables. Les ordinateurs personnels sont devenus plus courants, ce qui signifie que les scientifiques n'ont plus à rivaliser pour gagner du temps sur des ordinateurs centraux coûteux et centralisés. Cela a démocratisé l'accès aux calculs nécessaires à la recherche sur l'IA, rendant le domaine plus ouvert et inclusif.

À mesure que la technologie matérielle progressait, on a également assisté à un retour à certaines méthodes d'IA qui avaient été négligées pendant ce que l'on appelle « l'hiver de l'IA ». En particulier, les réseaux de neurones, qui avaient été critiqués et mis à l'écart au cours de la décennie précédente, ont commencé à connaître une résurgence. Grâce à de nouveaux algorithmes et à une puissance de calcul croissante, les réseaux de neurones ont commencé à montrer un potentiel considérable dans une gamme d'applications, de la vision par ordinateur à la reconnaissance vocale.

Entre-temps, les programmes de financement ont recommencé

à prospérer. Les investissements des agences gouvernementales et du secteur privé ont commencé à réinvestir dans la recherche sur l'IA. Cela s'explique en partie par la reconnaissance du potentiel de l'IA pour révolutionner des secteurs entiers, des soins de santé à la fabrication industrielle. En outre, des applications commerciales ont commencé à émerger, mettant en évidence le potentiel économique de l'IA et attirant ainsi de nouveaux investissements.

L'accès à d'énormes ensembles de données, rendu possible par la numérisation croissante de divers aspects de la société, a été un autre facteur clé de la renaissance de l'IA. L'apprentissage automatique, et en particulier l'apprentissage profond, profite énormément de la disponibilité de grandes quantités de données. Cela a permis de former et de valider des modèles toujours plus sophistiqués, accélérant ainsi le rythme de l'innovation dans le domaine.

Mais l'un des facteurs les plus importants de cette résurgence a peut-être été le changement d'attitude de la communauté scientifique et du public.

La défaite du champion du monde d'échecs Garry Kasparov face à l'ordinateur IBM Deep Blue en 1997, par exemple, a captivé l'imagination du monde et a marqué un tournant dans la façon dont les gens pensaient à l'intelligence artificielle. Ce n'était plus un fantasme de science-fiction ; cela devient une réalité tangible ayant de réelles implications pour l'avenir de l'humanité.

Ainsi, la période entre 1980 et 2000 a été cruciale pour faire de l'IA un domaine de recherche légitime et prometteur, ouvrant la voie aux incroyables progrès que nous verrons au cours du nouveau millénaire. C'était une époque où la technologie, le financement et l'ambition se combinaient de manière à sortir l'IA de l'obscurité de son « hiver » précédent et à la rétablir comme l'un des domaines les plus passionnants et potentiellement transformateurs de la science et de la technologie. .

Boom de l'IA au 21e siècle

L'essor de l'intelligence artificielle au 21e siècle trouve son origine dans une convergence de facteurs qui ont catapulté la technologie depuis les limites de la recherche universitaire jusqu'au cœur de notre vie quotidienne. L'un des événements symboliques qui marquent ce changement de paradigme est sans aucun doute la victoire d' AlphaGo sur le champion du monde de Go, Lee Sedol , en 2016. Cet événement représentait bien plus qu'une simple partie d'échecs ; il s'agissait d'une démonstration du potentiel de l'IA pour aborder et résoudre des problèmes qui nécessitent des connaissances et des stratégies considérées comme un domaine uniquement humain.

Le match de Go a été un moment « Eurêka » collectif. Cela a montré au monde que l'intelligence artificielle était prête à relever des défis qui allaient bien au-delà du calcul et de l'analyse des données. Les implications étaient immenses. Si un algorithme pouvait battre un humain dans un jeu aussi complexe, que pourrait-il faire dans des domaines comme la médecine, les transports ou la gouvernance ?

Depuis lors, l'IA a continué à se développer dans de nombreux secteurs. Dans le domaine médical, les algorithmes de deep learning révolutionnent le diagnostic et le traitement des maladies. Des systèmes comme Watson d'IBM fournissent aux médecins les outils nécessaires pour analyser d'énormes quantités de données médicales, accélérant ainsi le processus de diagnostic et rendant les traitements plus précis et plus efficaces.

La façon dont nous interagissons avec la technologie a également changé. Les assistants virtuels comme Siri et Alexa font désormais partie intégrante de notre vie quotidienne, nous aidant dans diverses tâches allant de la planification de rappels aux achats en ligne. Les implications sociales et culturelles de cette intégration sont immenses, nous faisant réfléchir sur des questions fondamentales telles que la vie privée, la sécurité et l'éthique dans l'utilisation de la technologie.

En même temps, de grandes opportunités s'accompagnent de grandes responsabilités. L'adoption rapide de l'IA a soulevé des questions éthiques et morales. La prolifération de la reconnaissance faciale et l'utilisation d'algorithmes dans les systèmes judiciaires ou de surveillance soulèvent des questions sensibles en matière de vie privée et de droits civiques. Et puis il y a la question du travail. Même si l'IA promet d'automatiser les tâches répétitives, on craint qu'elle ne remplace les travailleurs dans un éventail de rôles beaucoup plus large, du transport au service client.

Mais la chose la plus fascinante à propos du boom de l'IA au 21e siècle est peut-être la manière dont elle nous oblige à réfléchir sur nous-mêmes en tant qu'espèce. AlphaGo n'était pas seulement le produit d'années de recherche et de développement ; c'était un miroir qui nous montrait les possibilités et les limites de notre intelligence, nous incitant à envisager l'avenir d'une manière que nous n'aurions pas pu faire auparavant. D'une part, il nous montre un avenir plein de potentiel, où les limites du possible sont sans cesse repoussées. D'un autre côté, cela nous rappelle les responsabilités éthiques qui accompagnent cette nouvelle ère.

Le boom de l'IA au 21ème siècle est donc bien plus qu'une success story technologique ; c'est une histoire qui nous concerne tous, qui nous met au défi d'imaginer de nouvelles façons de vivre, de travailler et de coexister avec les machines. Et comme toute grande histoire, elle est encore en devenir, remplie d'opportunités, de défis et, surtout, de possibilités infinies.

L'IMPORTANCE ACTUELLE

Le rôle de l'IA dans la société contemporaine ne peut être sous-estimé. Selon un rapport du McKinsey Global Institute, l'IA pourrait rapporter jusqu'à 13 000 milliards de dollars à l'économie mondiale d'ici 2030. Sa présence se fait sentir dans tous les secteurs : en médecine, les algorithmes d'IA contribuent au diagnostic précoce de maladies telles que le cancer. ; Dans le monde financier, les sociétés de trading à haute fréquence utilisent l'IA pour prédire les moindres fluctuations du marché.

Mais un grand pouvoir implique également de grandes responsabilités. Les préoccupations concernant l'IA, telles que les préjugés et la discrimination, sont devenues des sujets de débat mondial. Par exemple, en 2018, des recherches ont montré qu'un algorithme utilisé aux États-Unis pour orienter les décisions de libération sous caution était enclin à discriminer les groupes ethniques minoritaires.

Avec cet aperçu, l'objectif de ce livre est de fournir une perspective à travers laquelle examiner le monde incroyablement complexe de l'IA, en abordant non seulement ses réalisations mais aussi ses défis. Les promesses de l'IA sont immenses, mais comme pour tout outil puissant, il est essentiel de l'utiliser judicieusement et avec compréhension.

CHAPITRE 2 : LA NAISSANCE DE L'INTELLIGENCE ARTIFICIELLE

Des mythes et légendes aux premières calculatrices

L'idée de donner vie à des objets inanimés est aussi vieille que l'histoire de l'humanité. Dans la Grèce antique, des mythes comme celui de Pygmalion parlent de statues prenant vie. Dans la culture juive, la légende du Golem parle d'une argile animée par des sortilèges. Ces histoires, aussi mythiques soient-elles, reflètent un profond désir humain de créer et d'animer, de donner vie et intelligence.

Cependant, l'histoire de l'IA commence véritablement à la Renaissance, avec l'avènement des premières machines mécaniques. Léonard de Vinci, au XVe siècle, dessine les esquisses d'un « homme mécanique », sorte d'armure animée par un système complexe d'engrenages et de poulies. Mais c'est au XIXe siècle, avec des inventeurs comme Charles Babbage et son « Moteur analytique », que l'on voit les premiers pas concrets vers la création de machines capables d'effectuer des calculs complexes, préfigurant l'avènement des ordinateurs modernes.

Charles Babbage (1791-1871) est souvent considéré comme le « père de l'ordinateur ». C'était un mathématicien, ingénieur en mécanique et inventeur anglais dont la vision des calculs mécaniques automatisés a fait de lui un pionnier dans l'histoire du calcul.

Premières tentatives : la machine différentielle

Avant le moteur analytique, Babbage a conçu le « moteur différentiel » dans les années 1820. Cette machine était destinée à produire des tableaux mathématiques.

À une époque où ces calculs étaient effectués à la main et étaient sujets aux erreurs, une machine capable de produire des résultats précis était une idée révolutionnaire.

Cependant, en raison de complications techniques et financières, Babbage n'a jamais achevé une version fonctionnelle du moteur différentiel.

La vision du moteur analytique

Après le moteur différentiel, Babbage a commencé à travailler sur un dispositif encore plus ambitieux : le moteur analytique. Conçue dans les années 1830, cette machine était censée être capable d'effectuer toutes sortes de calculs mathématiques, et pas seulement de produire des tableaux.

Le moteur analytique présentait plusieurs fonctionnalités notables :

Entrée et sortie : il a été conçu pour lire des instructions et des données à partir de « cartes perforées », qui étaient courantes dans le tissage à l'époque et qui deviendraient un support d'entrée standard dans les premiers ordinateurs. La machine imprimait les résultats sur du papier ou des plaques.

Mémoire et processeur : Babbage a conçu un « magasin » (une zone de mémoire) pour contenir jusqu'à 1 000 nombres de 40 chiffres décimaux et un « moulin » (un processeur) qui effectuerait des calculs sur les nombres tirés du magasin .

Programmabilité : La fonctionnalité la plus révolutionnaire était sa programmabilité. Le moteur analytique aurait pu effectuer une séquence d'opérations, comprenant des cycles et des conditions, une capacité fondamentale de tout ordinateur moderne.

Collaboration avec Ada Lovelace

collaboratrices les plus célèbres de Babbage était Ada Lovelace, fille du poète Lord Byron.

Lovelace est connue pour ses écrits sur le travail de Babbage, en particulier ses annotations sur un article de Luigi Federico Menabrea concernant le moteur analytique.

Dans son travail, Lovelace a écrit ce qui est considéré comme le premier « programme » pour le moteur analytique, même si le moteur n'a jamais été construit. Pour cette raison, Ada Lovelace est souvent qualifiée de « première programmeuse au monde ».

Défis et héritage

Malgré sa vision, Babbage n'a jamais été en mesure de construire un moteur analytique fonctionnel, en grande partie à cause des limitations technologiques et du manque de financement. Cependant, les idées de Babbage ont eu une profonde influence. Les diagrammes et les notes détaillées qu'il a laissés ont prouvé la faisabilité de sa conception.

Alors que les véritables machines programmables ne seront construites qu'un siècle après sa mort, le moteur analytique de Babbage représente une étape cruciale dans l'histoire de l'informatique et une expression visionnaire de ce qui allait devenir l'ordinateur moderne.

Alan Turing : Le génie qui a changé le monde

Jeunesse et éducation

Alan Matison Turing est né le 23 juin 1912 à Londres. Dès son plus jeune âge, Turing montrait les signes d'un esprit exceptionnel, particulièrement enclin aux mathématiques et aux sciences.

Malgré les attentes traditionnelles des écoles britanniques de l'époque, qui poussaient vers les études classiques, Turing persévérait dans sa passion pour les chiffres et la logique.

Il poursuit ses études à l'Université de Cambridge, où il obtient un diplôme en mathématiques. C'est ici qu'il commença à formuler ses idées révolutionnaires sur l'informatique.

machine de Turing et la décidabilité

En 1936, Turing publia « On Computable Numbers , with an Application to the Entscheidungsproblem ", un article qui introduisait l'idée de la " Machine de Turing ". Il s'agissait d'un dispositif théorique, une sorte de machine abstraite, qui pouvait simuler le fonctionnement de n'importe quel algorithme donné. Avec cet outil conceptuel, Turing a résolu négativement le fameux " Entscheidungsproblem " proposé par les mathématiciens David Hilbert et Wilhelm Ackermann , montrant qu'il n'existe pas d'algorithme universel capable de déterminer la vérité de chaque énoncé mathématique. Ce travail, ainsi que celui parallèle d'Alonzo Church, ont posé les bases fondements de la théorie du calcul.

La guerre et la machine à décrypter

Pendant la Seconde Guerre mondiale, Turing a travaillé à Bletchley Park, le principal centre de décryptage de Grande-Bretagne. Ici, il se consacre au décodage des communications allemandes cryptées par la machine Enigma. Grâce à son génie et son inventivité, Turing a conçu la « Bombe », une machine électrique capable d'accélérer le processus de décryptage.
Son travail, ainsi que celui de ses collègues de Bletchley Park, fut fondamental pour les Alliés, leur permettant d'anticiper de nombreuses actions allemandes. On estime que le travail de Turing a réduit la durée de la guerre de plusieurs années, sauvant ainsi des millions de vies.

test de Turing et la vision de l'intelligence artificielle
En 1950, Turing a publié « Computing Machinery and Intelligence » dans la revue Mind . Ici, il a posé la question « Les machines peuvent-elles penser ? ». Au lieu de répondre directement, il a proposé une expérience, désormais connue sous le nom de « Test de Turing », un critère permettant d'évaluer l'intelligence des machines basé sur leur capacité à imiter l'intelligence humaine.

Vie personnelle et fin tragique

Turing était homosexuel, un trait qui était alors illégal au Royaume-Uni. En 1952, il fut arrêté et reconnu coupable de « grossière indécence ». On lui a proposé la castration chimique comme alternative à la prison, et il a choisi cette option. Sa condamnation et le traitement qui a suivi ont eu de lourdes conséquences sur sa vie personnelle et professionnelle. Tragiquement, Alan Turing est décédé le 7 juin 1954, dans des circonstances que beaucoup considèrent comme un suicide. Il n'avait que 41 ans.

La vie et l'œuvre d' Alan Turing ont eu un impact profond et durable sur de multiples domaines, des mathématiques à la cryptographie, de la philosophie à la biologie et, bien sûr, de l'informatique et de l'intelligence artificielle. Malgré sa vie tragique et les persécutions qu'il a subies, son héritage demeure un témoignage du génie humain et de sa capacité à transformer le monde. En 2013, la reine Elizabeth II a accordé à Turing une grâce posthume, reconnaissant l'injustice qui lui avait été faite et honorant ses contributions inestimables à la science et à la société.

La conférence de Dartmouth et l'aube de l'IA

En 1956, un petit groupe de scientifiques et de mathématiciens se sont réunis dans la paisible ville de Hanover , dans le New Hampshire, pour la conférence de Dartmouth. C'est ici que John McCarthy a inventé le terme « Intelligence Artificielle ». Cet événement a marqué le début officiel de l'IA en tant que domaine de recherche.

Avant la Conférence de Dartmouth, de nombreuses disciplines scientifiques exploraient de manière indépendante des domaines qui deviendraient centraux pour l'intelligence artificielle. De la logique mathématique aux premiers ordinateurs, de la cybernétique à la théorie de l'information, un certain nombre d'idées sur les machines qui « pensent » ont émergé.

En 1955, John McCarthy, professeur junior à l'Université de Dartmouth, avec Marvin Minsky , Nathaniel Rochester et Claude Shannon , proposèrent une réunion d'été pour explorer ces idées. Dans leur proposition , ils écrivent : « Le but de l'étude est d'apprendre aux machines à se comporter d'une manière qui, si elle était manifestée par des humains, serait qualifiée d'intelligente. »

L'événement

Le combat a eu lieu au cours de l'été 1956 au Dartmouth College, Hanover , New Hampshire, et a duré plusieurs semaines. L'objectif était de rassembler des esprits brillants de différentes disciplines pour collaborer et fixer le cap de la recherche sur l'IA. Au cours de la conférence, les participants ont discuté de divers sujets, notamment l'apprentissage automatique, les langages de programmation pour simuler l'intelligence, la résolution de problèmes et même les aspects liés à la vision et à l'écoute des machines.

Résultats et impact

C'est précisément à l'occasion de la Conférence de Dartmouth que John McCarthy a inventé le terme « Intelligence Artificielle ». Il a choisi cette terminologie pour se démarquer de la « cybernétique », domaine d'étude populaire à l'époque mais avec une vision plus large qui ne se concentrait pas exclusivement sur l'émulation de l'intelligence.
La conférence a été l'une des premières occasions où des experts de différentes disciplines se sont réunis pour explorer le potentiel de l'IA. Cet esprit de collaboration est resté un pilier de la recherche en IA.
Même si bon nombre des ambitions initiales étaient optimistes, la conférence a fixé l'agenda de la recherche sur l'IA pour les décennies à venir. Des concepts tels que l'apprentissage automatique, qui n'étaient alors qu'un résumé , sont devenus fondamentaux dans le paysage actuel de l'IA.

Critiques et réactions

Même si la conférence a fourni une plateforme d'enthousiasme et d'optimisme, tout le monde n'a pas partagé le point de vue des participants. Certains critiques ont fait valoir que l'approche de simulation de l'intelligence humaine par le biais de machines était trop étroite et ne permettait pas de saisir la complexité de la pensée humaine.

La Conférence de Dartmouth est souvent considérée comme le berceau de l'IA en tant que domaine de recherche distinct. Même si toutes les aspirations initiales n'ont pas été réalisées et que de nombreux défis ont été rencontrés en cours de route, l'événement a sans aucun doute façonné l'orientation et la portée de l'IA, ouvrant la voie aux succès et aux innovations que nous voyons aujourd'hui.

L'ascension et la chute : l'enthousiasme et les « hivers » de l'IA

Après la conférence de Dartmouth, il y a eu des décennies de progrès et de revers. Des périodes d'enthousiasme et de financement intenses ont été suivies par des « hivers de l'IA », où le manque de progrès tangibles et les défis techniques ont conduit à des doutes et à des réductions de financement.

La première vague d'optimisme dans les années 1960 et 1970 concernait les « systèmes experts ». Ces programmes, comme MYCIN dans le domaine médical, ont été conçus pour imiter la prise de décision humaine dans des domaines spécifiques.

Cependant, elles se sont révélées limitées et difficiles à mettre à l'échelle, entraînant un déclin de l'enthousiasme. Malgré ces hauts et ces bas, la recherche fondamentale s'est poursuivie, jetant les bases de la renaissance de l'IA à la fin du 20e et au début du 21e siècle. , alimentée par de nouveaux algorithmes, l'informatique la puissance et, surtout, les données.

La naissance et la croissance de l'intelligence artificielle sont intrinsèquement liées à l'évolution de notre compréhension de l'intelligence elle-même et à notre aspiration incessante à la reproduire et à l'améliorer. De Turing à Minsky , des légendes anciennes aux algorithmes modernes, l'histoire de l'IA est un voyage fascinant à travers les rêves, les défis et les réalisations de

DANIELE CACCAMO

l'esprit humain.

LES PIONNIERS DE L'INTELLIGENCE ARTIFICIELLE

Si l'intelligence artificielle s'est imposée aujourd'hui comme l'une des forces dominantes de la technologie, ses racines résident dans une série d'individus visionnaires qui ont osé rêver d'un monde dans lequel les machines pourraient penser. Ces pionniers de l'IA, grâce à leurs recherches et innovations, ont jeté les bases sur lesquelles repose le monde numérique d'aujourd'hui.

John McCarthy : le visionnaire derrière l'intelligence artificielle

Né en 1927 à Boston, Massachusetts, John McCarthy manifeste très tôt une passion pour les mathématiques et la logique. Après avoir fréquenté Caltech , il poursuit ses études à l'Université de Princeton , où il obtient son doctorat en mathématiques en 1951.

La contribution la plus célèbre de McCarthy au monde de l'informatique fut sans aucun doute la proposition, en 1955, de la « Conférence de Dartmouth », qui eut lieu l'année suivante. Cette conférence a joué un rôle déterminant dans l'émergence formelle de l'IA en tant que domaine d'étude. C'est dans ce contexte que McCarthy a inventé le terme « Intelligence Artificielle », mettant en avant sa vision de machines capables de simuler tous les aspects de l'intelligence humaine.

En plus de nommer la discipline, McCarthy a apporté une autre contribution significative avec la création du langage de programmation LISP en 1958. LISP, qui signifie « LISt Processing », est rapidement devenu le langage principal pour la recherche sur l'intelligence artificielle en raison de sa puissante capacité de manipulation symbolique. et sa structure expressive. Même aujourd'hui, des variantes de LISP telles que Clojure trouvent des applications dans de nombreux secteurs.

En 1965, McCarthy fonde le laboratoire d'intelligence artificielle de Stanford (SAIL). Ce laboratoire est rapidement devenu un épicentre de la recherche sur l'IA, attirant des esprits brillants du monde entier. Au cours de son séjour à Stanford, McCarthy a développé ses idées sur des programmes susceptibles d'imiter l'intelligence humaine.

Bien que moins connu que ses autres contributions, McCarthy a été l'un des premiers à prévoir un avenir dans lequel l'informatique se ferait à travers un modèle « utilitaire », similaire à l'électricité ou à l'eau. Cette vision anticipait ce que nous appelons aujourd'hui le « cloud computing ».

McCarthy ne s'est pas limité à l'aspect technique de l'IA. Il a également réfléchi aux implications philosophiques et éthiques des machines intelligentes. Parmi ses réflexions figurait l'idée que les machines, dans le futur, pourraient avoir des droits comparables à ceux des humains si elles atteignaient un certain niveau de conscience.

John McCarthy fut sans aucun doute l'un des piliers de l'évolution de l'Intelligence Artificielle. Son travail, de la Conférence de Dartmouth à la création du LISP, a jeté les bases de générations de chercheurs. Sa vision de l'IA n'était pas seulement technique, mais aussi profondément liée à des questions philosophiques et éthiques, démontrant la profondeur de sa réflexion et l'étendue de sa vision.

Marvin Minsky : l'explorateur de l'intelligence artificielle

Né en 1927 à New York, Marvin Minsky s'intéresse très tôt aux mathématiques, à la physique et en particulier à la musique, domaine dans lequel il fait preuve d'un talent exceptionnel. Après avoir obtenu une licence en mathématiques à Harvard en 1950, Minsky a obtenu un doctorat en mathématiques à Princeton en 1954.

contributions majeures de Minsky au domaine de l'IA a été la co-fondation du laboratoire d'intelligence artificielle du MIT en

1959 avec John McCarthy. Ce laboratoire est rapidement devenu un épicentre de la recherche sur l'intelligence artificielle et a formé de nombreux experts qui deviendront plus tard des leaders dans le domaine.

Marvin Minsky a été l'un des premiers à explorer l'idée selon laquelle les machines pouvaient être programmées pour « penser ». En 1961, il crée le premier réseau neuronal d'apprentissage automatique appelé SNARC (Stochastic neural analogique Renforts Calculator), qui était une des premières incarnations de ce que nous appelons aujourd'hui les réseaux de neurones artificiels.

L'un des ouvrages les plus influents de Minsky est « The Society of Mind » (1986), dans lequel il propose que l'intelligence ne découle pas d'un seul processus ou algorithme, mais plutôt d'une interaction complexe de nombreux petits processus. Ce point de vue était en contradiction avec de nombreuses théories de l'époque et a profondément influencé la compréhension des réseaux neuronaux et de l'apprentissage profond.

Bien qu'il ait contribué aux premières étapes des réseaux de neurones, Minsky a critiqué les limites de l'apprentissage profond, affirmant que pour véritablement réaliser l'intelligence artificielle, il était nécessaire d'explorer des modèles cognitifs plus complexes et pas seulement des réseaux de neurones.

Outre ses travaux sur l'intelligence artificielle, Minsky a également apporté d'importantes contributions à la robotique. Il a développé le « membre confus », un des premiers dispositifs robotiques qui simulait la capacité d'un bras humain à saisir et à manipuler des objets.

Minsky ne s'est pas limité au seul aspect technique de l'IA. Il a également longuement réfléchi aux implications philosophiques de l'intelligence artificielle, en particulier à la manière dont les machines pourraient un jour développer une forme de conscience ou de conscience d'elles-mêmes.

Marvin Minsky , par ses recherches, ses innovations et ses réflexions, a profondément influencé le domaine de l'intelligence artificielle. Ses théories, souvent en avance sur son temps, ont guidé et mis au défi des générations de chercheurs, et son impact sur le domaine de l'IA restera durable et indélébile.

Claude Shannon : Le père de la théorie de l'information

Né en 1916 à Petoskey , Michigan, Claude Elwood Shannon a démontré très tôt une affinité pour les mathématiques et le génie électrique. Après avoir fréquenté l'Université du Michigan, il poursuit ses études au Massachusetts Institute of Technology (MIT), où il commence à explorer le monde des télécommunications.

La contribution majeure de Shannon à la science et à l'ingénierie a été ses recherches fondamentales sur la théorie de l'information, présentées dans son article révolutionnaire de 1948 « Une théorie mathématique de la communication ».

Dans ce travail, il a introduit le concept de « bit » comme unité fondamentale d'information et a expliqué comment l'information pouvait être quantifiée, transmise et codée. Cette théorie est devenue la base de la communication numérique et du traitement de l'information modernes.

Bien que Shannon soit principalement connu pour sa théorie de l'information, il a eu des liens importants avec l'intelligence artificielle.

Il a travaillé en étroite collaboration avec Alan Turing pendant la Seconde Guerre mondiale et les deux hommes ont longuement discuté du potentiel des machines à calculer. Shannon a été l'un des premiers à émettre l'hypothèse que les machines pourraient un jour surpasser les capacités humaines dans certaines tâches. Dans les années 1950, Shannon a construit « Theseus », une souris mécanique capable de naviguer de manière autonome dans un labyrinthe. Ce premier projet de robotique a montré son intérêt et sa vision d'un avenir où les machines pourraient apprendre de manière autonome et s'adapter à leur environnement.

Shannon , avec John von Neumann , a joué un rôle déterminant dans le développement de la théorie des jeux, un domaine qui étudie les décisions optimales dans des situations de compétition et de coopération. Cette théorie a trouvé des applications non seulement en économie, mais aussi en intelligence artificielle, notamment dans la formation d'algorithmes.

Après une brillante carrière, Shannon a pris sa retraite du MIT en 1978. Il a continué à poursuivre ses passions, qui allaient de la jonglerie aux machines à calculer mécaniques, jusqu'à sa mort en 2001. Son héritage perdure : sa théorie de l'information reste fondamentale dans de nombreux domaines, des télécommunications à la biologie, et ses réflexions sur l'IA ont ouvert la voie à des générations de chercheurs.

Claude Shannon , souvent connu comme le « père de la théorie de l'information », a apporté des contributions inestimables à notre compréhension de l'information, de la communication et du calcul. Bien que ses contributions à l'IA puissent sembler marginales par rapport à celles d'autres pionniers, son influence sur la manière dont nous concevons l'information et le calcul a jeté les bases sur lesquelles l'IA a été construite.

Allen Newell et Herbert A. Simon : Duo innovant

Collaborer pour créer la « Logique Théoricien ", Newell et Simon ont présenté au monde l'une des premières démonstrations concrètes d'un programme d'intelligence artificielle. Leurs idées sur le problème la résolution et la cognition façonnent la recherche depuis des décennies.

Allen Newell

Allen Newell (1927-1992) fut l'un des pionniers les plus influents dans les domaines de l'intelligence artificielle et de la psychologie cognitive. Ses recherches ont eu un impact significatif sur le développement de l'informatique et la compréhension des processus cognitifs humains.

Né à San Francisco en 1927, Newell a étudié la physique à l'Université de Stanford. Au cours des années 1950, il travaille à la RAND Corporation, une organisation de recherche et développement, où il s'intéresse aux problèmes de simulation du comportement humain et rencontre Herbert A. Simon, avec qui il développera un partenariat long et productif.

La collaboration avec Herbert A. Simon avec qui il a formé l'un des partenariats les plus influents de l'histoire de l'IA et de la psychologie cognitive a été importante pour sa carrière.

Ensemble, ils ont développé la logique Théoricien en 1956, souvent décrit comme le premier programme d'intelligence artificielle.

C'était un programme capable de prouver des théorèmes de logique mathématique. Ils ont ensuite créé le General Problem Solver (GPS) en 1957, un programme informatique visant à résoudre des problèmes génériques en simulant le processus de pensée humaine.

Newell croyait fermement que les ordinateurs pouvaient être utilisés pour simuler tous les aspects de l'intelligence humaine.

Il a travaillé sur la théorie des « systèmes de production », qui décrit comment la connaissance est représentée et utilisée dans le cerveau humain. Newell a également proposé divers modèles de mémoire et d'attention, contribuant de manière significative à la compréhension de ces processus en psychologie cognitive. Le scientifique a passé la majeure partie de sa carrière universitaire à l'Université Carnegie Mellon , où il a contribué à la création du département d'informatique et du programme de recherche sur l'intelligence artificielle.

Pour leurs contributions exceptionnelles au domaine de l'informatique et de l'IA, Newell et Simon ont reçu le prestigieux Turing Award en 1975.

Allen Newell est décédé en 1992, mais ses travaux continuent d'influencer et d'inspirer la recherche en intelligence artificielle, en psychologie cognitive et en sciences cognitives en général. Sa vision interdisciplinaire, qui considérait l'esprit humain comme un système pouvant être simulé au moyen d'algorithmes et de modèles informatiques, a jeté les bases de nombreuses recherches contemporaines dans ces domaines.

Herbert Alexandre Simon

Herbert Alexander Simon était l'un des intellectuels les plus éclectiques et les plus influents du XXe siècle, apportant des contributions significatives à plusieurs domaines, notamment l'économie, la psychologie cognitive, les sciences de gestion et l'informatique.

Né le 15 juin 1916 à Milwaukee, Wisconsin, Simon a montré très tôt un intérêt pour la science et l'étude de l'homme, obtenant un baccalauréat en sciences politiques de l' Université de Chicago en 1936.

Alors qu'il travaillait comme assistant de recherche à l'UC Berkeley, Simon a développé un intérêt croissant pour la théorie de la décision.

En 1949, il rejoint la faculté de l'Université Carnegie Mellon , où il reste pour le reste de sa carrière, occupant des postes dans plusieurs départements, notamment de psychologie, d'informatique et de gestion.

Simon a développé la théorie de la rationalité limitée en remettant en question l'idée traditionnelle de « l'homo Economicus » qui prend des décisions parfaitement rationnelles. Au lieu de cela, il a proposé le concept de « rationalité limitée », suggérant que les individus prennent des décisions basées sur des informations incomplètes et utilisent souvent des heuristiques plutôt qu'une analyse complète. Il a également fourni des informations approfondies sur la théorie des organisations et les sciences de gestion, affirmant que les organisations sont des systèmes complexes qui fonctionnent avec une rationalité limitée.

Simon a reçu le prix Nobel d'économie en 1978 pour ses recherches pionnières sur le processus décisionnel au sein des organisations commerciales. En 1975, avec Allen Newell , il reçoit le prix Turing pour ses contributions exceptionnelles à l'intelligence artificielle et à la psychologie cognitive.

Simon est décédé le 9 février 2001 à Pittsburgh, en Pennsylvanie.

Son héritage multidisciplinaire continue d'influencer et d'inspirer dans de nombreux domaines. Son travail a changé notre façon de comprendre la décision, l'organisation et la cognition, et ses théories continuent d'être au cœur de nombreuses disciplines.

Herbert A. Simon peut être défini comme un géant intellectuel dont les travaux ont laissé une empreinte indélébile dans plusieurs domaines d'études humaines.

Ce ne sont là que quelques-unes des principales contributions à l'IA nées de la collaboration du « Duo Innovant » :

Le théorème de limitation logique : Simon et Newell ont proposé que chaque agent, qu'il soit humain ou machine, est limité par ses connaissances et sa puissance de traitement.

Ce concept est devenu fondamental en psychologie cognitive et en théorie de la décision.

Le programme logique Théoricien (LT) : En 1956, Newell et Simon ont développé la logique Théoricien , souvent décrit comme le premier programme d'IA. LT a pu prouver des théorèmes de logique mathématique, et beaucoup y voient le début officiel de l'IA en tant que discipline de recherche.

de problèmes généraux (GPS) : En 1957, ils ont créé le GPS, un programme informatique conçu pour résoudre des problèmes généraux d'une manière similaire à celle des humains. Même si le GPS avait ses limites, il constituait une plate-forme essentielle pour les futures recherches sur l'IA.

Recherche sur la cognition humaine : en plus de leurs travaux sur l'IA, Newell et Simon ont également apporté d'importantes contributions à la psychologie cognitive. Ils ont étudié la manière dont les humains résolvent les problèmes, prennent des décisions et traitent les informations.

La collaboration entre Newell et Simon a ainsi jeté les bases de l'intelligence artificielle et de la psychologie cognitive modernes. Ils ont introduit l'idée que l'intelligence pouvait être comprise comme un processus algorithmique et que les machines pouvaient être programmées pour imiter ces capacités. Leur vision interdisciplinaire, qui associait l'informatique, la psychologie et l'économie, a eu un impact durable et profond sur la façon dont nous concevons l'intelligence, tant humaine qu'artificielle.

Frank Rosenblatt : Le rêve des réseaux de neurones

Frank Rosenblatt est né le 11 juillet 1928 à New Rochelle , New York. Dès sa jeunesse, il manifeste un fort intérêt pour les sciences et les technologies.

Après avoir obtenu un baccalauréat ès sciences à Cornell Université en 1950, il continue de poursuivre sa passion académique dans la même institution, obtenant un doctorat en psychologie en 1956.

Les recherches de Rosenblatt l'amènent à réaliser des avancées significatives dans le domaine émergent de l'intelligence artificielle. En travaillant chez Cornell aéronautique Laboratoire en 1957, introduit le concept de perceptron au monde. Cet algorithme innovant, inspiré de la fonction biologique des neurones du cerveau, est conçu pour reconnaître des modèles. L'une de ses caractéristiques distinctives est la capacité « d'apprendre » à partir de données étiquetées grâce à un processus itératif d'ajustement des poids, ce qui constitue l'un des premiers exemples d'apprentissage supervisé dans un réseau neuronal artificiel.

Rosenblatt attend beaucoup du perceptron, estimant qu'il pourrait un jour révolutionner des domaines tels que la traduction automatique, la reconnaissance des personnes ou de la voix, et peut-être même simuler des aspects complexes du comportement humain. Sa vision du futur de l'intelligence artificielle est optimiste et pleine de potentiel.

Cependant, l'enthousiasme initial suscité par le perceptron a rapidement suscité de vives critiques. Marvin Minsky et Seymour Papert , en particulier, soulignent certaines limites importantes des perceptrons monocouches dans leur livre "Perceptrons" de 1969. La résonance de ces critiques a eu un effet dissuasif sur la recherche sur les réseaux neuronaux pendant quelques années.

Malgré ces défis, Rosenblatt reste un ardent défenseur de ses idées. Malheureusement, il n'a pas eu l'occasion de voir comment le domaine de l'intelligence artificielle résisterait aux critiques et adopterait les réseaux neuronaux comme élément central. Sa vie fut tragiquement interrompue par un accident de bateau le 11 juillet 1971, à l'âge de 43 ans.

Le décès prématuré de Rosenblatt n'empêche pas son œuvre d'avoir un impact durable. Des années après sa mort, l'importance des perceptrons et des réseaux de neurones dans le domaine de l'IA est reconnue, affirmant son statut de pionnier et de visionnaire. Son héritage se perpétue à travers les innovations qui continuent de constituer le cœur de l'apprentissage automatique et de l'intelligence artificielle modernes.

Geoffrey Hinton : La renaissance du Deep Learning

Geoffrey Hinton, souvent surnommé le « parrain du deep learning », est né à Wimbledon, Londres, en 1947. Issu d'une famille de scientifiques, son parcours scientifique semblait presque prédéterminé. Son arrière-grand-père était George Boole, le mathématicien qui a inventé l'algèbre booléenne, qui est au cœur de la théorie moderne de l'information et de l'informatique.

Hinton a commencé sa formation académique au King's College de Cambridge, où il a obtenu un baccalauréat en psychologie expérimentale. Plus tard, il a déménagé aux États-Unis pour poursuivre un doctorat. en intelligence artificielle de l'Université de Californie à San Diego.

Au début des années 1980, à une époque où l'intérêt pour les réseaux de neurones diminuait, Hinton continuait de croire qu'ils étaient la clé pour percer les secrets de l'apprentissage et de la perception humaine. Il a collaboré avec plusieurs chercheurs, développant des concepts qui deviendront fondamentaux dans le domaine de l'apprentissage profond, comme l' algorithme de rétropropagation et les réseaux de neurones profonds.

En 1987, Hinton a déménagé au Canada et a commencé à enseigner à l'Université de Toronto. Ici, il a dirigé une génération de chercheurs en apprentissage profond.

Son travail au Canada l'a amené à fonder le Vector Institute, un centre de recherche dédié à l'intelligence artificielle et à l'apprentissage automatique.

L'une des contributions les plus importantes de Hinton concerne le domaine de l'apprentissage profond non supervisé. Il a proposé l'idée selon laquelle les réseaux de neurones pourraient être entraînés efficacement sans utiliser de données étiquetées, une perspective révolutionnaire à l'époque.

Malgré son ascension au rang de figure de proue dans le domaine de l'IA, Hinton est resté humble et engagé dans la recherche. Il a reçu de nombreuses distinctions pour ses contributions, notamment la médaille AM Turing , souvent décrite comme le « Prix Nobel de l'informatique ».

La vision de Geoffrey Hinton en matière d'intelligence artificielle et son engagement infatigable dans la recherche ont rendu possible la révolution moderne de l'apprentissage profond. Son influence dans le domaine est inestimable et ses idées continueront de guider l'évolution de l'IA pendant de nombreuses années à venir.

CHAPITRE 3 : TECHNIQUES D'APPRENTISSAGE AUTOMATIQUE

L'apprentissage automatique, souvent considéré comme une sous-catégorie de l'intelligence artificielle, est l'art et la science de la construction de systèmes capables d'apprendre à partir des données. Plutôt que d'être explicitement programmés pour effectuer une tâche, ces systèmes sont entraînés à l'aide de grandes quantités de données et d'algorithmes qui leur donnent la possibilité d'améliorer leurs performances. L'idée de base est qu'avec suffisamment de données, d'expérience et d'itérations, un ordinateur peut découvrir des modèles, des relations ou des informations qui peuvent ne pas être immédiatement apparentes ou compréhensibles pour les humains.

Imaginez que vous ayez une boîte noire qui, lorsque vous lui donnez une entrée, vous donne une sortie. Dans un logiciel traditionnel, la manière dont cette boîte noire traite les entrées et produit la sortie serait déterminée par un ensemble d'instructions définies et codées par un programmeur. Cependant, dans l'apprentissage automatique, cette boîte noire, ou modèle, n'a pas d'instructions fixes. Au lieu de cela, il change et s'adapte en fonction des données rencontrées.

L'attrait du machine learning réside dans sa capacité à s'adapter, à apprendre et à s'améliorer. Vous pouvez commencer par fournir à votre modèle un ensemble de données, appelé ensemble d'entraînement, qui contient des exemples des entrées que vous pourriez fournir et des sorties que vous attendez. Grâce à un processus itératif, le modèle « apprend » à traiter ces données. Une fois le modèle entraîné, il peut être testé sur de nouvelles données inédites pour voir dans quelle mesure ses prédictions ou décisions correspondent à la réalité.

Mais que signifie réellement pour une machine « apprendre » ? À un niveau très élevé, cela signifie ajuster un certain nombre de paramètres internes afin que, lorsqu'ils sont saisis, ils produisent la sortie la plus précise possible. Ce processus de régulation s'effectue grâce à une combinaison de mathématiques, de statistiques et de calculs.

Un exemple concret pourrait aider : pensez à un filtre de courrier électronique qui identifie et signale le spam. Au lieu d'indiquer au filtre exactement comment reconnaître le spam, vous pouvez l'entraîner sur des milliers ou des millions d'e-mails, dont certains sont étiquetés comme spam et d'autres comme courrier légitime. Au fil du temps, le filtre « apprend » à reconnaître les caractéristiques typiques des courriers indésirables et devient de plus en plus efficace pour les marquer comme tels.

L'apprentissage automatique représente un changement de paradigme dans le traitement de l'information et la création de logiciels. Alors que nous définissions autrefois strictement ce qu'un ordinateur devait faire, étape par étape, nous donnons désormais aux ordinateurs des exemples de ce que nous voulons qu'ils fassent et leur laissons déduire comment atteindre ces objectifs à travers le processus d'apprentissage. Cette approche a ouvert la porte à des innovations dans de nombreux domaines, de la reconnaissance vocale au trading financier, du diagnostic médical aux véhicules autonomes.

L'apprentissage automatique est comme une rivière déchaînée qui se fraye un chemin à travers le paysage de l'intelligence artificielle, avec la promesse de transformer non seulement la façon dont nous interagissons avec les machines, mais aussi la façon dont nous concevons la connaissance et la découverte.

Le désir d'apprendre aux machines à « penser » et à « apprendre » n'est pas nouveau. La question de l'apprentissage est explorée depuis des siècles par les philosophes, les logiciens et les scientifiques.

Le philosophe et mathématicien britannique George Boole a introduit au XIXe siècle une forme d'algèbre (maintenant connue sous le nom d'algèbre de Boole) qui est devenue la base théorique de la logique numérique et, par conséquent, du traitement de l'information dans les machines.

La question théorique fondamentale de l'apprentissage automatique est la suivante : comment pouvons-nous faire en sorte qu'un système améliore ses performances grâce à l'expérience ? À première vue, cette question peut paraître simple, mais lorsque l'on se penche sur les mécanismes de l'apprentissage, elle devient l'une des questions les plus profondes et les plus complexes dans le domaine de l'IA.

Les algorithmes sont au cœur de l'apprentissage automatique. Ces algorithmes, tels que la régression linéaire, les réseaux de neurones ou les arbres de décision, sont les règles ou procédures qu'une machine suit pour rechercher des modèles dans les données. Le choix de l'algorithme dépend de la nature de la tâche, de la qualité et de la quantité des données disponibles ainsi que de l'objectif recherché.

Un modèle de machine learning, une fois entraîné, n'est rien de plus qu'une représentation de ce qu'il a « appris » des données. Par exemple, si vous essayez de prédire les prix des logements en fonction de diverses caractéristiques telles que la superficie en pieds carrés, le nombre de chambres et la proximité des commodités, le modèle obtenu sera un résumé de ces relations.

L'apprentissage automatique, bien que puissant, a également ses limites. La formation de modèles précis nécessite de grandes quantités de données. En outre, il existe toujours un risque de « surajustement », lorsqu'un modèle peut fonctionner exceptionnellement bien avec les données avec lesquelles il a été formé, mais échouer lamentablement avec de nouvelles données.

Se pose également la question de l'interprétabilité.

Si certains modèles peuvent être facilement interprétés et compris, d'autres, comme les réseaux neuronaux profonds, sont souvent décrits comme des « boîtes noires », car il est difficile de comprendre exactement comment ils prennent leurs décisions.

L'avenir de l'apprentissage automatique est aussi passionnant qu'incertain. Nous assistons déjà à l'essor du deep learning, une sous-classe de l'apprentissage automatique qui utilise des réseaux neuronaux profonds et réalise des percées dans des domaines tels que la reconnaissance d'images et le langage naturel. Dans le même temps, la prise de conscience de l'importance de l'éthique dans l'apprentissage automatique augmente. Les questions telles que les préjugés et la discrimination dans les modèles deviennent des préoccupations centrales.

L'apprentissage automatique est une combinaison de mathématiques, de logique, d'informatique et de philosophie. Sa capacité à transformer des données brutes en idées et connaissances représente l'une des frontières les plus passionnantes de la science et de la technologie modernes.

Enseignement supervisé

L'apprentissage supervisé est l'un des piliers fondamentaux du machine learning, et son essence réside dans le terme même de « supervisé ». Dans ce mode, les machines sont entraînées sur un ensemble de données qui a été étiqueté, c'est-à-dire que chaque instance de données fournie au modèle est accompagnée d'une étiquette ou d'un résultat souhaité. Le travail du modèle consiste alors à apprendre la relation entre les données d'entrée et les étiquettes correspondantes afin que, une fois la formation terminée, il puisse faire des prédictions précises sur les nouvelles données non étiquetées.

Imaginez que vous souhaitiez entraîner un système à reconnaître si une photo contient un chat ou un chien. Dans un contexte d'apprentissage supervisé, vous alimenterez le système avec un ensemble d'images où chaque image est clairement étiquetée « chat » ou « chien ». Grâce à des itérations et à l'examen de nombreux exemples, le système tenterait d'affiner ses capacités de reconnaissance. Ainsi, une fois entraîné, si on lui donne une nouvelle image d'un animal qu'il n'a jamais vu auparavant, il pourrait prédire avec une certaine précision si l'image représente un chat ou un chien en se basant sur l'apprentissage des données d'entraînement.

L'apprentissage supervisé a gagné en popularité dans la

recherche contemporaine et a conduit à des avancées significatives dans de nombreux domaines. L'un d'eux est le diagnostic médical. Récemment, des efforts importants ont été déployés pour former des modèles permettant de reconnaître les signes et symptômes de maladies à partir d'images médicales. Par exemple, les chercheurs ont formé des modèles d'apprentissage supervisé à l'aide d'images radiographiques pulmonaires pour détecter les signes d'affections telles que la pneumonie. Les images utilisées pour la formation ont été étiquetées par des experts médicaux, permettant ainsi au modèle d'apprendre les caractéristiques visuelles de la maladie. Une fois formés, ces modèles ont montré une précision remarquable dans la détection de la pneumonie sur de nouvelles images radiographiques.

Un autre exemple notable d'apprentissage supervisé dans la recherche contemporaine est la traduction automatique. Par exemple, des systèmes comme Google Translate ont bénéficié de l'apprentissage supervisé.

Les chercheurs entraînent ces modèles en leur fournissant de grandes quantités de texte bilingue, dans lequel une phrase dans une langue correspond à sa traduction dans une autre langue.

Cela permet au système « d'apprendre » les structures linguistiques et les nuances entre les langues, améliorant ainsi la qualité des traductions de phrases ou de textes jamais vues auparavant.

En résumé, l'apprentissage supervisé est une méthodologie qui exploite la puissance des données étiquetées pour apprendre aux machines à faire des prédictions précises. Bien que les exemples fournis ne représentent que la pointe de l'iceberg, ils mettent en évidence le potentiel révolutionnaire de cette technique pour résoudre des problèmes complexes dans un large éventail d'industries.

L'apprentissage supervisé ne se limite pas à catégoriser des images ou à traduire du texte. Il s'agit d'une vaste sphère de techniques et de méthodologies qui peuvent être appliquées à une myriade de problèmes, dont l'objectif principal est de prédire ou d'estimer un résultat particulier sur la base d'un ou plusieurs intrants.

Dans une définition plus formelle, l'apprentissage supervisé implique un ensemble de données de formation composées d'entrées ainsi que de leurs sorties souhaitées correspondantes. Le but est de déduire une fonction à partir de ces données d'entraînement. Une fois cette fonction déterminée, elle peut être utilisée pour mapper de nouvelles entrées aux sorties attendues.

Prenons par exemple les prévisions météorologiques. Un modèle d'apprentissage supervisé pourrait être formé sur des années de données météorologiques historiques : températures, humidité, pression barométrique, etc. (les entrées), ainsi que sur les conditions météorologiques correspondantes qui se sont réellement produites, telles que l'ensoleillement, la pluie, la neige (les sorties). . Avec suffisamment de données et de formation, le modèle pourrait commencer à reconnaître les modèles atmosphériques précédant un événement météorologique particulier et prédire avec précision les conditions futures.

Cependant, comme toutes les techniques, l'apprentissage supervisé présente ses défis. La qualité et la quantité des données étiquetées sont essentielles. Si les données de formation sont incorrectes ou biaisées, le modèle produit sera également peu fiable. Ce concept est communément appelé « garbage in, garbage out » en IA.

Une autre considération importante est la généralisation. Même si notre modèle fonctionne parfaitement avec les données sur lesquelles il a été formé, le véritable test réside dans ses performances avec des données inédites. Si un modèle est trop « strict » sur les données d'entraînement, il risque de ne pas fonctionner correctement sur les nouvelles données, un phénomène connu sous le nom de « surajustement ». De plus, l'apprentissage supervisé nécessite que des experts fournissent des étiquettes pour les données de formation, un processus qui peut s'avérer coûteux et long. Dans de nombreux contextes, obtenir un large ensemble de données étiquetées avec précision peut s'avérer difficile.

Malgré ces défis, l'apprentissage supervisé a révolutionné de nombreux secteurs. De la finance à la biomédecine, de l'agriculture à la logistique, la capacité de prédire les résultats sur la base de données historiques a ouvert de nouvelles frontières en matière d'efficacité, de précision et de perspicacité. Et alors que de nouvelles techniques et paradigmes continuent d'émerger, l'apprentissage supervisé reste un incontournable du répertoire de l'IA, façonnant la façon dont nous vivons, travaillons et interagissons avec le monde qui nous entoure.

Apprentissage non supervisé

L'apprentissage non supervisé est une catégorie distinctive et fascinante de l'apprentissage automatique.

Contrairement à l'apprentissage supervisé, dans lequel un modèle est formé sur des données étiquetées, l'apprentissage non supervisé fonctionne avec des données non étiquetées, en essayant d'y identifier les structures et les modèles intrinsèques sans conseils spécifiques sur ce que représentent ces structures.

Une façon de comprendre l'apprentissage non supervisé est de le considérer comme un processus exploratoire. Sans avoir d'étiquettes spécifiques comme référence, les modèles tentent de regrouper ou de segmenter les données en fonction de similitudes ou de différences.

Cette exploration peut révéler des relations cachées dans les données qui peuvent ne pas être immédiatement apparentes ou qui n'auraient pas été prises en compte à l'aide de techniques supervisées.

Un exemple concret d'apprentissage non supervisé est le clustering, où le but est de regrouper des données similaires. Considérez un large ensemble de données sur les achats en ligne des clients. Une entreprise ne sait peut-être pas comment segmenter ses clients à l'avance, mais en utilisant des techniques d'apprentissage non supervisées, elle pourrait découvrir des groupes naturels de clients en fonction de leurs habitudes d'achat, des catégories de produits qu'ils aiment ou de la fréquence de leurs achats.

Une autre approche de l'apprentissage non supervisé est la réduction de la dimensionnalité . Cette technique tente de simplifier les données complexes en réduisant le nombre de variables considérées, tout en conservant la plupart des informations originales. Un exemple bien connu dans ce contexte est l'analyse en composantes principales (ACP). Récemment, des techniques telles que l' autoencoder , particulièrement populaires dans les réseaux de neurones profonds, ont été utilisées pour compresser puis recréer des données, ce qui a permis d'obtenir des représentations plus denses et plus informatives.

L'un des exemples les plus intrigants de recherche contemporaine sur l'apprentissage non supervisé est l'utilisation des réseaux contradictoires génératifs (GAN). Sans entrer dans trop de détails techniques, les GAN se composent de deux réseaux : un qui génère des données et un qui tente de distinguer les données réelles des données générées. Ce jeu compétitif entre les deux réseaux conduit à la création de données synthétiques extrêmement réalistes. Les GAN ont trouvé des applications dans divers domaines, de la création d'images artistiques aux images médicales synthétiques pour la recherche.

Un autre domaine de recherche qui tire parti de l'apprentissage non supervisé est l'analyse de texte.

les modèles d'intégration de mots tels que Word2Vec ou FastText tentent de convertir les mots en vecteurs numériques afin que les mots ayant des significations similaires soient proches les uns des autres dans l'espace vectoriel. Cette transformation s'accomplit en observant comment les mots coexistent dans de grands corps de texte, sans aucun étiquetage spécifique.

En conclusion, l'apprentissage non supervisé offre une opportunité unique de sonder et d'analyser des données sans avoir besoin d'étiquettes prédéfinies. Cela ouvre la porte à de nouvelles découvertes et connaissances, permettant aux machines de révéler des modèles et des structures que nous n'avions peut-être pas envisagés ou qui pourraient être trop complexes pour être identifiés par l'analyse humaine. Grâce à sa capacité à travailler avec des données inconditionnées, l'apprentissage non supervisé reste l'un des domaines de l'intelligence artificielle les plus prometteurs et en évolution rapide.

L'apprentissage non supervisé a trouvé des applications dans un certain nombre de domaines, révolutionnant la façon dont nous interagissons avec la technologie et comprenons le monde qui nous entoure.

Un domaine particulièrement fascinant est la conjonction entre l'art et la technologie. Par exemple, les Generative Adversarial Networks (GAN) ont innové dans la création artistique. "Edmond de Belamy " en est un témoignage : un portrait qui, bien que réalisé par un algorithme et non par la main d'un artiste, a été vendu aux enchères chez Christie's pour une somme importante, soulevant des questions sur l'essence même de l'art. .

Dans l'industrie musicale, des plateformes comme Spotify et Apple Music redéfinissent l'expérience de l'auditeur. Ces services, utilisant l'apprentissage non supervisé, analysent les habitudes d'écoute des utilisateurs et proposent des musiques qui, bien que jamais entendues auparavant, sont en phase avec les goûts de l'utilisateur. La personnalisation obtenue offre une expérience musicale presque sur mesure, reflétant la singularité de chaque auditeur.

Dans le monde en évolution rapide du commerce électronique, l'analyse du comportement des consommateurs est essentielle. Grâce à des techniques d'apprentissage non supervisées, les entreprises sont en mesure de regrouper les clients en fonction de leur comportement d'achat, des produits consultés ou des heures de visite sur site. Cette segmentation permet de personnaliser les offres et de cibler la publicité, renforçant ainsi la confiance des clients et augmentant la probabilité de vente.

La cybersécurité est un autre domaine qui bénéficie grandement de ces techniques. Chaque jour, d'énormes quantités de données transitent par nos systèmes et réseaux. Grâce à un apprentissage non supervisé, ces données peuvent être surveillées à la recherche de comportements ou de modèles anormaux, fournissant ainsi un premier niveau de défense contre d'éventuelles menaces ou intrusions.

Dans le domaine de la linguistique computationnelle, les dernières années ont vu des progrès extraordinaires grâce à des modèles tels que BERT ou GPT-2.

Travaillant sur de grands volumes de texte, ces modèles sont capables de générer et de comprendre le langage humain avec une précision sans précédent. Cela a conduit à des améliorations spectaculaires dans des domaines tels que la traduction automatique, la reconnaissance vocale et la compréhension de textes.

La recherche biomédicale et pharmaceutique est également profondément influencée par ces technologies. Par exemple, l'analyse de séquences génomiques ou d'images médicales avec un apprentissage non supervisé peut révéler des modèles ou des structures qui échapperaient à l'analyse traditionnelle, offrant ainsi de nouvelles perspectives sur les diagnostics ou les traitements. Dans le domaine de la recherche pharmaceutique, la génération de nouvelles molécules grâce au GAN accélère le processus de développement de nouveaux médicaments, réduisant ainsi les coûts et potentiellement sauvant des vies.

L'apprentissage non supervisé est plus qu'un simple outil technologique : il façonne notre avenir, offrant des solutions innovantes à des problèmes séculaires et ouvrant de nouveaux horizons dans des domaines jusqu'alors inexplorés.

Apprentissage par renforcement

L'apprentissage par renforcement est l'une des ramifications les plus intrigantes de l'apprentissage automatique, car il simule le processus par lequel les humains et les animaux apprennent en interagissant avec leur environnement.

Dans ce paradigme, un agent prend des décisions en explorant un environnement, recevant des « renforts » ou des récompenses pour ses actions. L'objectif de l'agent est de maximiser la récompense accumulée au fil du temps.

Contrairement à l'apprentissage supervisé, où l'enseignement se fait au moyen d'exemples corrigés, ou à l'apprentissage non supervisé, qui tente de trouver des structures dans les données, l'apprentissage par renforcement se concentre sur la manière d'effectuer des actions dans un environnement pour en tirer le maximum d'avantages.

L'un des exemples les plus célèbres d'apprentissage par renforcement à l'ère moderne est AlphaGo , développé par DeepMind , une filiale de Google. AlphaGo a surpris le monde en battant les champions du monde dans le jeu complexe de Go, un défi que beaucoup pensaient hors de portée des ordinateurs en raison de sa profondeur stratégique. AlphaGo a appris en étudiant les jeux humains, puis en jouant d'innombrables jeux contre lui-même, perfectionnant ses stratégies grâce à l'apprentissage par renforcement.

Outre les jeux, l'apprentissage par renforcement a trouvé des applications en robotique, où les robots apprennent à se déplacer et à interagir avec le monde physique par l'expérimentation et la correction.

Par exemple, les robots qui apprennent à marcher ou à saisir des objets ont souvent recours à l'apprentissage par renforcement pour optimiser leurs mouvements.

Et que nous réserve l'avenir ? On pourrait constater une augmentation du recours à l'apprentissage par renforcement dans la gestion optimisée des ressources énergétiques. Imaginez des systèmes intelligents qui régulent la consommation d'énergie dans les villes en temps réel, en s'appuyant sur les conditions environnementales et les modes de consommation pour garantir une utilisation efficace de l'énergie. Ou bien, nous pourrions avoir des véhicules autonomes qui utilisent l'apprentissage par renforcement pour améliorer la sécurité et l'efficacité de la circulation en s'adaptant aux conditions routières et au comportement des autres usagers de la route.

Dans le domaine médical, des systèmes guidés par l'apprentissage par renforcement pourraient assister les médecins dans le choix des traitements. Au lieu de s'appuyer uniquement sur l'expérience clinique ou sur des protocoles standards, ces systèmes pourraient suggérer des traitements basés sur une analyse approfondie des données des patients, obtenir des commentaires en temps réel et adapter les recommandations en conséquence.

Un tel apprentissage a le potentiel d'introduire l'IA dans un large éventail d'applications, incitant les systèmes à s'adapter, à apprendre et à optimiser de manière dynamique en réponse aux défis du monde réel. Et même si nous voyons déjà des applications impressionnantes aujourd'hui, l'avenir pourrait nous réserver des solutions encore plus révolutionnaires qui transformeront notre façon de vivre, de travailler et d'interagir avec la technologie.

par renforcement (RL) repose sur un formalisme mathématique qui représente l'interaction entre un agent et un environnement, appelé processus de décision de Markov (MDP). Dans un MDP, un agent effectue des actions dans des états spécifiques de l'environnement et reçoit des récompenses (ou des punitions) en réponse. L'objectif est de trouver une politique, c'est-à-dire une stratégie, qui mappe chaque état en une action, maximisant ainsi la récompense totale attendue au fil du temps.

Le cœur de l'apprentissage par renforcement est la fonction de valeur. Il existe deux fonctions de valeur principales dans le RL :

- La fonction de valeur d'état $V(s)$, représentant la récompense totale attendue des États *suivant* une certaine politique.

- La fonction de valeur d'action $Q(s, a)$, qui représente la récompense totale attendue en effectuant l'action a dans l'état s puis en suivant une certaine politique.

L'estimation et l'optimisation de ces fonctions sont au cœur de RL. Des algorithmes tels que Q-learning et SARSA sont des méthodes sans modèle qui tentent de se rapprocher de la fonction Q directement par l'expérience.

Des approches plus modernes de RL utilisent des réseaux de neurones profonds pour se rapprocher de ces fonctions de valeur, ce qui aboutit à un apprentissage par renforcement profond (DRL). Ces méthodes, comme DQN (Deep Q-Network), combinent la puissance des réseaux de neurones profonds avec les principes du RL, permettant aux agents d'opérer dans des environnements dotés d'immenses espaces d'états, comme les jeux vidéo ou la simulation robotique.

Un concept clé dans RL est l'équilibre entre l'exploration et l'exploitation. L'agent doit décider s'il souhaite explorer de nouvelles actions à la recherche de récompenses plus élevées ou exploiter des actions dont il sait déjà qu'elles sont bénéfiques. Ceci est souvent régi par un paramètre appelé epsilon, qui détermine la probabilité que l'agent choisisse une action aléatoire (exploration) par rapport à une action qui maximise la récompense attendue (exploitation).

Un autre aspect technique fondamental est la « récompense façonner ". La conception des récompenses est cruciale dans RL : si l'agent reçoit des commentaires inappropriés ou trompeurs, il peut apprendre des politiques sous-optimales, voire nuisibles.

Ces dernières années, les techniques d'apprentissage par transfert et de méta-apprentissage gagnent du terrain en RL. L'idée est qu'un agent peut transférer ce qu'il a appris dans une tâche vers de nouvelles tâches connexes, réduisant ainsi considérablement le temps d'apprentissage.

La simulation est devenue une composante essentielle du RL. Plateformes comme OpenAI Gym propose des environnements simulés dans lesquels les agents peuvent apprendre sans interagir avec le monde réel, réduisant ainsi les coûts et les risques associés à l'apprentissage par interaction directe.

En résumé, même si l'apprentissage par renforcement repose sur des principes mathématiques fondamentaux et des formules bien définies, son application pratique constitue un domaine de recherche actif et en évolution rapide, avec de nouvelles découvertes et méthodologies émergeant régulièrement.

Apprentissage semi-supervisé

L'apprentissage semi-supervisé représente un juste milieu entre l'apprentissage supervisé et non supervisé. Alors que dans l'apprentissage supervisé, nous utilisons un ensemble de données étiquetées pour apprendre à notre modèle à faire des prédictions ou des classifications, et que dans l'apprentissage non supervisé, nous laissons le modèle trouver des structures ou des modèles dans les données sans aucune référence, l'apprentissage semi-supervisé se situe entre les deux, tirant parti à la fois de l'apprentissage étiqueté et de l'apprentissage supervisé. données non étiquetées.

Pensez à une situation dans laquelle vous disposez d'un grand volume de données, mais dont seule une petite partie est étiquetée. L'étiquetage des données peut être coûteux, prendre du temps ou nécessiter des experts dans le domaine. Dans ces contextes, l'apprentissage semi-supervisé devient particulièrement utile.

La façon dont cela fonctionne est assez intuitive. Initialement, le modèle est formé sur les données étiquetées disponibles, tout comme dans l'apprentissage supervisé.

Une fois que le modèle a une certaine compréhension de la tâche, il est exposé aux données non étiquetées. Ici, le modèle tente d'utiliser les connaissances acquises lors de la phase supervisée pour formuler des hypothèses ou des prédictions sur les données non étiquetées. Ces prédictions sont ensuite utilisées pour entraîner et affiner davantage le modèle. L'idée est que même si les étiquettes ne sont pas présentes pour toutes les données, le modèle peut toujours tirer des informations utiles de la structure et de la distribution des données non étiquetées.

Un exemple pratique d'apprentissage semi-supervisé peut être trouvé dans la classification de textes. Imaginez que vous disposez d'archives d'articles de journaux, mais que seule une petite fraction d'entre eux est classée sous des sujets tels que « politique », « sport » ou « affaires ». Après avoir entraîné votre modèle sur le petit sous-ensemble d'éléments balisés, vous pouvez utiliser l'apprentissage semi-supervisé pour aider le modèle à identifier et catégoriser les éléments non balisés, en fonction de la similarité du contenu ou d'autres caractéristiques extraites des données balisées.

les réseaux de neurones convolutifs , pour la classification d'images. Même si seul un petit sous-ensemble d'images a été étiqueté, le modèle, grâce à des techniques d'apprentissage semi-supervisé, a pu améliorer considérablement sa capacité à classer de nouvelles images par rapport à l'utilisation seule de données étiquetées.

En général, l'apprentissage semi-supervisé constitue une solution puissante aux problèmes où les étiquettes sont rares ou coûteuses à obtenir, permettant aux modèles d'apprendre plus efficacement et de tirer parti de la grande quantité de données non étiquetées souvent disponibles.

Apprentissage par transfert

L'apprentissage transférable, également appelé apprentissage par transfert, est une stratégie d'apprentissage automatique qui exploite les connaissances acquises lors d'une tâche précédemment apprise pour améliorer la formation sur une nouvelle tâche connexe. Cette approche est devenue particulièrement populaire dans le domaine de l'apprentissage profond, où la formation de réseaux neuronaux profonds à partir de zéro peut nécessiter de grandes quantités de données et de ressources informatiques.

Imaginez que vous disposez d'un modèle de reconnaissance d'images qui a été entraîné sur des millions d'images pour reconnaître des milliers d'objets différents. Ce modèle a déjà appris un large éventail de caractéristiques et de concepts visuels, tels que les bordures, les textures , les formes, et peut-être même des concepts plus complexes tels que « l'animalité » ou les « objets artificiels ». Si nous voulions maintenant former un modèle pour reconnaître spécifiquement différents types de plantes, plutôt que de partir de zéro, nous pourrions exploiter les connaissances déjà acquises grâce au modèle précédent, en l'adaptant à notre nouvelle tâche spécifique.

Dans l'apprentissage par transfert, vous prenez généralement un modèle pré -entraîné, souvent sur un grand ensemble de données tel qu'ImageNet dans le cas de la vision par ordinateur, et modifiez la ou les couches inférieures du réseau pour les adapter à la nouvelle tâche. Ces couches « personnalisées » sont ensuite entraînées sur le nouvel ensemble de données , tandis que les parties initiales du modèle peuvent être « figées » pour conserver les connaissances précédemment acquises ou subir un entraînement plus léger.

Un exemple contemporain d'apprentissage par transfert est représenté par son application dans le domaine de la médecine.

Par exemple, les réseaux neuronaux pré -entraînés pour la reconnaissance d'objets génériques peuvent être adaptés pour reconnaître des anomalies spécifiques dans les images médicales, telles que des tumeurs sur une radiographie. Étant donné que la collecte d'un vaste ensemble de données d'images médicales étiquetées peut être difficile et coûteuse, l'exploitation d'un modèle pré -entraîné peut considérablement accélérer le processus de formation et améliorer les performances, même avec un ensemble de données de petite taille.

Un autre contexte dans lequel l'apprentissage par transfert gagne du terrain est celui du traitement du langage naturel (NLP). Les modèles de langage pré - entraînés, tels que BERT ou GPT, ont été formés sur d'énormes corpus de textes et peuvent être adaptés à des tâches spécifiques, telles que l'analyse des sentiments ou la classification de documents, avec des résultats impressionnants.

L'apprentissage transférable représente une approche efficace pour exploiter les connaissances acquises dans un domaine ou une tâche au profit d'un autre domaine ou d'une tâche connexe, réduisant ainsi le besoin de grandes quantités de données et de ressources informatiques.

L'ensemble d'apprentissage

L'apprentissage d'ensemble, traduisible en italien par « apprendre ensemble », est une technique dans le domaine de l'apprentissage automatique qui combine les prédictions de plusieurs modèles afin de produire une prédiction finale plus précise et plus stable que celle qui pourrait être produite par un seul modèle. . Plutôt que de s'appuyer sur la perspective ou le potentiel d'un seul algorithme, l'apprentissage d'ensemble capitalise sur la diversité, en tirant parti d'une multitude de points de vue et d'approches pour aborder un problème donné.

Une métaphore pour comprendre le fonctionnement de l'apprentissage d'ensemble pourrait être celle d'un comité d'experts. Si chacun de ces experts a une formation et une expérience légèrement différentes, les réunir tous pour prendre une décision pourrait conduire à de meilleurs résultats que si un seul expert décidait seul. En effet, les erreurs ou les lacunes d'un expert pourraient être compensées par les compétences d'un autre.

Une technique courante utilisée dans l'apprentissage d'ensemble est le « bagging » (Bootstrap Aggregating), dans laquelle différentes versions d'un ensemble de données sont créées par échantillonnage aléatoire avec remplacement, puis un modèle est formé sur chacune de ces versions. Ces modèles sont ensuite combinés pour produire une prédiction finale. Un exemple bien connu de cette approche est la forêt aléatoire, ou « Random Forest », qui est essentiellement un ensemble d'arbres de décision.

Une autre méthode populaire est le « boosting ». Alors

qu'en bagging chaque modèle est entraîné en parallèle et indépendamment des autres, en boosting les modèles sont entraînés séquentiellement, où chaque modèle successif tente de corriger les erreurs du modèle précédent.

Dans le contexte contemporain, les techniques d'ensemble sont devenues fondamentales dans de nombreuses applications pratiques de l'apprentissage automatique. Par exemple, dans les concours Kaggle , une plateforme de concours de science des données, bon nombre des meilleurs résultats sont obtenus en combinant différents modèles via des techniques d'ensemble.

Un exemple pratique d'utilisation de l'apprentissage Ensemble est la prévision météorologique. La météorologie étant un domaine très complexe et variable, les prévisionnistes s'appuient souvent sur diverses simulations et modèles pour parvenir à une prévision plus précise et plus fiable.

En finance, les techniques d'Ensemble peuvent être utilisées pour modéliser et prédire les mouvements boursiers, en combinant différentes techniques et modèles pour tenter de capturer des dynamiques de marché complexes.

En fin de compte, Ensemble Learning reconnaît et s'appuie sur le principe selon lequel « le tout est supérieur à la somme de ses parties », combinant différentes stratégies et modèles pour obtenir des prédictions robustes et précises.

Réseaux de neurones profonds (apprentissage profond)

Les réseaux de neurones profonds, souvent appelés « Deep Learning », représentent une sous-catégorie du machine learning. Ils reposent sur des structures composées de nombreuses couches, d'où le mot « profond », et s'inspirent du fonctionnement des neurones du cerveau humain. Ces réseaux de neurones sont composés d'unités, appelées neurones artificiels, organisées en couches successives : une couche d'entrée, diverses couches cachées et une couche de sortie. La « profondeur » de ces réseaux fait référence au nombre de couches cachées qu'ils contiennent.

Chaque neurone reçoit une entrée, la traite via une fonction d'activation et produit une sortie, qui est ensuite transmise au niveau suivant. Au cours du processus d'apprentissage, le réseau modifie les poids associés à chaque lien entre neurones pour réduire l'erreur entre le résultat attendu et souhaité.

L'apprentissage profond a gagné en notoriété ces dernières années pour sa capacité à résoudre des problèmes complexes et à grande échelle, surpassant souvent les autres techniques traditionnelles d'apprentissage automatique. L'essor du deep learning a été rendu possible par les quantités massives de données disponibles pour la formation et les capacités de calcul croissantes, notamment grâce à l'utilisation de GPU pour le traitement parallèle.

Les exemples modernes d'utilisation des réseaux de neurones profonds incluent :

Vision par ordinateur : la capacité de reconnaître et de classer des objets dans des images est l'une des applications les plus remarquables du Deep Learning.

phototagging automatique proposé par Facebook ou la reconnaissance faciale utilisée pour déverrouiller les téléphones portables modernes en dépendent.

Traitement du langage naturel (NLP) : des modèles comme BERT, GPT-3 et d'autres, basés sur des réseaux de neurones profonds, révolutionnent la façon dont les machines comprennent et génèrent le langage. Ces modèles alimentent des services tels que des chatbots , des traducteurs automatiques et des systèmes de recommandation.

Véhicules autonomes : des réseaux neuronaux profonds sous-tendent les systèmes de conduite autonome, permettant aux voitures de « voir » et d'interpréter leur environnement, en reconnaissant les panneaux de signalisation, les piétons, les autres véhicules et les obstacles.

Diagnostic médical : L'utilisation de l'apprentissage profond dans l'analyse des images médicales gagne du terrain, permettant l'identification de tumeurs, d'anomalies et d'autres conditions avec une précision dépassant souvent celle d'un œil humain entraîné.

Création de contenu : Récemment, il y a eu des exemples d'art et de musique générés par des réseaux de neurones. Ces systèmes peuvent créer des images, des compositions musicales et même des histoires basées sur des modèles appris à partir des données d'entraînement.

Les réseaux de neurones profonds redéfinissent ce qui est possible en matière d'intelligence artificielle, trouvant des applications dans presque tous les secteurs et offrant des solutions à des problèmes auparavant considérés comme insurmontables pour les machines.

L'attrait et la puissance des réseaux de neurones profonds résident non seulement dans leur capacité à traiter d'énormes volumes de données, mais également dans leur flexibilité pour s'adapter à un large éventail d'applications et de problèmes.

Contrairement aux algorithmes d'apprentissage automatique traditionnels, qui nécessitent souvent une ingénierie fine des fonctionnalités et peuvent être hautement spécialisés pour des types de données ou des tâches spécifiques, les réseaux neuronaux profonds ont la capacité d'« apprendre » de manière autonome des fonctionnalités pertinentes à partir des données d'entraînement.

Cependant, malgré leurs succès et leur popularité, il est également essentiel de comprendre les défis et les limites du deep learning :

Besoin de grands volumes de données : L'un des principaux atouts des réseaux de neurones profonds est leur capacité à travailler avec de grands ensembles de données. Cependant, cela peut également être considéré comme une faiblesse, car toutes les applications ou tous les secteurs ne disposent pas des énormes volumes de données annotées nécessaires à la formation.

Interprétabilité : Les réseaux de neurones sont souvent critiqués comme étant des « boîtes noires ». Cela signifie que même s'ils sont capables de produire des prévisions précises, il peut être difficile, voire impossible, de comprendre comment ils ont pris une décision particulière. Cela pose des problèmes dans des domaines comme la médecine ou la finance, où il est essentiel de comprendre comment se prend une décision.

Surajustement : en raison de leur complexité et de leur profondeur, les réseaux de neurones peuvent tomber dans le piège du surajustement, c'est-à-dire le surajustement des données d'entraînement au détriment de la généralisation à de nouvelles données.

Cependant, il existe des techniques telles que l'abandon ou la régularisation qui ont été développées pour atténuer ce problème.

Intensif en ressources : l'apprentissage profond est notoirement gourmand en ressources. La formation approfondie des modèles nécessite du matériel spécialisé, tel que des GPU ou des TPU, et peut prendre du temps, en particulier pour de très grands ensembles de données ou des architectures complexes.

Malgré ces défis, l'impact du deep learning sur le monde moderne est indéniable. Prenons par exemple le secteur de la santé. Outre l'analyse des images médicales, les réseaux de neurones profonds sont utilisés pour prédire l'apparition d'une maladie à partir de données cliniques, pour assister les chirurgiens lors d'opérations grâce à la réalité augmentée ou pour personnaliser les traitements des patients en fonction de profils génétiques.

Un autre domaine en évolution rapide grâce au deep learning est la robotique. Les robots modernes utilisent l'apprentissage profond pour naviguer de manière autonome, reconnaître des objets, interagir avec les humains et même acquérir de nouvelles compétences grâce à la simulation et à l'exploration.

Enfin, l'apprentissage profond a un impact profond sur l'art et la créativité. D'un côté, les artistes et les créatifs expérimentent les réseaux de neurones pour produire de nouvelles formes d'art, de l'autre, des entreprises comme Adobe intègrent des capacités d'apprentissage profond dans leurs logiciels, permettant aux concepteurs d'accomplir des tâches autrefois impensables.

En fin de compte, même si l'apprentissage profond présente des défis et des limites, sa capacité à transformer les industries et à créer de nouvelles opportunités en fait l'un des outils les plus puissants et les plus prometteurs de l'arsenal moderne de l'IA.

Ce ne sont là que quelques-unes des principales techniques d'apprentissage automatique. Le domaine est vaste et en constante évolution, avec de nouvelles méthodes et approches émergeant régulièrement. Le choix de la bonne technique dépend du type de problème, de la nature des données et des objectifs spécifiques du projet.

Algorithmes de classification et de régression

Les algorithmes de classification et de régression sont deux des principales catégories d'algorithmes d'apprentissage automatique.

Les algorithmes de classification sont utilisés pour prédire une étiquette de catégorie (ou de classe) pour une entrée donnée. La tâche de classification fait référence au processus d'attribution d'un certain revenu à l'une des catégories prédéfinies. En d'autres termes, la réponse attendue est discrète plutôt que continue.

Exemple : Imaginez que vous disposez d'un ensemble d'images de fruits et que votre objectif est d'identifier si une image représente une pomme, une banane ou une orange. À l'aide d'un algorithme de classification, vous pouvez entraîner un modèle avec des images étiquetées de chaque fruit. Une fois formé, le modèle pourrait prendre une image d'un fruit inconnu et le classer dans l'une des catégories en fonction de ses caractéristiques.

Les algorithmes de régression, quant à eux, sont utilisés pour prédire une valeur continue en fonction des entrées fournies. Au lieu de fournir une réponse discrète comme dans la classification, la régression fournit une réponse continue.

Exemple : Supposons que vous souhaitiez prédire le prix de vente d'une maison en fonction de divers facteurs tels que la superficie en pieds carrés, le nombre de pièces, l'âge de la construction, etc. Un algorithme de régression prendrait ces facteurs comme entrées et prédirait une valeur continue (le prix de la maison) comme sortie.

Il est important de noter que malgré leurs différences, la classification et la régression partagent de nombreuses techniques et méthodes communes. Par exemple, la régression linéaire est un algorithme de régression populaire, mais avec quelques modifications, il peut également être utilisé à des fins de classification, comme c'est le cas pour la régression logistique.

Un autre point à considérer est que le choix entre classification et régression dépend souvent de la nature du problème et du type de données disponibles. Dans certaines situations, il peut être utile de convertir un problème de régression en problème de classification ou vice versa, en fonction des besoins pratiques ou des limites des données.

Dans le paysage contemporain, ces algorithmes sont largement utilisés dans un large éventail d'applications, de la prévision des tendances boursières au diagnostic médical, en passant par la recommandation de produits sur les sites de commerce électronique.

Avec l'avènement du Big Data et la puissance de calcul croissante, les capacités et la précision de ces méthodes continuent de s'améliorer, rendant leurs applications encore plus précieuses dans divers secteurs. Les algorithmes de classification sont souvent utilisés lorsque le résultat souhaité est une catégorie. Toutefois, la nature et la complexité du problème peuvent varier considérablement. Une classification plus poussée peut être binaire, où il n'y a que deux classes (par exemple, "spam" ou "pas de spam"), ou multiclasse , où il y a trois catégories ou plus (par exemple, identifier le type de fruit dans une image).

Équilibre des classes : dans certains cas, une classe peut avoir beaucoup plus d'instances qu'une autre. Ce déséquilibre de classe peut rendre difficile pour un modèle d'apprendre les caractéristiques des classes minoritaires. Des techniques telles que le suréchantillonnage , le sous-échantillonnage ou l'utilisation de métriques avancées telles que la courbe ROC peuvent aider à résoudre ces problèmes.

Voici quelques exemples d'utilisation :

Reconnaissance faciale : la classification joue un rôle clé dans la détermination de l'identité d'une personne dans une image. Ici, chaque personne pourrait être considérée comme une classe distincte.

Analyse des sentiments : en fonction du contenu d'un avis, un algorithme de classement peut déterminer si le sentiment est positif, négatif ou neutre.

Dans le contexte de l'apprentissage automatique, la régression consiste à prédire des valeurs continues.

Caractéristiques:

Linéarité : bien que la régression linéaire suppose une relation linéaire entre les variables indépendantes et dépendantes, il existe des modèles, tels que la régression polynomiale, qui peuvent prendre en compte les relations non linéaires.

Surajustement et sous-ajustement : la régression peut souffrir de ces problèmes.

Le surajustement se produit lorsque le modèle est trop complexe et s'adapte trop bien aux données d'entraînement.

Le sous-ajustement se produit lorsque le modèle est trop simple pour capturer la structure des données . Des techniques telles que la régularisation peuvent aider à lutter contre le surapprentissage.

Exemples modernes :

Prédire les prix des maisons : Sur la base de variables telles que la superficie en pieds carrés, le nombre de pièces, la proximité des commodités, etc., un modèle de régression peut prédire le prix de vente d'une maison.

Gestion de la demande énergétique : les sociétés énergétiques peuvent utiliser des algorithmes de régression pour prédire la demande future d'électricité en fonction de variables telles que la saison, la température prévue et les tendances historiques.

Dans les deux cas, classification et régression, la capacité à interpréter les résultats et à comprendre l'importance de chaque variable d'entrée est essentielle. Cela aide non seulement à faire des prévisions, mais également à comprendre les mécanismes sous-jacents qui conduisent aux prédictions, permettant ainsi une plus grande transparence et une plus grande confiance dans les modèles d'apprentissage automatique.

La fonctionnalité ingénierie

La « Fonctionnalité L'ingénierie , ou ingénierie des fonctionnalités, est une étape critique dans le traitement et la préparation des données pour la modélisation d'apprentissage automatique. Il s'agit essentiellement d'un processus créatif et souvent axé sur la connaissance, dans lequel les caractéristiques des données sont modifiées, combinées ou créées à partir de zéro afin d'améliorer la performances d'un modèle. Ce processus peut avoir un impact significatif sur la qualité et l'efficacité des modèles résultants.

Pour comprendre l'importance de la fonctionnalité En ingénierie , nous pourrions considérer les données comme la matière première et les fonctionnalités comme les ingrédients qui émergent de cette matière première, prêts à être utilisés dans une recette d'apprentissage automatique.

Une bonne sélection et transformation des fonctionnalités peut rendre la « recette » beaucoup plus efficace.

Un exemple peut clarifier davantage le concept : imaginons que nous ayons un ensemble de données contenant la date et l'heure auxquelles les utilisateurs visitent une boutique en ligne.

À partir de ces données uniques, nous pouvons extraire de nombreuses fonctionnalités utiles , comme le jour de la semaine, l'heure de la journée, s'il s'agit d'un jour férié ou non, etc. Ces nouvelles fonctionnalités pourraient nous aider à mieux comprendre les comportements des utilisateurs, comme la tendance à acheter plus le week-end qu'en semaine.

La fonctionnalité l'ingénierie peut être particulièrement cruciale lorsqu'il s'agit de données non structurées telles que du texte ou des images. Dans le cas du texte, par exemple, nous pouvons vouloir transformer des phrases ou des documents en ensembles de mots, compter la fréquence des mots ou utiliser des techniques plus avancées telles que TF-IDF (Term Fréquence -Inverse Document Frequency) ou des intégrations de mots telles que Word2Vec. Dans le cas des images, on peut vouloir extraire des bordures, des couleurs dominantes ou utiliser des représentations plus complexes dérivées de réseaux de neurones.

L'un des principaux défis de la fonctionnalité l'ingénierie consiste à éviter le surajustement. En créant de nombreuses nouvelles fonctionnalités , vous courez le risque d'ajuster trop étroitement le modèle aux données d'entraînement, ce qui le rendrait moins efficace sur les nouvelles données invisibles.

La fonctionnalité L'ingénierie est autant un art qu'une science et nécessite souvent une connaissance approfondie du domaine d'application. Une bonne ingénierie des fonctionnalités peut faire la différence entre un modèle médiocre et un modèle extraordinairement efficace.

Ingénierie des fonctionnalités, ou " fonctionnalité l'ingénierie ", est un pilier du machine learning et peut être comparé à l'art de la sculpture :

Tout comme un sculpteur façonne la matière première pour révéler sa beauté cachée, un data scientist transforme les données brutes pour en extraire des informations pertinentes qui peuvent alimenter et optimiser les modèles.

Dans une société de plus en plus numérisée, les données peuvent provenir de diverses sources, telles que les capteurs IoT , les plateformes de réseaux sociaux, les appareils mobiles et bien plus encore. L'étendue et la complexité des données rendent la fonctionnalité l'ingénierie, une discipline non seulement nécessaire, mais aussi en constante évolution.

Prenons, par exemple, le domaine en pleine croissance du traitement du langage naturel (NLP). Avec l'essor des chatbots , des assistants virtuels et des systèmes de recommandation, l'analyse de texte est devenue centrale. Dans ce contexte, transformer une phrase ou un document sous une forme compréhensible par un modèle d'apprentissage automatique constitue un défi. Les techniques modernes, telles que l'incorporation de mots (telles que Word2Vec ou BERT), ont révolutionné la façon dont le texte est représenté, permettant aux modèles de capturer les relations sémantiques et contextuelles entre les mots.

Un autre domaine d'application concerne les images. L'avènement des réseaux de neurones profonds, notamment convolutifs Neural Networks (CNN), a radicalement changé l'approche de la fonctionnalité ingénierie dans ce secteur. Au lieu d'avoir à extraire manuellement des caractéristiques telles que des bords, des formes ou des textures , ces réseaux sont capables d'apprendre automatiquement les caractéristiques pertinentes directement à partir des données brutes pendant le processus de formation.

Dans le domaine des données temporelles ou séquentielles, telles que les données financières ou météorologiques, la création de « fenêtres temporelles » ou la différenciation des données pour capturer les tendances et les saisonnalités sont des techniques clés. Ici, des modèles tels que LSTM (Long Short-Term Memory) ou GRU (Gated Récurrent Units) gagnent en popularité en raison de leur capacité à capturer les dépendances temporelles à long terme.

Mais même si les techniques automatisées et les architectures de réseau modernes ont simplifié de nombreux aspects de la fonctionnalité ingénierie , l'importance de la connaissance du domaine ne peut être sous-estimée. Une ingénierie de fonctionnalités efficace nécessite souvent une compréhension approfondie du problème en question, du secteur et des données elles-mêmes. La combinaison de l'intuition humaine et de la puissance de calcul conduit aux meilleurs résultats, permettant aux modèles d'apprentissage automatique d'atteindre des performances optimales et de fournir des informations précieuses à partir des données.

CHAPITRE 4 : RÉSEAUX DE NEURONES ET APPRENTISSAGE PROFOND : UN GUIDE POUR LA RÉVOLUTION COGNITIVE

La complexité et l'efficacité du cerveau humain, avec son réseau de milliards de neurones interconnectés, ont toujours fasciné et piqué la curiosité des scientifiques. Cette structure, malgré sa taille microscopique, est capable d'accomplir des tâches allant de la reconnaissance de schémas visuels au traitement des émotions et des souvenirs. Son incroyable capacité à apprendre de l'expérience et à s'adapter a incité les informaticiens à se demander : « Et si nous pouvions reproduire ce réseau dans un ordinateur ?

Le début de la réponse à cette question se trouve dans les réseaux de neurones artificiels. Il s'agit essentiellement de tentatives visant à imiter, à une échelle beaucoup plus petite, la structure des neurones et des synapses du cerveau. Il ne s'agit pas d'une copie exacte de la biologie, mais plutôt d'une représentation simplifiée, basée sur des fonctions mathématiques et des algorithmes qui imitent la façon dont les neurones sont censés traiter et transmettre l'information. Ces réseaux sont constitués de nœuds (appelés « neurones artificiels ») qui reçoivent, traitent et envoient des informations, à la manière d'un neurone biologique. Lorsque ces réseaux « apprennent », cela signifie qu'ils optimisent leurs poids de connexion en fonction des données d'entrée, en essayant d'améliorer leurs prédictions ou leurs performances sur la tâche assignée.

Cependant, le passage des réseaux de neurones à l'apprentissage profond a constitué un moment décisif. Alors que les réseaux de neurones peuvent comporter un nombre limité de couches de neurones, l'apprentissage profond tire parti des réseaux « profonds », comportant de nombreuses couches.

Cette profondeur permet de capturer et de représenter des

informations beaucoup plus complexes.

En pratique, plus un réseau comporte de couches, plus il peut extraire des caractéristiques détaillées et affinées des données.

Par exemple, dans la reconnaissance d'images, les premières couches peuvent identifier des bords et des couleurs simples, tandis que les couches ultérieures peuvent reconnaître des formes, et des couches encore plus profondes peuvent identifier des objets complexes ou même des concepts.

Le deep learning révolutionne de nombreux secteurs. Ses capacités à reconnaître des modèles, à apprendre à partir d'énormes quantités de données et à effectuer des prédictions précises le rendent idéal pour des applications allant du diagnostic médical à la reconnaissance faciale, en passant par la traduction automatique des langues et la conduite autonome.

Si le cerveau humain reste un mystère dans nombre de ses fonctions, son rôle de muse pour le monde de l'intelligence artificielle est incontestable. Et avec chaque nouvelle découverte dans les réseaux neuronaux et l'apprentissage profond, nous nous rapprochons de la reproduction, et peut-être un jour du dépassement, de certaines des capacités extraordinaires de notre organe le plus complexe.

La naissance des réseaux de neurones : de la biologie à l'informatique

Les réseaux de neurones artificiels, tels que nous les connaissons aujourd'hui, ont leurs racines dans la biologie et dans la compréhension de la manière dont le cerveau humain traite l'information. Bien que leur histoire s'étende sur plusieurs décennies, l'intérêt pour la création d'une machine capable de reproduire les fonctions cognitives humaines remonte au moins au début du 20e siècle. Mais comment a commencé cette fascinante aventure?

Fondements biologiques et premières hypothèses

La première étape vers la compréhension du cerveau a été franchie par les biologistes. En 1943, Warren McCulloch et Walter Pitts publièrent un article fondateur intitulé « A Logical Calcul des idées Immanent à l'activité nerveuse ". Dans ce travail, ils ont présenté un modèle mathématique simpliste du fonctionnement des neurones du cerveau.

À l'aide de logique et d'équations, ils ont tenté d'expliquer comment les neurones pouvaient théoriquement effectuer des opérations logiques et mathématiques. Leur modèle proposait que les neurones fonctionnent comme des unités binaires, recevant une entrée, la traitant et produisant une sortie, activant ou non le neurone. Ces travaux ont jeté les bases du développement de réseaux de neurones artificiels.

Premières expériences et limites

Inspirés par les travaux de McCulloch et Pitts , de nombreux chercheurs ont commencé à expérimenter ces concepts dans les années 1950 et 1960. L'un des exemples les plus connus de cette période est le "Perceptron" de Frank Rosenblatt , un type de réseau neuronal artificiel conçu pour la classification binaire. Bien qu'il s'agisse d'un modèle simplifié, le Perceptron a démontré qu'il était possible d'entraîner une machine à apprendre et à faire des prédictions à l'aide de données d'entrée.

Cependant, l'enthousiasme initial pour le perceptron et d'autres modèles similaires a été tempéré par une prise de conscience croissante de leurs limites. En 1969, Marvin Minsky et Seymour Papert publièrent « Perceptrons », un livre illustrant les limites de ces modèles, notamment leur incapacité à apprendre des fonctions non linéairement séparables. Cette critique a refroidi pendant quelques années l'intérêt pour les réseaux de neurones. Malgré les obstacles, la recherche sur les réseaux neuronaux s'est poursuivie, quoique à un rythme plus lent. Une avancée majeure a eu lieu dans les années 1980 avec l'introduction de l' algorithme de rétropropagation , qui a permis aux réseaux neuronaux multicouches d'apprendre de leurs erreurs et d'ajuster efficacement les poids des connexions. Ce développement a rouvert la porte à l'intérêt et aux investissements dans le domaine des réseaux de neurones.

La combinaison de ces progrès avec l'augmentation de la puissance de calcul et l'avènement de grandes quantités de données disponibles a conduit à l'ère moderne des réseaux de neurones et de l'apprentissage profond, dans laquelle ces systèmes sont capables de gérer des tâches d'une grande complexité, dépassant souvent les capacités humaines. dans des applications spécifiques.

La naissance des réseaux de neurones est le résultat d'un chemin tortueux, au cours duquel la biologie, les mathématiques et l'informatique se sont rencontrées, se sont heurtées et ont finalement collaboré pour créer des outils d'apprentissage automatique d'une puissance extraordinaire.

L'architecture d'un réseau de neurones

Les réseaux neuronaux artificiels sont souvent comparés au fonctionnement du cerveau humain, non pas parce qu'ils fonctionnent exactement comme notre système neuronal, mais plutôt en raison de la manière dont ils traitent les informations via une série de nœuds interconnectés ou « neurones ». L'architecture d'un réseau de neurones définit la manière dont ces neurones sont organisés et comment ils interagissent entre eux.

Commençons par le concept de base : le neurone artificiel. Il s'agit d'une unité de traitement simple qui prend diverses entrées, les traite et produit un résultat.

Chaque entrée est associée à un « poids », qui détermine dans quelle mesure cette entrée particulière affecte la sortie. Ces poids sont adaptés et optimisés au cours du processus d'apprentissage. Nous considérons un neurone comme un filtre : il peut accorder plus d'importance à certaines entrées qu'à d'autres en fonction de leur poids.

Prenons, par exemple, un réseau neuronal utilisé pour reconnaître des images de chats. Un neurone pourrait être entraîné à détecter la forme des oreilles, tandis qu'un autre pourrait se concentrer sur la couleur de la fourrure. Si l'image d'entrée présente une caractéristique semblable à une oreille de chat, le neurone correspondant aura une activation élevée.

Les réseaux de neurones sont organisés en couches. Il existe trois principaux types de couches :

Couche d'entrée : C'est le point initial du réseau, où sont saisies les données brutes ou les caractéristiques à traiter. Si l'on pense à la reconnaissance d'images, chaque neurone de cette couche pourrait représenter un pixel de l'image.

Couches cachées : ce sont les couches intermédiaires entre l'entrée et la sortie. Ici, la magie opère. Les couches cachées contiennent des neurones qui traitent les caractéristiques détectées par les couches précédentes, construisant ainsi des représentations toujours plus complexes des données. Dans le cas de la reconnaissance des chats, les premières couches cachées pourraient détecter des bords ou des couleurs, tandis que les couches ultérieures pourraient reconnaître des formes complexes telles que des pattes ou des yeux.

Couche de sortie : cette couche produit le résultat final du réseau. Selon l'application spécifique, il peut comporter une ou plusieurs unités. Pour la classification d'images, par exemple, chaque neurone pourrait représenter une catégorie différente (chat, chien, lapin), et l'unité avec le déclenchement le plus élevé indiquerait la prédiction du réseau.

Chaque neurone utilise une fonction d'activation pour transformer la somme pondérée des entrées en une sortie. Cette fonction peut varier, mais des fonctions telles que la sigmoïde , la tangente hyperbolique ou le ReLU (Rectified Linear Unit) sont souvent utilisées . Ces fonctionnalités introduisent des non-linéarités dans le réseau, permettant à l'architecture d'apprendre et de représenter des relations complexes dans les données.

L'architecture des réseaux de neurones a évolué rapidement, avec des modèles tels que les CNN (Convolutional Réseaux de

neurones), optimal pour la reconnaissance d'images, et RNN
(Recurrent Réseaux de neurones), idéal pour les données
séquentielles telles que du texte ou des séries chronologiques.
Par exemple, des services comme Google Photos utilisent des
réseaux de neurones pour catégoriser et reconnaître les visages
et les objets sur les photos.

L'architecture d'un réseau de neurones détermine sa capacité à
apprendre et à représenter. Bien que le principe de base reste
le même, l'innovation continue dans ce domaine élargit les
possibilités de ces réseaux, révolutionnant des secteurs tels que
la vision par ordinateur, la traduction automatique, etc.

Des réseaux de neurones au deep learning

Le deep learning, ou deep learning, a acquis cette dénomination
précisément en raison de la profondeur des réseaux de neurones
qu'il utilise. Dans ce contexte, la « profondeur » ne fait pas
référence à une analyse philosophique ou conceptuelle, mais
plutôt au nombre réel de couches cachées présentes dans un
réseau neuronal.

Lorsque nous parlons de « réseau neuronal profond »,
nous faisons référence à un réseau neuronal comportant de
nombreuses couches, souvent des dizaines ou des centaines,
qui lui permettent de modéliser des fonctions extrêmement
complexes et de capturer des modèles complexes dans les
données.

Un exemple classique de ce type de modélisation complexe
se trouve dans les réseaux de neurones convolutifs (CNN).
Ces réseaux sont particulièrement adaptés à la reconnaissance
d'images. Dans les premières couches, un CNN peut détecter des
motifs visuels simples tels que des bordures ou des couleurs.
Au fur et à mesure que l'on se déplace à travers les couches
successives, le réseau commence à identifier des structures plus
complexes, telles que des formes, des textures et éventuellement
des objets entiers. Un modèle comme ResNet , par exemple,

utilisé pour la classification d'images, peut comporter plus de 150 tranches, ce qui lui permet d'identifier et de catégoriser une vaste gamme d'images avec une précision extraordinaire.

Cependant, la profondeur des réseaux neuronaux introduit de nouveaux défis. L'un des principaux problèmes est celui de la disparition du gradient. Lors de la formation d'un réseau neuronal, des algorithmes d'optimisation sont utilisés pour ajuster le poids des neurones en fonction d'une valeur appelée « gradient ». Cette valeur indique dans quelle mesure vous devez modifier les pondérations pour améliorer les performances du réseau. Dans les modèles profonds, le gradient peut devenir très faible, voire inexistant, car il se propage à travers chaque couche, rendant la mise à jour des pondérations initiales presque nulle. Ce phénomène entrave la capacité d'apprentissage du réseau et nécessite de surmonter des techniques innovantes.

Les développements récents ont conduit à diverses solutions à ce problème. L'introduction des fonctions d'activation ReLU (Rectified Linear Unit) et de ses variantes a permis d'empêcher les gradients de disparaître ou d'exploser. De plus, des initiatives telles que l'initialisation des poids et des techniques de normalisation, telles que la « Normalisation par lots », ont contribué à stabiliser la formation des réseaux profonds.

L'architecture du réseau a également joué un rôle clé pour relever ces défis. Par exemple, l' architecture ResNet introduit des « liens résiduels » qui permettent au gradient de « sauter » certaines couches lors de la rétro-propagation , permettant ainsi d'entraîner des réseaux avec des centaines de couches.

Bien que les réseaux neuronaux profonds aient la capacité de modéliser des fonctions incroyablement complexes et de révolutionner des domaines tels que la vision par ordinateur, la traduction automatique et la génération de texte, la formation de ces réseaux reste un défi, stimulant la communauté des chercheurs à proposer des solutions innovantes et une créativité sans fin.

L'un des principaux moteurs des progrès de l'apprentissage profond a été la croissance exponentielle de la disponibilité des données. Cependant, la formation de réseaux neuronaux profonds nécessite d'énormes quantités de données pour produire des modèles précis. Cela a conduit à un recours croissant à ce que l'on appelle le « big data ». Si la disponibilité de tels ensembles de données a stimulé les progrès dans certains domaines, elle a également soulevé des problèmes de confidentialité et d'éthique, avec des inquiétudes concernant le traitement et l'utilisation de données personnelles sans le consentement approprié.

Un autre aspect fondamental du deep learning est le besoin de puissance de calcul. À mesure que les réseaux se sont développés en profondeur, il est devenu impératif d'avoir accès à du matériel avancé.

Les unités de traitement graphique (GPU) et, plus récemment, les unités de traitement tensoriel (TPU) sont devenues essentielles à la formation des réseaux de neurones profonds. L'émergence de ces plateformes a incité des entreprises comme NVIDIA et Google à développer du matériel spécifiquement destiné au deep learning.

Cependant, malgré ses succès, le deep learning a aussi ses limites. Par exemple, les modèles profonds ont tendance à être des « boîtes noires », ce qui signifie que même s'ils peuvent produire des résultats précis, la manière dont ils ont pris certaines décisions n'est souvent pas claire. Cela pose des problèmes dans des secteurs comme la médecine ou la finance, où la transparence des décisions est cruciale. En conséquence, la recherche sur l'interprétabilité des modèles gagne du terrain, cherchant à rendre compréhensibles les décisions relatives aux modèles neuronaux.

Enfin, l'un des défis les plus récents concerne l'efficacité énergétique. La formation de grands modèles d'apprentissage profond peut consommer d'énormes quantités d'énergie, équivalentes à la consommation électrique de maisons entières pendant plusieurs jours. Cette préoccupation a incité à rechercher des méthodes plus économes en énergie et à créer des architectures neuronales « légères » qui maintiennent des performances élevées avec une consommation de ressources réduite.

En conclusion, même si l'apprentissage profond a conduit à des percées révolutionnaires dans divers domaines technologiques, il continue d'évoluer, avec l'émergence régulière de nouveaux défis et opportunités, incitant les scientifiques à repousser les limites des connaissances actuelles.

Les circonvolutions Réseaux de neurones (CNN)

Les circonvolutions Les réseaux de neurones (CNN) représentent l'un des piliers fondamentaux dans le domaine de l'apprentissage profond, notamment lorsqu'il s'agit de tâches liées à l'imagerie et à la vision par ordinateur. Ils sont particulièrement puissants pour reconnaître les motifs dans les images, étant capables de distinguer des détails allant des basses aux hautes fréquences.

Le cœur des CNN est l'opération de convolution. En termes simples, lors d'une convolution, un petit filtre (ou noyau) parcourt l'image pixel par pixel et produit une carte de caractéristiques. Ce filtre est capable d'extraire des caractéristiques spécifiques, telles que des contours, des couleurs, des textures ou tout autre motif pertinent. Par exemple, dans une application de reconnaissance faciale, les filtres initiaux peuvent rechercher des lignes ou des courbes, tandis que les filtres des couches ultérieures peuvent identifier des structures plus complexes comme les yeux ou le nez.

Une caractéristique distinctive des CNN est leur manière de traiter les informations localement, en se concentrant sur de petites portions de l'image à la fois. Cette nature locale et la possibilité de partager les pondérations à travers la couche les rendent extrêmement efficaces sur le plan informatique, réduisant le nombre de paramètres à entraîner par rapport aux réseaux de neurones traditionnels.

Les CNN incluent également des couches de pooling , qui réduisent la taille spatiale des cartes de fonctionnalités tout en conservant les informations les plus importantes. Ces couches utilisent généralement des opérations telles que max-pooling , où seule la valeur la plus élevée d'une région est conservée, permettant aux réseaux de devenir invariants aux petites traductions et distorsions.

Dans le paysage moderne, les CNN sont devenus fondamentaux dans de nombreuses applications. Par exemple, ils ont été utilisés pour reconnaître des objets dans des images en temps réel. Un exemple célèbre est l'architecture VGG développée par le Visual Geometry Group de l'Université d'Oxford, qui a obtenu des résultats notables dans le cadre du défi de reconnaissance d'images ImageNet . Google aussi Inception est une autre architecture CNN qui a atteint des performances impressionnantes dans les tâches de classification d'images.

En plus de la classification, les CNN trouvent également des applications dans la segmentation sémantique, où le but n'est pas seulement d'identifier les objets au sein d'une image, mais également de délimiter leurs limites. À cet égard, l'architecture U-Net, initialement proposée pour segmenter les images médicales, s'est avérée largement applicable dans plusieurs domaines de segmentation.

L'utilisation des CNN ne se limite pas aux seules images. Par exemple, ils ont été adaptés pour fonctionner avec des chronologies, des données tridimensionnelles telles que des analyses médicales et même des vidéos, démontrant leur polyvalence et leur capacité à capturer des modèles dans différents types de données.

À mesure que le matériel évolue et que les ensembles de données se développent , les CNN deviendront probablement encore plus sophistiqués, offrant des améliorations en termes de précision et la capacité de capturer des informations toujours plus subtiles et complexes.

Avec l'augmentation des capacités de calcul, notamment grâce à l'apport des unités de traitement graphique (GPU), la formation et la mise en œuvre de réseaux de neurones profonds tels que les CNN sont devenues nettement plus efficaces. Cela a permis aux scientifiques et aux chercheurs d'expérimenter des architectures encore plus profondes et plus complexes.

L'un des développements intéressants dans le domaine CNN est l'adoption des réseaux résiduels (ResNet). Conçus par des chercheurs de Microsoft, ces réseaux introduisent l'idée de « liens indésirables » qui contournent une ou plusieurs couches. La magie de ResNet réside dans sa conception : plutôt que de chercher une solution directe, le réseau recherche une solution résiduelle. Cela signifie que ResNet apprend les différences (ou résidus) entre l'entrée et la sortie souhaitée, simplifiant ainsi le processus de formation et contribuant à atténuer le problème de disparition du gradient dans les architectures profondes. Cette innovation a permis aux réseaux de devenir beaucoup plus profonds, certaines variantes de ResNet comportant des centaines de couches.

Une autre avancée significative est DenseNet , qui améliore encore l'idée de connexion profonde. Au lieu de contourner seulement quelques couches comme dans ResNet , dans DenseNet, chaque couche reçoit les entrées de toutes les couches précédentes. Cette connectivité dense a montré une efficacité métrique plus élevée et une convergence plus rapide pendant la formation.

L'expansion des CNN a également conduit à la reconnaissance de texte dans l'image, comme le démontrent les succès de modèles tels que le CRNN, qui combinent les CNN pour l'extraction de fonctionnalités avec les RNN pour le décodage séquentiel de texte. Cela s'est révélé particulièrement utile dans des applications telles que la reconnaissance de plaques d'immatriculation de voitures ou la lecture de textes en milieu naturel.

Un autre domaine dans lequel les CNN ont montré leur potentiel est la synthèse d'images et l'art génératif. Les auto-encodeurs variationnels (VAE) et les réseaux contradictoires génératifs (GAN) utilisent les CNN dans les processus de génération et de discrimination, permettant la création d'images de haute qualité qui sont souvent impossibles à distinguer de la réalité .

Dans le contexte commercial moderne, les CNN constituent désormais un élément essentiel des systèmes de vidéosurveillance, où ils peuvent reconnaître et suivre des personnes ou des véhicules, en médecine pour le diagnostic de maladies grâce à des images médicales, dans des véhicules autonomes pour la perception de l'environnement et dans bien d'autres applications.

À mesure que nous avançons vers l'avenir, avec l'émergence de nouveaux paradigmes informatiques tels que l'informatique de pointe et le matériel spécialisé pour l'IA, nous pouvons nous attendre à ce que les CNN deviennent encore plus omniprésents et puissants, permettant des applications qui pourraient aujourd'hui ressembler à de la science-fiction.

Réseaux de neurones récurrents (RNN) et LSTM

Les réseaux de neurones récurrents (RNN) représentent une catégorie de réseaux de neurones particulièrement efficaces pour traiter des séquences de données, telles que des séries temporelles, du texte, des signaux audio et des trajectoires. Leur particularité réside dans la capacité de « mémoriser » les informations des entrées précédentes. Cette « mémorisation » se produit via des connexions cycliques au sein du réseau, permettant aux informations de persister.

Imaginez-vous en train de lire une phrase ou d'écouter une chanson. La compréhension d'un mot ou d'une note peut dépendre des précédentes. Dans un RNN, chaque élément d'une séquence est traité un par un, en tenant compte non seulement de l'entrée actuelle, mais également d'une sorte d'« état interne » qui capture des informations sur les entrées précédentes.

Cependant, les RNN traditionnels sont confrontés à des défis liés au traitement de très longues séquences.

Cela est principalement dû au problème du « gradient disparaissant », où l'importance de l'information s'estompe ou disparaît complètement à mesure que la séquence s'allonge. C'est là qu'intervient une solution ingénieuse : le LSTM, ou Long

Short- Term Memory.

Les LSTM sont une variante spéciale des RNN, conçue pour répondre aux limites des RNN traditionnels. Leur conception comprend ce qu'on appelle une « cellule mémoire », qui peut conserver des informations pendant de longues périodes. Une cellule LSTM est composée de plusieurs « portes » : la porte d'entrée, qui décide quelles informations mettre à jour ; la porte d'oubli, qui décide quelles informations doivent être supprimées, et la porte de sortie, qui décide quelles informations seront utilisées dans la sortie. Ces portes fonctionnent ensemble pour réguler le flux d'informations à travers la cellule, garantissant ainsi que seules les informations pertinentes persistent dans le temps.

Ces dernières années, les LSTM ont trouvé des applications dans de nombreux secteurs. L'un des exemples les plus impressionnants est celui de la traduction automatique. Des systèmes comme Google Translate utilisent des architectures basées sur LSTM pour traduire du texte d'une langue à une autre en temps réel, en tenant compte du contexte des mots et des phrases. Les LSTM ont également été utilisés dans l'analyse des sentiments, où l'objectif est de déduire l'émotion ou le sentiment d'un texte, et dans la génération de texte, où les LSTM peuvent produire des récits cohérents basés sur des styles et des thèmes donnés.

Le domaine audio a également bénéficié du LSTM. Par exemple, dans les applications de reconnaissance vocale, les LSTM ont été adoptés pour améliorer la précision de la conversion de la parole en texte, en tenant compte des particularités et des nuances du langage parlé.

Alors que les RNN et les LSTM ont révolutionné de nombreux aspects du traitement des séquences, la recherche continue d'affiner ces techniques et de découvrir de nouvelles façons de capturer et de représenter la complexité des données séquentielles. À mesure que le matériel et les techniques d'optimisation évoluent, nous pouvons nous attendre à ce que le potentiel des réseaux neuronaux récurrents continue de s'épanouir de manière toujours plus innovante.

Les réseaux de neurones récurrents et, en particulier, les LSTM ont jeté les bases du développement d'autres architectures avancées, dont certaines ont été conçues pour relever les défis spécifiques associés aux RNN. L'un de ces défis réside dans la manière dont les RNN traitent les informations : alors que les LSTM ont été conçus pour traiter des séquences de longue durée, il existe certaines situations dans lesquelles il est nécessaire de prendre en compte les informations du passé et du futur d'un moment spécifique d'une séquence. De là émerge l'idée du RNN Bidirectionnel (BRNN).

Les BRNN combinent deux RNN en une seule architecture : un RNN traite la séquence de haut en bas, tandis que l'autre la traite de bas en haut. Cela permet au réseau de disposer d'informations à la fois sur le passé et sur le futur lors du traitement d'un point spécifique de la séquence. Cette structure bidirectionnelle s'est avérée particulièrement utile dans la reconnaissance vocale et la segmentation d'images, où les informations contextuelles provenant des deux directions peuvent offrir des informations significatives.

Une autre avancée notable dans le domaine des réseaux de neurones récurrents a été l'introduction des GRU (Gated Récurrent Unités).

Les GRU, comme les LSTM, ont été conçus pour résoudre le problème de la disparition du gradient dans les RNN traditionnels.

Cependant, contrairement aux LSTM, les GRU utilisent une structure plus simplifiée avec moins de portes, ce qui les rend plus légers sur le plan informatique et, dans certains cas, offrent des performances similaires, voire meilleures, que les LSTM.

Dans les contextes modernes, les réseaux de neurones récurrents ont joué un rôle central dans des applications telles que les chatbots et les assistants virtuels. Siri d'Apple, par exemple, utilise des algorithmes basés sur RNN et LSTM pour comprendre et générer des réponses vocales en temps réel. Dans le domaine médical, les RNN ont été utilisés pour analyser des séries chronologiques de données sur les patients, telles que les battements cardiaques et les ondes cérébrales, afin de prédire d'éventuelles anomalies ou convulsions.

Le domaine de la musique et de l'art a également vu l'émergence d'applications basées sur le RNN. Magenta de Google , un projet explorant la création musicale et artistique grâce à l'apprentissage automatique, a utilisé RNN pour générer de nouveaux styles musicaux et artistiques.

Même si les réseaux neuronaux récurrents ont déjà franchi des étapes remarquables, le domaine est en constante évolution. À mesure que de nouveaux algorithmes émergent, que les architectures existantes sont optimisées et que les capacités de calcul se développent, on peut s'attendre à ce que les RNN et leurs variantes continuent d'être au cœur de la prochaine vague d'innovations en matière d'IA.

Applications modernes du Deep Learning

Les applications modernes de l'apprentissage profond sont extraordinairement vastes et ont un impact significatif dans tous les secteurs, transformant notre compréhension de problèmes complexes et révolutionnant la manière dont les défis sont abordés.

Par exemple, dans le domaine de la santé, les réseaux de neurones convolutifs (CNN) sont utilisés pour analyser les images médicales avec un niveau de précision auparavant inaccessible. CNN peut détecter des anomalies dans les radiographies, les tomodensitogrammes et les IRM avec une grande précision, dépassant même le jugement humain dans certains cas.

la classification multiclasse pour identifier et localiser les maladies. De plus, dans le domaine du traitement du langage naturel, ou PNL, les réseaux de neurones récurrents (RNN) et les réseaux de transformateurs sont particulièrement efficaces pour gérer la structure complexe et la séquentialité du langage.

Ces progrès ont conduit à des progrès dans la traduction

automatique, la génération de texte et l'analyse des sentiments . Des algorithmes comme BERT et GPT-3, par exemple, sont capables d'effectuer des tâches allant de la réponse à des questions à la création d'un texte presque impossible à distinguer de celui écrit par un humain.

Dans le domaine des véhicules autonomes, l'apprentissage profond constitue l'épine dorsale des technologies de perception et de décision. Les réseaux de neurones comme YOLO (Vous Regardez une seule fois) et SSD (Single Shot Multibox Detector) sont utilisés pour la reconnaissance d'objets en temps réel. Ces réseaux sont formés pour identifier et suivre divers objets tels que les véhicules, les piétons et les panneaux de signalisation, permettant à la voiture de naviguer en toute sécurité.

Pour résoudre des problèmes tels que la disparition du gradient, qui afflige les modèles neuronaux comportant de nombreuses couches, des techniques telles que la « normalisation par lots » et les « réseaux résiduels » ont été introduites.

Ces techniques ont ouvert la voie à des réseaux neuronaux beaucoup plus profonds, augmentant ainsi la capacité du modèle à apprendre à partir d'ensembles de données vastes et complexes.

Dans le domaine financier, des algorithmes d'apprentissage profond tels que les réseaux neuronaux de classification et de régression ont été mis en œuvre pour prédire l'évolution des cours des actions, évaluer le risque de crédit et détecter la fraude. De tels modèles utilisent une combinaison de données structurées et non structurées pour entraîner l'algorithme, le rendant ainsi très précis et fiable. Même l'industrie du divertissement utilise l'apprentissage profond pour générer des effets visuels et audio réalistes. Des logiciels comme DeepArt et DeepDream utilisent des réseaux de neurones pour transformer des images et des vidéos en styles artistiques spécifiques, tandis que des algorithmes comme WaveNet peuvent générer un son réaliste, comme de la parole ou de la musique, à partir de zéro.

secteur de la vente au détail et du marketing , l'apprentissage profond est utilisé pour la personnalisation et la recommandation de produits.

Des algorithmes tels que les systèmes de filtrage collaboratif matriciels utilisent les données sur le comportement des utilisateurs pour prédire quels produits pourraient intéresser un client particulier. Le haut degré de personnalisation possible grâce à ces algorithmes a considérablement amélioré l'efficacité du ciblage publicitaire , rendant la publicité en ligne plus pertinente et moins invasive. En résumé, l'apprentissage profond imprègne tous les aspects de nos vies, rendant les systèmes plus intelligents, plus efficaces et, dans de nombreux cas, plus humains. Ses applications sont aussi vastes que son potentiel, et nous continuons à effleurer la surface de ce qui est possible.

L'apprentissage profond repousse les limites du possible dans de nombreux domaines de la science, de la technologie et du quotidien. Par exemple, en médecine, elle ne se limite pas à l'analyse d'images médicales, mais va plus loin en aidant à la découverte de nouveaux médicaments. La complexité des molécules pharmaceutiques et les combinaisons infinies de composés chimiques font de la conception de nouveaux médicaments un défi monumental. Cependant, grâce à l'utilisation de réseaux neuronaux profonds, la simulation et l'analyse des molécules deviennent plus réalisables et plus précises. Des techniques telles que l'apprentissage par renforcement et les modèles génératifs sont utilisées pour découvrir de nouvelles structures moléculaires qui pourraient être efficaces dans le traitement de maladies spécifiques.

Dans le domaine des énergies renouvelables, l'apprentissage profond permet d'optimiser l'efficacité des centrales solaires et éoliennes. Par exemple, les modèles d'apprentissage profond peuvent prédire avec précision les variations météorologiques qui affectent la production d'énergie, permettant ainsi une gestion plus efficace des ressources. Cela devient crucial lorsqu'il s'agit d'intégrer des sources d'énergie renouvelables dans un réseau électrique stabilisé.

En robotique, l'apprentissage profond contribue au raffinement des algorithmes qui permettent aux robots d'interagir avec leur environnement de manière de plus en plus complexe. Par exemple, l'apprentissage par renforcement profond , une combinaison d'apprentissage par renforcement et d'apprentissage profond, a été utilisé pour entraîner des robots à des tâches allant du levage d'objets à l'interaction sociale. Ici, un robot peut être entraîné à effectuer des actions optimales grâce à un système de récompenses et de punitions, s'améliorant avec le temps et l'expérience.

Dans le journalisme, l'apprentissage profond trouve des applications dans le suivi et l'analyse de l'actualité. Les modèles neuronaux entraînés peuvent automatiquement catégoriser les articles, identifier les fausses nouvelles et même générer des résumés d'événements complexes. De même, dans le domaine du droit, des algorithmes d'apprentissage profond sont en cours de développement pour faciliter la recherche juridique, l'analyse des contrats et la prédiction des résultats des procédures juridiques.

L'une des frontières les plus passionnantes est l'interface cerveau-ordinateur, où l'apprentissage profond est utilisé pour déchiffrer les signaux neuronaux et les traduire en commandes pour les appareils électroniques. Cela a des implications révolutionnaires pour les personnes handicapées, offrant potentiellement de nouvelles façons de communiquer ou de contrôler les aides auditives.

Quoi qu'il en soit, il est important de noter que les énormes capacités du deep learning impliquent également des responsabilités. Des questions telles que l'éthique, la confidentialité des données et l' explicabilité des modèles sont de plus en plus au centre des débats publics et universitaires. De nouvelles normes et réglementations sont en cours d'élaboration pour garantir que ces technologies sont mises en œuvre de manière éthique et durable.

Par conséquent, l'apprentissage profond n'est pas seulement une méthodologie technique ; c'est une force motrice qui redéveloppe des industries entières et potentiellement la société dans son ensemble.

Des soins de santé à l'énergie, du droit à l'éducation, ses applications sont innombrables et ses avantages potentiels énormes, mais comme pour toute technologie puissante, il est essentiel de la manipuler avec précaution.

L'apprentissage profond fait de grands progrès dans le domaine médical, en diagnostiquant des maladies telles que le cancer avec une précision médicale experte. L'évolution dans ce domaine pourrait conduire à l'intégration directe d'algorithmes dans les appareils d'imagerie médicale , fournissant un diagnostic en temps réel. Les thérapies personnalisées pourraient devenir la norme, avec des réseaux neuronaux analysant tout, des profils génétiques aux informations provenant d'appareils portables comme les montres intelligentes .

Dans le secteur des énergies renouvelables, le deep learning optimise déjà les performances des éoliennes. À l'avenir, nous pourrions voir des réseaux de neurones coordonner des réseaux entiers de sources d'énergie renouvelables, s'adaptant en temps réel au changement climatique et aux pics de demande énergétique. La robotique est une autre industrie qui bénéficie énormément de l'apprentissage profond. Les robots d'aujourd'hui peuvent naviguer de manière autonome dans des environnements inconnus et complexes, et à l'avenir nous pourrions avoir des assistants robotiques qui comprennent et interprètent les émotions humaines, offrant ainsi une interaction plus naturelle et intuitive.

Le journalisme et le droit sont d'autres secteurs dans lesquels l'apprentissage profond commence à avoir un impact. Aujourd'hui déjà, les algorithmes peuvent générer des résumés d'articles ou analyser d'énormes ensembles de données pour détecter des tendances. À l'avenir, les journalistes pourraient collaborer avec l'intelligence artificielle pour mener des enquêtes détaillées en temps réel, tandis que les avocats pourraient utiliser l'IA pour analyser et prédire l'issue d'affaires judiciaires.

Les interfaces cerveau-ordinateur, bien qu'encore à leurs balbutiements, pourraient changer radicalement la façon dont nous interagissons avec la technologie et avec nous-mêmes.

Des entreprises comme Neuralink tentent de développer des techniques pour connecter le cerveau humain directement aux ordinateurs, ouvrant ainsi la voie à des possibilités telles que le contrôle d'appareils ou même le transfert de pensées et de souvenirs.

Cependant, cette évolution rapide s'accompagne également de défis éthiques et réglementaires. L' explicabilité et la vérification des décisions médicales prises par les algorithmes deviendront des questions cruciales, tout comme les implications éthiques de l'IA dans des domaines tels que la surveillance et la défense. L'apprentissage profond étant présent dans de nombreux aspects de nos vies, il est essentiel de prendre ces questions au sérieux pour garantir un développement responsable et équitable de la technologie.

CHAPITRE 5 : ÉTHIQUE ET PRÉJUGÉS DANS L'IA

À une époque où l'intelligence artificielle imprègne tous les aspects de la vie quotidienne, des applications pour smartphones aux systèmes de contrôle du trafic aérien, la question de l'éthique de l'IA devient inévitablement centrale. Les algorithmes, autrefois relégués aux laboratoires de recherche et aux salles de classe universitaires, prennent désormais des décisions qui affectent directement la vie des gens. Ils peuvent décider qui obtiendra un prêt, quel traitement médical est le plus approprié pour un patient ou même si une personne est soupçonnée d'un crime. En conséquence, nous ne parlons plus seulement de questions techniques ou d'ingénierie ; nous sommes confrontés à des dilemmes moraux et éthiques qui touchent au cœur de nos valeurs sociales et individuelles.

Les implications éthiques de l'IA ne constituent pas un sous-ensemble marginal du progrès technologique ; ils constituent un élément crucial qui constitue l'âme même de cette révolution. Ignorer l'éthique dans l'IA, c'est risquer de créer des systèmes qui perpétuent les inégalités, discriminent et, dans le pire des cas, causent un préjudice direct aux êtres humains. Cependant, prendre au sérieux l'éthique de l'IA ne consiste pas seulement à éviter les conséquences négatives ; il s'agit également d'orienter activement le développement de l'IA afin qu'elle apporte le plus grand bénéfice à la société dans son ensemble.

C'est pourquoi ce chapitre s'engage à explorer l'importance de l'éthique dans l'intelligence artificielle. Nous nous aventurerons dans divers domaines d'application, examinerons les problèmes éthiques les plus urgents et discuterons des lois et réglementations qui cherchent à les résoudre.

Notre objectif est de fournir un cadre complet qui aide non seulement les développeurs et les chercheurs, mais également les décideurs politiques et le grand public à s'orienter dans le paysage éthique complexe de l'IA.

L'importance de l'éthique dans l'IA est multidimensionnelle et touche à la fois aux aspects technologiques et sociaux.

Ignorer les questions éthiques peut avoir des conséquences négatives non seulement pour les individus directement concernés, mais aussi pour la société dans son ensemble. L'éthique en intelligence artificielle revêt une importance cruciale pour de multiples raisons, dont chacune ouvre un univers de considérations qui vont bien au-delà du simple respect des lois et réglementations.

L'intelligence artificielle a pénétré de nombreux secteurs qui touchent directement la vie humaine et le bien-être collectif. Nous parlons de santé, d'éducation, de sécurité, d'emploi et de transports, pour n'en citer que quelques-uns. Dans le domaine médical, par exemple, les algorithmes d'apprentissage automatique prennent des décisions diagnostiques et suggèrent des plans de traitement. Mais que se passerait-il si un algorithme, en raison d'un biais dans les données d'entraînement, recommandait des traitements moins efficaces pour certaines couches de la population ? Ou si dans le secteur de la sécurité, les algorithmes de reconnaissance faciale étaient utilisés de manière discriminatoire ou imprécise, limitant potentiellement injustement la liberté individuelle ? De tels scénarios montrent clairement que les algorithmes ne sont pas de simples outils neutres ; ils agissent dans des contextes sociaux, éthiques et politiques.

Le biais de l'IA est un problème insidieux qui touche de nombreux aspects de la conception et de la mise en œuvre des technologies d'IA.

En commençant par la collecte de données, il est important de reconnaître que les ensembles de données reflètent souvent les inégalités existantes dans la société.

Par exemple, si nous construisons un algorithme de reconnaissance vocale et que nous utilisons un ensemble de données composé principalement de locuteurs natifs d'une langue, l'algorithme aura tendance à commettre des erreurs lorsqu'il rencontrera différents accents ou dialectes. Ce type de biais intégré aux données peut avoir des implications concrètes ; dans le cas de la reconnaissance vocale, cela pourrait entraîner une mauvaise accessibilité du service pour les personnes d'origines linguistiques différentes.

Le problème s'étend également à la phase de formation des algorithmes. Les algorithmes apprennent des données avec lesquelles ils sont formés, et si ces données sont imprégnées de préjugés culturels, sexuels ou ethniques, l'algorithme héritera de ces préjugés. Par exemple, en 2015, un algorithme utilisé aux États-Unis pour prédire la probabilité de récidive d'un criminel s'est révélé fortement biaisé à l'encontre des Afro-Américains. L'algorithme n'était pas intrinsèquement « raciste », mais avait appris de données historiques qu'en raison de divers facteurs sociaux et institutionnels, il était fortement influencé par des préjugés raciaux.

Ce qui est encore plus alarmant, c'est lorsque le biais est intégré à la conception même de l'algorithme. Cela peut se produire lorsque les ingénieurs font des choix de conception qui, même s'ils ne sont pas intentionnellement discriminatoires, ont pour effet de renforcer certains stéréotypes ou inégalités. Un exemple célèbre est celui des algorithmes de recommandation, utilisés sur des plateformes telles que YouTube ou Netflix , conçus pour maximiser l'engagement des utilisateurs. Cela peut conduire à la création de « chambres d'écho » qui renforcent des opinions déjà existantes, contribuant ainsi à la polarisation et à la diffusion d'informations fausses ou trompeuses.

Compte tenu de la complexité et de l'ampleur du problème, lutter contre les préjugés dans l'IA est une tâche ardue qui nécessite une action coordonnée de plusieurs disciplines.

D'un point de vue technique, nous travaillons sur des algorithmes plus « justes » capables de détecter et de corriger les biais lors de la phase d'entraînement. En parallèle, la transparence et l'auditabilité des algorithmes en tant que mécanismes de contrôle sont également encouragées. Par ailleurs, l'éducation et la sensibilisation des ingénieurs et des décideurs aux risques éthiques associés à l'utilisation de l'IA sont essentielles, pour éviter que les préjugés humains ne se traduisent en biais algorithmiques.

L'IA peut exacerber les inégalités existantes ou en créer de nouvelles. Par exemple, les systèmes d'IA dans le secteur du crédit pourraient renforcer les inégalités économiques en refusant des prêts à des personnes issues de milieux défavorisés en raison de mesures qui pourraient ne pas refléter leur réelle solvabilité. Dans le domaine de l'éducation, l'utilisation de l'IA pour personnaliser les programmes pourrait en théorie améliorer l'efficacité de l'enseignement, mais aussi marginaliser davantage les étudiants qui n'ont pas accès à ces technologies avancées.

L'intelligence artificielle introduit de nouveaux types de risques et de vulnérabilités, comme la possibilité d'utilisations malveillantes, voire destructrices, de la technologie. Je pense par exemple à l'utilisation de drones armés d'IA dans des scénarios de guerre, ou à l'abus d'algorithmes pour manipuler le comportement humain à des fins politiques ou commerciales. La dimension éthique devient donc fondamentale pour évaluer non seulement les usages actuels de la technologie, mais aussi ses possibles évolutions futures.

L'IA soulève ainsi des questions fondamentales sur l'action éthique en tant que telle. Dans un monde de plus en plus dominé par les algorithmes, que signifie être moralement responsable?

La responsabilité est-elle partagée entre les développeurs, les utilisateurs et peut-être même les algorithmes eux-mêmes?

Cela représente un nouveau domaine de questionnement éthique, avec de profondes implications pour la philosophie morale, le droit et la société.

Dans ce contexte complexe, il est impératif de considérer l'éthique comme intrinsèque et indissociable du développement et de la mise en œuvre de l'IA. Une attention active aux questions éthiques est essentielle pour guider le développement d'algorithmes et de systèmes qui maximisent le bien-être humain et social tout en minimisant les risques et la discrimination.

L'IA peut profondément affecter l'identité humaine et notre compréhension de nous-mêmes. Si les algorithmes peuvent remplir des fonctions que nous croyions autrefois propres aux humains, comme la créativité ou l'empathie, alors nous devons réévaluer ce que signifie être humain. La question de la « personne simulée » dans l'IA, par exemple, soulève des questions éthiques complexes sur le consentement, l'identité et le droit à l'oubli.

La collecte massive de données pour alimenter les algorithmes d'apprentissage automatique soulève des questions quant à savoir à qui appartiennent ces données et comment elles sont utilisées. L'utilisation irresponsable de données sensibles peut non seulement porter atteinte à la vie privée des individus, mais également mettre en danger des groupes d'individus, en particulier ceux qui sont déjà vulnérables. Cela pourrait avoir des implications dans le contexte de la santé publique, des libertés civiles et même de la souveraineté nationale.

Le concept d'« autonomie », fondamental en éthique, devient de plus en plus pertinent à mesure que l'IA progresse. Des algorithmes de plus en plus intelligents sont capables de prendre des décisions de manière autonome, sans intervention humaine. Comment pouvons-nous garantir que de telles décisions reflètent les valeurs éthiques humaines ? Qui est responsable lorsqu'une voiture autonome est impliquée dans un accident ?

Les technologies d'IA sont développées et mises en œuvre dans divers contextes culturels, politiques et économiques. Comment garantir que les algorithmes soient éthiquement sensibles aux différentes populations et ne contribuent pas à la diffusion d'un certain ensemble de valeurs culturelles au détriment des autres ? Cela est particulièrement pertinent lorsque l'on considère la diffusion mondiale de technologies telles que les systèmes de surveillance. Enfin, il existe un consensus croissant selon lequel l'éthique de l'IA ne devrait pas être seulement une considération posthume, mais devrait être intégrée dans l'ensemble du cycle de vie du développement et de la mise en œuvre des technologies. Cela va de la formation à l'éthique pour les ingénieurs et les data scientists , à l'implication des comités d'éthique dans l'approbation de nouveaux projets, en passant par la mise en place d'« audits éthiques » pour les algorithmes déjà utilisés.

L'importance de l'éthique dans l'IA est donc multiforme et profonde, traversant de nombreux domaines allant de l'individu à la société, du local au mondial. Dans un monde où l'IA est appelée à jouer un rôle de plus en plus omniprésent, l'attention portée à ses aspects éthiques n'est pas seulement une question de bon sens, mais une nécessité primordiale pour le bien de tous. L'utilisation de l'intelligence artificielle dans le passé est un domaine en évolution rapide qui a soulevé un certain nombre de questions éthiques. Un cas pertinent concerne l'utilisation d'algorithmes de reconnaissance faciale par les forces de l'ordre et les agences de surveillance. Ces applications ont suscité des inquiétudes quant à la vie privée des individus et aux droits civils, d'autant plus qu'elles ont souvent été utilisées de manière discriminatoire à l'égard de certaines communautés ou groupes ethniques.

L'éthique et la moralité sont des concepts historiquement réservés aux humains, compte tenu de notre capacité unique à raisonner, à faire des choix éclairés et à posséder un sens des responsabilités. Avec les progrès de la technologie, notamment dans le domaine de l'intelligence artificielle, ces concepts deviennent également de plus en plus pertinents pour le monde des machines. Les algorithmes d'IA font désormais des choix qui peuvent avoir un impact significatif sur la vie des gens, depuis les décisions médicales jusqu'aux cotes de crédit, et entraînent ainsi un nouveau niveau de complexité éthique.

L'une des questions fondamentales est de savoir si l'éthique peut être « codifiée ». En d'autres termes, est-il possible de programmer un algorithme pour prendre des décisions éthiques ? Cela ouvre la boîte de Pandore de ce qui constitue réellement une décision « éthique ». Différents individus, cultures et sociétés ont différents degrés de moralité et de principes éthiques.

Par exemple, si certains peuvent considérer l'utilisation de l'IA dans la reconnaissance faciale pour la sécurité nationale comme éthiquement acceptable, d'autres peuvent y voir une atteinte à la vie privée des individus.

Un autre aspect critique est la transparence et la « responsabilité » . Alors que l'IA prend des décisions de plus en plus complexes, il est difficile pour les humains de comprendre comment ces décisions sont prises. Cela soulève des préoccupations éthiques quant à savoir qui devrait être tenu responsable en cas d'erreurs ou de conséquences négatives. Si un algorithme de diagnostic suggère un traitement incorrect entraînant des complications pour le patient, à qui la faute ? L'algorithme, les développeurs ou les médecins qui ont fait confiance à l'algorithme ?

La question de la « justice algorithmique » est une autre thématique qui émerge. Le problème est que les algorithmes, s'ils ne sont pas soigneusement conçus, peuvent perpétuer, voire exacerber les inégalités sociales. Par exemple, si un algorithme d'évaluation des risques est formé sur un ensemble de données contenant des préjugés raciaux ou sexistes, l'algorithme pourrait à son tour hériter de ces préjugés, conduisant à des décisions injustes. L'éthique dans l'IA ne consiste pas seulement à programmer la moralité dans les machines, mais aussi à savoir comment les humains utilisent cette technologie. La tentation d'utiliser l'IA à des fins contraires à l'éthique est toujours présente. Par exemple, l'IA pourrait être utilisée pour développer des armes autonomes, soulevant des questions éthiques quant à savoir qui prend la décision finale quant au recours à la force meurtrière. Alors que la technologie continue d'évoluer à un rythme sans précédent, la nécessité de s'attaquer aux questions éthiques complexes qui se posent devient de plus en plus urgente. Cela nécessite un dialogue multidisciplinaire impliquant non seulement des informaticiens et des ingénieurs, mais aussi des philosophes, des éthiciens , des législateurs et le grand public.

L'implication des concepts d'éthique et de moralité dans le contexte de l'intelligence artificielle est un débat critique qui revêt de multiples facettes. À mesure que la technologie de l'IA s'insère de plus en plus profondément dans notre vie quotidienne, l'urgence d'examiner ces questions devient de plus en plus aiguë. Comprendre comment les principes éthiques s'appliquent à l'IA est un processus à double sens : nous devons non seulement réfléchir à la manière dont l'éthique s'intègre dans la technologie, mais aussi à la manière dont la technologie elle-même peut influencer et même façonner nos concepts d'éthique et de moralité.

Le discours traditionnel sur l'éthique a toujours été anthropocentrique, centré sur les actions et les décisions des êtres humains.

Cependant, avec l'avènement de systèmes d'IA toujours plus sophistiqués, ces machines assument des rôles qui étaient autrefois le domaine exclusif des humains. La première question qui se pose est donc de savoir si l'éthique, un domaine si étroitement lié à l'expérience humaine, peut s'appliquer à des entités non humaines. Cette question devient encore plus pertinente lorsque ces machines prennent des décisions qui impactent directement la vie humaine, comme c'est le cas des algorithmes utilisés en médecine pour diagnostiquer des maladies ou suggérer des traitements.

Une autre question fondamentale est celle de l'universalité ou de la relativité de l'éthique dans un monde où l'IA est mondiale. Différents contextes culturels ont des normes éthiques différentes, ce qui peut devenir problématique lorsqu'on tente de normaliser les principes éthiques des systèmes d'IA qui seront utilisés à l'échelle internationale. Par exemple, ce qui est considéré comme une atteinte à la vie privée dans une culture peut ne pas être perçu comme tel dans une autre. Un algorithme de surveillance accepté dans un pays pourrait être une source de préoccupation éthique majeure dans un autre.

L'une des questions les plus complexes concerne la transparence et l'interprétabilité des algorithmes d'IA. Les algorithmes d'apprentissage automatique, en particulier, peuvent devenir des « boîtes noires » qui rendent extrêmement difficile pour les humains de comprendre comment certaines décisions ont été prises. Cela soulève d'importantes questions éthiques, surtout lorsque des erreurs se produisent. Dans un contexte médical, par exemple, si un algorithme de diagnostic commet une erreur qui conduit à un traitement inefficace, le manque de transparence de l'algorithme peut gravement entraver la responsabilisation et la récidive.

Se pose également la question cruciale de la justice algorithmique. Les données utilisées pour entraîner les algorithmes peuvent contenir des biais implicites qui, s'ils ne sont pas soigneusement évalués et corrigés, pourraient être incorporés dans l'algorithme lui-même. Cela peut avoir des effets dévastateurs dans des domaines tels que le système judiciaire, où les algorithmes d'évaluation des risques pourraient perpétuer ou aggraver les inégalités sociales déjà existantes.

Enfin, se pose la question de savoir comment l'IA elle-même pourrait affecter nos concepts d'éthique et de moralité. La technologie a toujours eu un impact sur la société et la culture, et l'IA ne fait pas exception. Cela pourrait remettre en question nos notions traditionnelles d'autonomie, de liberté et même de conscience, conduisant à la reformulation de certains de nos principes éthiques les plus fondamentaux.

Alors que l'IA continue d'imprégner tous les aspects de nos vies, il est impératif que nous réfléchissions attentivement aux problèmes éthiques qu'elle entraîne. C'est une tâche qui nécessite une approche interdisciplinaire, impliquant non seulement des technologues, mais aussi des philosophes, des sociologues, des législateurs et le public. Ce n'est que grâce à un examen approfondi et honnête des questions éthiques que nous pourrons espérer intégrer l'IA dans la société d'une manière qui maximise les avantages et minimise les préjudices.

Dans le domaine de l'intelligence artificielle, le débat sur l'éthique est une question qui se divise souvent en deux directions distinctes mais interconnectées: l'éthique des machines et l'éthique humaine. Bien que les deux voies explorent la moralité et la responsabilité, il existe une différence cruciale dans leur portée.

L'éthique des machines concerne les principes moraux qui régissent le comportement des algorithmes et des systèmes d'IA, tandis que l'éthique humaine concerne les décisions humaines prises lors de la conception, de la mise en œuvre et de l'utilisation de ces technologies.

En examinant l'éthique des machines, la discussion se concentre sur les règles et critères qui devraient guider le comportement d'un système d'IA. La question se pose de savoir si une machine peut être « éthique » au sens traditionnel du terme. De toute évidence, les machines n'ont ni conscience, ni émotions, ni capacité à mener un raisonnement moral. Cependant, les algorithmes peuvent être conçus pour suivre certains principes éthiques. Par exemple, un véhicule autonome pourrait être programmé pour minimiser les dommages humains en cas d'accident inévitable. Ce type de décision programmatique peut être vu comme une extension de notre compréhension de l'éthique, adaptée au domaine mécanique et algorithmique.

D'un autre côté, l'éthique humaine dans l'IA traite des responsabilités et des décisions morales prises par les humains qui créent et utilisent ces systèmes. Par exemple, si un algorithme de diagnostic dans le domaine médical produit une erreur conduisant à un traitement inefficace, la question éthique n'est pas seulement de savoir si l'algorithme a suivi des principes éthiques dans sa conception, mais aussi de savoir si les humains qui l'ont créé ont agi de manière éthique. Ont-ils envisagé tous les résultats possibles ? Ont-ils testé l'algorithme de manière adéquate ? Et surtout, qui est responsable lorsque les choses tournent mal ?

Si l'éthique des machines peut être considérée comme un sous-domaine de l'éthique appliquée, la question de l'éthique humaine dans le contexte de l'IA est plus large et plus complexe. Cela touche au cœur de ce que signifie être humain à une époque où les machines assument des rôles de plus en plus complexes et significatifs. Cela nécessite une redéfinition de nos concepts traditionnels de responsabilité, de culpabilité et de mérite dans un contexte où les décisions peuvent être prises ou influencées par des entités non humaines.

En effet, la distinction entre éthique des machines et éthique humaine est souvent plus théorique que pratique, puisque les deux sont inextricablement liées. Les décisions éthiques prises lors de la phase de conception d'un algorithme affectent directement le comportement éthique de la machine. De même, la manière dont une machine « agit » peut avoir un impact direct sur les décisions éthiques des humains qui interagissent avec elle.

L'interconnexion entre l'éthique des machines et l'éthique humaine souligne la nécessité d'une approche holistique de l'éthique en matière d'intelligence artificielle. Il ne suffit pas de programmer des principes éthiques dans nos machines ; nous devons également examiner d'un œil critique nos propres normes éthiques et valeurs morales dans le contexte de l'IA. L'objectif ne devrait pas seulement être de créer des machines qui agissent de manière éthique, mais également de développer une compréhension plus profonde et plus matricielle de l'éthique dans un monde de plus en plus dominé par la technologie. Et pour ce faire, nous avons besoin d'un dialogue ouvert et multidisciplinaire impliquant des technologues, des philosophes, des sociologues et diverses autres voix pour naviguer dans ces eaux éthiques de plus en plus complexes.

Dans un monde moderne en évolution rapide, l'IA est devenue omniprésente, allant d'applications simples telles que les assistants vocaux et les moteurs de recherche à des solutions plus complexes telles que les systèmes de diagnostic médical et les réservoirs autonomes.

Mais avec l'omniprésence croissante de cette technologie, des problèmes éthiques complexes émergent également, parmi lesquels la discrimination et les préjugés codés dans les systèmes d'IA.

Par exemple, imaginez un algorithme de recrutement qui a été formé sur des données historiques. Si ces données contiennent des préjugés implicites concernant le sexe, l'origine ethnique ou la classe sociale, l'algorithme peut perpétuer ces préjugés, entraînant une forme de discrimination systématique. Un cas bien documenté est celui des algorithmes de prédiction de la criminalité, qui ont souvent fait preuve de préjugés raciaux en raison des données historiques sur lesquelles ils ont été formés.

De tels systèmes peuvent non seulement perpétuer la discrimination, mais ils peuvent aussi l'amplifier. Considérons les algorithmes de recommandation utilisés par les médias sociaux qui visent à maintenir l'engagement de l'utilisateur en affichant du contenu qu'il pourrait trouver intéressant. Si un utilisateur interagit avec un contenu présentant un certain biais, l'algorithme peut interpréter cela comme une préférence et continuer à afficher un contenu similaire, renforçant ainsi les croyances préjudiciables et créant des chambres d'écho.

La question de la discrimination et des préjugés dans l'IA s'étend bien au-delà des algorithmes et touche également à la représentation des données. Prenons par exemple les applications de reconnaissance faciale. Si un algorithme est formé principalement sur des images d'individus appartenant à un groupe ethnique particulier, il peut avoir de mauvais résultats sur des individus d'autres groupes ethniques, ce qui entraîne des inexactitudes qui peuvent avoir de graves implications, par exemple dans les contextes de surveillance ou de sécurité.

Résoudre ce problème n'est pas simple et nécessite une approche multidimensionnelle qui comprend un examen critique du cycle de vie des données, de l'acquisition à la conservation et à l'utilisation, ainsi qu'une vérification éthique de l'objectif de l'algorithme lui-même. Il est crucial d'inclure une diversité de voix dans le processus décisionnel, afin d'éviter les préjugés involontaires.

Les développeurs d'IA doivent être explicitement formés aux questions d'éthique et de discrimination, tout comme ils le sont aux questions de sécurité et de confidentialité. Des mesures visant à tester, surveiller et auditer les systèmes d'IA pour détecter tout biais devraient également être mises en place . Certaines initiatives modernes telles que l'IA éthique et la technologie humaniste cherchent à résoudre ces problèmes grâce à une approche interdisciplinaire, combinant l'expertise technique avec la sagesse de domaines tels que la philosophie, la sociologie et les études de genre.

L'IA offre d'énormes opportunités d'avancement et d'amélioration dans de nombreux secteurs, il est impératif d'aborder sérieusement et rigoureusement les questions de discrimination et de préjugés qui peuvent survenir. Ignorer ces questions mine non seulement la justice sociale, mais aussi l'efficacité et l'utilité de l'IA elle-même. En tant que société, nous avons la responsabilité éthique de veiller à ce que ces technologies puissantes soient développées et utilisées de manière à maximiser le bien tout en minimisant les dommages.

Aborder les questions de discrimination et de préjugés dans le domaine de l'intelligence artificielle nécessite une approche holistique et multidisciplinaire, qui va bien au-delà de la simple correction des algorithmes. Tout d'abord, nous devons examiner les premières étapes du cycle de vie de l'IA : la collecte de données. Une collecte de données plus éthiquement réfléchie et équilibrée peut éviter de nombreux problèmes fondamentaux.

Par exemple, dans le cas de la reconnaissance faciale, s'assurer que votre ensemble de données est représentatif de différentes ethnies, sexes et groupes sociaux peut éviter de nombreux faux positifs ou négatifs.

En outre, la conception de l'algorithme lui-même doit s'appuyer sur une bonne compréhension des implications éthiques et sociales de la technologie. Cela pourrait impliquer de travailler avec des experts en éthique, en sociologie et en droit pour garantir que les considérations éthiques soient intégrées dès le départ.

Mais même la meilleure planification ne suffit pas. Il est essentiel de mettre en place des procédures d'audit et d'évaluation pour surveiller le fonctionnement de ces systèmes dans le monde réel. Cela pourrait inclure des audits externes effectués par des organisations tierces qui évaluent l'impact éthique d'un algorithme, et pas seulement son exactitude technique. Un examen rigoureux peut révéler des préjugés et des discriminations qui n'étaient pas immédiatement apparents lors de la phase de développement.

Une solution croissante consiste à utiliser « l'IA explicable », qui se concentre sur des modèles d'apprentissage automatique capables de rendre leurs décisions transparentes. Avoir une idée claire du fonctionnement de l'algorithme peut aider à identifier et à corriger les biais.

Il est toutefois important de noter que la simple transparence n'est pas une panacée et doit être associée à d'autres mesures pour être efficace.

Une autre considération importante est la responsabilité sociale des entreprises qui développent et distribuent des technologies basées sur l'IA. Un code d'éthique d'entreprise solide et une culture qui donne la priorité à l'équité peuvent grandement contribuer à atténuer les problèmes avant qu'ils ne prennent une ampleur considérable.

Certaines entreprises mettent déjà en place des rôles tels que « Ethical AI Practitioner » ou « Chief Éthique Officier " pour superviser ces aspects. Enfin, l'importance de la formation ne peut être sous-estimée. Les ingénieurs et les data scientists doivent être formés non seulement aux disciplines techniques, mais également aux principes éthiques qui guident l'utilisation responsable de la technologie. Cours d'éthique en IA et la formation sur les préjugés et la discrimination devrait faire partie intégrante de la formation en informatique et en ingénierie.

La question de la discrimination et des préjugés dans l'IA est donc complexe et il n'existe pas de solution universelle. Cependant, avec une approche holistique impliquant diverses parties prenantes et disciplines, des mesures significatives peuvent être prises vers la création de systèmes d'IA plus justes et plus équitables.

La relation entre intelligence artificielle et vie privée est une danse délicate qui incarne l'une des tensions fondamentales de notre époque : celle entre progrès technologique et protection des droits de l'homme. Même si la technologie nous offre une gamme extraordinaire de services et de commodités, elle nécessite souvent en échange une certaine quantité de données personnelles. Dans cette relation symbiotique, l'IA joue un double rôle : elle est à la fois un catalyseur du problème et une partie de la solution.

Pensez aux appareils intelligents qui habitent nos maisons, tels que les assistants vocaux, les thermostats intelligents et les sonnettes de sécurité. Ces appareils collectent une quantité impressionnante de données, souvent de nature très personnelle.

Une fois ces données collectées et envoyées aux serveurs de l'entreprise, elles deviennent susceptibles d'être analysées par des algorithmes d'IA à des fins très diverses: publicité ciblée, analyse comportementale et même surveillance de l'État. Ici, la question de la vie privée revêt une nouvelle urgence.

Qui contrôle ces données? Comment sont-ils utilisés et qui y a accès? Un autre exemple éclairant est l'omniprésence croissante des systèmes de reconnaissance faciale. Cette technologie, alimentée par des algorithmes d'apprentissage profond, pourrait potentiellement porter atteinte à notre vie privée d'une manière impensable il y a à peine dix ans. Passer inaperçu dans une foule devient presque impossible lorsque chaque caméra de surveillance est potentiellement un dispositif d'identification. La menace s'étend également à la liberté d'expression et d'association, dans la mesure où des individus peuvent être dissuadés d'assister à des rassemblements ou à d'autres événements publics de peur d'être mal identifiés ou suivis.

Mais l'IA n'est pas seulement un problème ; cela peut aussi faire partie de la solution. Par exemple, les algorithmes de chiffrement basés sur l'IA offrent de nouvelles façons de protéger les données personnelles. L'IA peut également être utilisée pour détecter des activités suspectes ou des violations de données en temps réel, offrant ainsi un niveau de sécurité supplémentaire. Le tableau d'ensemble est que si l'IA présente des défis évidents en matière de confidentialité, elle offre également de nouvelles voies en matière de protection des données. La clé est de trouver un équilibre qui nécessitera une réglementation réfléchie, une conception éthique et une vigilance continue de la part de toutes les parties prenantes impliquées. Il ne s'agit pas seulement d'un défi technique, mais aussi d'un défi profondément éthique, qui nous oblige à trouver un équilibre entre les avantages tangibles de l'IA et son potentiel d'intrusion sans précédent dans notre vie privée.

Le thème de la vie privée et de la surveillance à l'ère de l'intelligence artificielle s'étend également au monde de l'entreprise et au monde de la recherche. Les entreprises, par exemple, utilisent de plus en plus d'algorithmes d'IA pour analyser le comportement de leurs collaborateurs.

Ces outils peuvent contrôler l'efficacité, mais ils soulèvent également de sérieuses questions sur le droit à la vie privée sur le lieu de travail. Où tracer la frontière entre une surveillance légitime de l'efficacité du travail et une surveillance invasive qui peut avoir un impact négatif sur le moral des employés ?

Pour résoudre les problèmes de confidentialité et de surveillance liés à l'IA, les entreprises adoptent diverses techniques et technologies. Le cryptage, par exemple, est une méthode courante de protection des données sensibles. Les formes avancées de cryptage, telles que le traitement des données cryptées, permettent à un algorithme d'effectuer des calculs sur les données sans avoir à les déchiffrer , offrant ainsi une couche de sécurité supplémentaire.

La minimisation des données est une autre stratégie importante. Ici, l'idée est de collecter uniquement les données strictement nécessaires à la réalisation d'une opération précise. Cela réduit le risque d'exposition des données et d'utilisation non autorisée. De même, certaines entreprises explorent l'utilisation de données synthétiques, c'est-à-dire des informations générées par un algorithme pour reproduire des statistiques à partir d'un ensemble de données réel, mais qui ne permettent pas de remonter jusqu'à des individus réels. Une autre approche émergente est l'utilisation de techniques d'apprentissage fédéré . Dans ce modèle, un algorithme d'apprentissage automatique est formé sur plusieurs appareils ou serveurs décentralisés, sans jamais transférer de données depuis ces appareils. Cela vous permet d'exploiter des données provenant de diverses sources sans compromettre la confidentialité des utilisateurs.

L'utilisation de « l'IA qui préserve la vie privée » gagne également du terrain. Il s'agit d'une branche des sciences de l'information qui se concentre sur les méthodes de formation et de mise en œuvre de modèles d'IA de manière à minimiser la divulgation d'informations sensibles.

Des techniques telles que la « confidentialité différentielle » offrent des garanties mathématiques que les informations des individus ne seront pas révélées lors de l'analyse des données. Outre les techniques technologiques, les entreprises mettent également en œuvre des politiques internes et des mécanismes de gouvernance pour résoudre ces problèmes. Les comités d'éthique internes, souvent composés de diverses parties prenantes, notamment des éthiciens , des juristes et des technologues, sont de plus en plus courants. Ces comités peuvent mener des évaluations d'impact éthique, examiner les décisions de conception et fournir des conseils sur des questions telles que la collecte de données, le consentement et la transparence.

Les entreprises cherchent également à impliquer les consommateurs et les utilisateurs finaux dans les discussions sur la confidentialité. Des outils tels que des tableaux de bord de confidentialité qui permettent aux utilisateurs de voir exactement quelles données sont collectées et comment elles sont utilisées, ainsi que de retirer leur consentement si nécessaire, sont de plus en plus courants. Bien que le défi consistant à équilibrer les capacités de l'IA avec le respect de la vie privée et de la liberté individuelle soit immense, des efforts sur plusieurs fronts sont en cours pour résoudre ce problème. Grâce à une combinaison d'avancées technologiques, de gouvernance d'entreprise et d'engagement des parties prenantes, les entreprises cherchent à construire un écosystème d'IA non seulement puissant, mais également éthique et respectueux des droits individuels.

Même dans le domaine de la recherche, les algorithmes d'IA sont utilisés pour analyser d'énormes ensembles de données pouvant contenir des informations sensibles. Par exemple, la recherche médicale pourrait utiliser les données des patients pour développer de nouveaux traitements et thérapies.

Même si ces initiatives peuvent avoir un impact positif sur la santé publique, il est crucial de garantir que les données soient anonymisées et protégées de manière adéquate pour éviter les abus. Il convient de noter que le concept d'« anonymat » devient de plus en plus difficile à maintenir à mesure que les techniques d'exploration de données progressent . Les algorithmes avancés peuvent parfois « dé-anonymiser » les données, reliant des informations qui ne possédaient apparemment aucun identifiant personnel à des individus spécifiques. Cela soulève d'autres questions éthiques concernant la collecte et l'utilisation des données, même lorsque les intentions peuvent être bienveillantes.

Une autre dimension importante est l'intersection entre l'IA et la surveillance de masse. Les États peuvent utiliser l'IA pour surveiller les communications et les activités des citoyens à une échelle jamais vue auparavant. Si ces capacités peuvent être utilisées à des fins légitimes telles que la prévention du crime ou la défense nationale, il existe également un risque qu'elles soient utilisées de manière éthiquement discutable, par exemple pour étouffer des manifestations ou pour discriminer certaines communautés.

Alors, comment répondre à toutes ces préoccupations ? La réglementation est un outil clé, et nous avons vu des initiatives dans différentes parties du monde à cet égard. Le Règlement général sur la protection des données (RGPD) de l'Union européenne est un exemple de la manière dont la loi peut tenter d'équilibrer les opportunités offertes par la technologie de l'IA avec le droit des citoyens à la vie privée.

Les évaluations d'impact éthique, les lignes directrices en matière de conception responsable et les mécanismes de reporting sont d'autres voies qui peuvent être suivies pour garantir l'utilisation éthique de l'IA.

La question de la vie privée et de la surveillance dans l'IA est un nœud complexe qui associe technologie, éthique, droit et société.

Résoudre ce problème nécessitera un effort concerté de la part de toutes les parties prenantes, des technologues aux législateurs, des militants aux citoyens ordinaires. Ce n'est que grâce à un dialogue ouvert et à un engagement en faveur d'une responsabilité partagée que nous pouvons espérer naviguer avec succès dans les eaux tumultueuses que cette nouvelle ère technologique a ouverte devant nous.

Soins de santé

Les implications éthiques de l'utilisation de l'IA en médecine sont nombreuses et complexes et touchent des domaines tels que le diagnostic, les traitements et la gestion des données des patients. Commençons par le diagnostic. L'IA a la capacité d'analyser de grandes quantités de données médicales en très peu de temps, permettant ainsi aux médecins d'identifier des pathologies et des maladies avec une précision sans précédent. Cependant, cette capacité soulève des questions éthiques, comme celle de la responsabilité en cas d'erreur de diagnostic. Si un algorithme échoue, qui est responsable ? Le médecin, le développeur de logiciels, ou les deux ?

Dans le contexte du diagnostic médical, l'intelligence artificielle a inauguré une nouvelle ère dans laquelle les machines peuvent analyser des données complexes telles que des images radiologiques, des résultats de tests génétiques et même des signaux électriques provenant du cœur.

avec une précision qui, dans certains cas, dépasse celle des experts humains. Cela ouvre un énorme potentiel pour améliorer la rapidité et la précision des diagnostics, ce qui peut conduire à des traitements plus rapides et plus efficaces. Cependant, l'utilisation d'algorithmes de diagnostic basés sur l'IA soulève d'importantes questions éthiques.

L'un des dilemmes les plus évidents est celui de la responsabilité en cas d'erreur. Si un algorithme, pour une raison quelconque, génère un diagnostic erroné qui conduit à des mauvais traitements, à qui la faute ? Il s'agit d'une question complexe qui touche toute la chaîne de responsabilité, depuis les créateurs de l'algorithme, jusqu'aux fournisseurs de données sur lesquels il a été formé, en passant par les médecins utilisant l'IA comme outil de diagnostic. Cette incertitude peut conduire à une zone grise juridique et éthique qui pourrait entraver l'adoption de ces technologies si elle n'est pas traitée correctement. Il y a aussi la question de l'accessibilité. Les algorithmes avancés sont souvent développés par de grandes entreprises technologiques ou des instituts de recherche disposant de ressources financières importantes. Si l'accès à de tels outils de diagnostic devient coûteux ou limité à certains milieux de soins, une forme d'inégalité de soins pourrait émerger. En d'autres termes, seuls ceux qui ont les moyens d'accéder à ces technologies avancées pourraient bénéficier de diagnostics plus précis, laissant les autres devoir s'appuyer sur des méthodes plus traditionnelles et potentiellement moins efficaces.

Un autre aspect critique est celui de l'équité dans la qualité des diagnostics. Si un algorithme est formé sur un ensemble de données principalement composé d'individus d'une certaine origine ethnique, d'un certain sexe ou d'un certain groupe socio-économique, il existe un risque que les diagnostics concernant les individus extérieurs à ce groupe ne soient pas précis.

Cette forme de biais pourrait non seulement perpétuer les inégalités existantes dans le système de santé, mais pourrait également conduire à de graves erreurs de diagnostic pour les populations non représentées.

La transparence et la compréhensibilité des algorithmes sont un autre domaine de préoccupation éthique.

Beaucoup de ces techniques d'apprentissage automatique sont considérées comme des « boîtes noires », ce qui signifie que même si nous pouvons voir ce qui entre et ce qui sort, le processus de prise de décision interne reste obscur, même pour les experts. Cela pose un problème éthique, surtout lorsqu'un algorithme suggère un diagnostic ou un traitement qui va à l'encontre de l'intuition médicale ou des directives standards. L'utilisation de l'IA dans le diagnostic offre d'énormes opportunités, mais introduit également un certain nombre de dilemmes éthiques qui nécessitent un examen attentif et une réglementation réfléchie. La collaboration multidisciplinaire entre les professionnels de la technologie, du droit, de la médecine et de l'éthique est essentielle pour résoudre ces problèmes de manière équitable et responsable.

Les algorithmes de diagnostic peuvent ne pas être aussi efficaces pour toutes les populations, car de nombreux algorithmes ont été formés à partir de données provenant de groupes démographiques spécifiques. Cela peut conduire à une discrimination involontaire et à une moindre qualité des soins pour certaines communautés. Il est donc crucial de s'assurer que les données utilisées pour entraîner ces algorithmes sont représentatives et que les algorithmes eux-mêmes sont audités de manière indépendante pour garantir qu'ils ne discriminent pas certains groupes. Quant aux traitements médicaux, l'IA promet des thérapies plus personnalisées et potentiellement plus efficaces. Par exemple, les algorithmes pourraient suggérer des protocoles de traitement spécifiques basés sur le profil génétique d'un patient. Cependant, cela ouvre un débat éthique sur la confidentialité et la propriété des données génétiques.

À qui appartiennent ces informations ? Quels sont les risques de discrimination génétique de la part des assureurs ou des employeurs ?

Lorsque l'on parle de traitements médicaux basés sur l'intelligence artificielle, nous pénétrons dans un territoire particulièrement sensible, car les décisions prises pourraient avoir un impact direct sur la vie ou la mort des patients.

L'IA a le potentiel d'adapter les traitements en fonction des données des patients, les rendant ainsi plus efficaces et réduisant potentiellement les effets secondaires. Par exemple, dans le domaine de l'oncologie, des algorithmes peuvent être utilisés pour prédire comment une tumeur particulière réagira à divers médicaments ou formes de radiothérapie, permettant ainsi aux médecins d'optimiser le schéma thérapeutique pour chaque patient. Cependant, l'implication de l'IA dans les traitements médicaux soulève plusieurs questions éthiques encore plus complexes que celles du diagnostic. Un point crucial est l'autonomie du patient. La pratique médicale conventionnelle met un accent particulier sur le consentement éclairé, où le patient doit être pleinement conscient des risques et des avantages potentiels du traitement suggéré. Mais avec des algorithmes fonctionnant comme des « boîtes noires », comment un patient peut-il donner un consentement véritablement éclairé ? Même si même les experts ne peuvent pas expliquer pleinement comment un algorithme décide d'un traitement donné, il existe un conflit évident avec le principe d'autonomie du patient.

Parallèlement à cela, il existe un risque de surajustement, lorsqu'un modèle d'IA devient trop spécifique pour les données sur lesquelles il a été formé. Dans un contexte de traitement, cela pourrait signifier que l'algorithme pourrait ne pas se généraliser correctement lorsqu'il est appliqué à des patients présentant des caractéristiques différentes de celles de l'ensemble de formation. Cela pourrait conduire à des traitements inefficaces ou, au pire, nocifs pour certaines populations de patients.

En outre, comme c'est le cas pour les diagnostics, la

responsabilité juridique et médicale dans les traitements basés sur l'IA constitue une zone grise. Si un traitement guidé par l'IA échouait ou produisait des effets secondaires inattendus, la responsabilité pourrait être difficile à établir. Est-ce le médecin qui a suivi les recommandations de l'algorithme ? Est-ce l'équipe de data scientists qui a formé l'algorithme ? Ou est-ce l'IA elle-même ? Ce sont des questions qui n'ont toujours pas de réponses définitives et qui représentent un obstacle éthique important.

Un autre dilemme éthique concerne la distribution de ces technologies. L'IA dans les traitements médicaux pourrait être un luxe auquel seuls les systèmes de santé les plus avancés et les mieux financés peuvent accéder. Cette limitation pourrait amplifier les inégalités existantes en matière de qualité des soins de santé à l'échelle mondiale. Si les traitements les plus efficaces et personnalisés ne sont disponibles que dans certains endroits ou pour ceux qui peuvent se le permettre, une disparité éthique se crée qui va au-delà de la simple question de disponibilité technologique.

L'IA a le potentiel de changer la donne en améliorant l'efficacité des traitements médicaux, mais elle introduit une complexité éthique qui ne peut être ignorée. Une réflexion approfondie sur ces questions éthiques est impérative et, comme pour les diagnostics, elle nécessitera un effort de collaboration entre différents secteurs pour résoudre ces dilemmes de manière responsable et humaine.

Dans le contexte de la gestion des données des patients, l'IA peut fournir des outils avancés pour organiser et analyser les données de santé, ce qui pourrait conduire à une meilleure qualité des soins.

Cependant, la collecte, le stockage et l'analyse de données sensibles présentent d'énormes risques pour la vie privée.

Les données médicales font partie des informations les plus personnelles qu'une personne puisse posséder, et leur mauvaise utilisation ou leur exposition peuvent avoir de graves conséquences.

La prise en charge des patients est un autre domaine dans lequel l'intelligence artificielle a un impact significatif et, comme dans d'autres domaines des soins de santé, les implications éthiques sont d'une importance capitale. Par exemple, des systèmes intelligents peuvent être utilisés pour surveiller l'état de santé des patients en temps réel, en envoyant des alertes aux médecins si les conditions se détériorent. Cette capacité de surveillance constante offre la possibilité d'interventions rapides, mais soulève également des questions sur la manière dont les données sensibles des patients sont gérées et protégées.

La question éthique ici se concentre également sur la question du consentement.

De nombreux patients ne sont peut-être pas conscients du niveau de surveillance dont ils font l'objet ou de la complexité des algorithmes qui analysent leurs données. Dans le pire des cas, ces systèmes pourraient également être utilisés pour dresser le profil des patients, en les classant dans des catégories susceptibles d'influencer la qualité ou la rapidité des soins qu'ils reçoivent.

Par exemple, un algorithme pourrait identifier un patient comme étant « à faible risque » pour certaines complications, et ainsi ses symptômes pourraient avoir moins de poids que ceux d'un autre patient classé comme « à haut risque ».

Cette catégorisation, si elle est incorrecte, pourrait conduire à des soins sous-optimaux et soulever de sérieuses questions éthiques. Un autre aspect de la prise en charge des patients est la coordination des soins.

Les algorithmes intelligents peuvent aider les médecins à prendre des décisions plus éclairées sur la manière d'attribuer les ressources telles que les lits d'hôpitaux, le personnel et l'équipement. Cependant, si ces algorithmes sont entraînés sur des données qui reflètent les préjugés existants dans le système de santé ou dans la société en général, ils pourraient perpétuer ou aggraver les inégalités d'accès aux soins.

Et n'oublions pas l'aspect humain de la prise en charge des patients. Bien que l'IA puisse gérer des choses comme la planification de rendez-vous ou la prévision des besoins d'un patient, elle ne peut pas (ou du moins ne devrait pas) remplacer le contact humain, l'empathie et le jugement moral qui sont au cœur de la pratique médicale. La surutilisation des algorithmes dans la gestion des patients pourrait risquer de dépersonnaliser les soins de santé, faisant des patients de simples numéros dans un système.

La prise en charge des patients grâce à l'IA est une pratique en évolution, avec de multiples facettes éthiques qui nécessitent une réflexion approfondie.

Chaque avantage offert par la technologie doit être contrebalancé par des considérations éthiques qui placent le bien-être du patient au centre du processus décisionnel. Le défi consiste à intégrer l'IA de manière à améliorer l'efficience et l'efficacité des soins de santé, sans sacrifier les principes éthiques fondamentaux tels que l'autonomie, la justice et la dignité humaine.

Mobilité et sécurité

La présence croissante de voitures autonomes sur les routes représente l'un des cas les plus intéressants de la façon dont l'intelligence artificielle change la dynamique de notre vie quotidienne.

En plus d'apporter des améliorations prometteuses en matière d'efficacité et de sécurité du trafic, ces technologies ouvrent une boîte de Pandore de problèmes éthiques complexes auxquels la société est confrontée. L'un des dilemmes moraux les plus discutés dans ce contexte est ce qu'on appelle le « problème du tramway », un exercice de réflexion qui confronte un véhicule à une décision impossible : qui sauver et qui sacrifier dans une situation d'urgence inévitable.

Dans un monde où les décisions de conduite sont prises par des algorithmes plutôt que par des humains, le « problème du tramway » devient non seulement une question hypothétique mais un défi d'ingénierie. En une fraction de seconde, le logiciel de la voiture devra évaluer des variables telles que la sécurité des passagers, la présence des piétons, les conditions routières et le code de la route pour prendre une décision qui pourrait avoir des conséquences fatales. Cela soulève la question de savoir qui est réellement responsable en cas d'accident : est-ce la voiture, le programmeur qui a écrit l'algorithme, le constructeur de la voiture, ou encore l'organisme de réglementation qui a autorisé la circulation de la voiture ?

Un autre point critique est la notion de justice et d'impartialité dans la planification des décisions que devront prendre les voitures autonomes. Si, par exemple, un algorithme est programmé pour minimiser les dégâts totaux en cas d'accident, il pourrait théoriquement décider de sacrifier le passager pour sauver un groupe de piétons. Mais est-il éthiquement acceptable de programmer une machine pour qu'elle prenne une telle décision ? Et si oui, qui a le droit de fixer ces critères ?

La question devient encore plus compliquée si l'on considère que ces algorithmes de conduite seront probablement formés sur d'énormes ensembles de données comprenant des informations démographiques, historiques et comportementales.

Il existe un risque que les biais existants dans les données se traduisent par des décisions discriminatoires de la part de l'IA. Par exemple, si un algorithme est formé sur des données d'accidents de la route montrant un taux d'accidents plus élevé dans certaines zones, il pourrait développer des stratégies de conduite qui évitent ces zones, perpétuant ainsi les stéréotypes sociaux et les inégalités économiques.

Et il y a aussi la question de la transparence et de la responsabilité. Les algorithmes qui pilotent ces voitures sont extrêmement complexes et souvent protégés par des secrets commerciaux. Il est donc difficile pour le public, et même pour les experts, de comprendre exactement comment ces décisions chargées d'éthique sont prises. Dans un contexte aussi critique que celui de la sécurité routière, il est impératif d'assurer un certain degré de transparence et de responsabilité dans le fonctionnement des voitures autonomes.

Les voitures autonomes offrent d'énormes promesses

d'amélioration de nos vies à bien des égards, mais elles ne sont pas sans un certain nombre de défis éthiques qui nécessitent un examen sérieux et approfondi.

En tant que société, nous devons nous engager dans un dialogue ouvert et inclusif pour établir les principes éthiques qui guideront cette technologie révolutionnaire. Ce n'est qu'alors que nous pourrons profiter des avantages des voitures autonomes sans compromettre les valeurs fondamentales de justice, d'équité et de dignité humaine.

Manipulation de l'opinion publique

La manipulation de l'opinion publique est un sujet qui revêt une importance particulière à l'ère de l'intelligence artificielle et du big data.

Alors qu'auparavant les outils disponibles pour influencer l'opinion étaient principalement les médias traditionnels tels que les journaux et la télévision, les médias sociaux et les plateformes en ligne offrent aujourd'hui de nouveaux moyens puissants pour façonner la pensée et le comportement des masses. L'intelligence artificielle amplifie cette capacité d'une manière qui était auparavant impensable, en permettant la segmentation et la personnalisation des informations à grande échelle.

Les algorithmes de recommandation, par exemple, utilisent des données sur les comportements passés pour prédire et influencer les comportements futurs. Lorsqu'elle est appliquée de manière éthique, cette approche peut améliorer l'expérience utilisateur en suggérant des produits ou des contenus réellement pertinents pour l'individu. Cependant, lorsqu'elle est utilisée de manière contraire à l'éthique, elle peut également servir à renforcer les préjugés existants, à isoler des individus dans des bulles d'information et même à propager la désinformation.

Il ne faut pas sous-estimer le rôle des deepfakes , des images ou des vidéos manipulées grâce à des algorithmes avancés, qui peuvent créer des scénarios convaincants mais complètement faux. Les deepfakes peuvent être utilisés pour diffuser de faux récits, mettant ainsi en péril la confiance dans le système d'information et, en fin de compte, dans les institutions démocratiques . Les hommes politiques peuvent donner l'impression qu'ils ont dit ou fait des choses qui ne sont pas vraies, provoquant ainsi des scandales injustifiés ou influençant le résultat des élections.

Ces techniques de manipulation peuvent avoir des impacts profonds et durables sur la société.

Ils peuvent alimenter la polarisation et l'extrémisme, éroder le tissu social et rendre le dialogue civil de plus en plus difficile.

En outre, ils peuvent avoir de graves conséquences sur la santé mentale des personnes, créant de l'anxiété, du stress et un sentiment d'impuissance face à un monde de plus en plus complexe et trompeur.

L'une des questions brûlantes est de savoir comment réglementer l'utilisation de l'intelligence artificielle dans ces activités manipulatrices. Même si une censure lourde n'est généralement pas souhaitable dans une société libre et ouverte, il existe un consensus croissant sur la nécessité d'une certaine forme de surveillance pour prévenir les abus. La transparence et la responsabilité deviennent des concepts clés : il est important que les utilisateurs soient conscients du fait qu'ils interagissent avec des algorithmes et qu'ils aient la capacité de comprendre comment ces machines prennent les décisions qui les concernent.

L'arène des médias sociaux est particulièrement sensible à la question de la manipulation de l'opinion publique, en particulier avec les plateformes mondiales telles que Facebook , Twitter , Instagram et TikTok qui détiennent d'énormes quantités de données sur les utilisateurs. Les algorithmes de ces plateformes sont conçus pour maximiser l'interaction des utilisateurs, souvent au détriment de la véracité ou de la qualité des informations présentées.

Pensez, par exemple, à l'élection présidentielle américaine de

2016 et à l'ingérence étrangère médiée par Facebook . De fausses pages et comptes ont diffusé des informations trompeuses, contribuant ainsi à polariser davantage un électorat déjà divisé. Twitter a également été critiqué pour la facilité avec laquelle des informations fausses ou trompeuses peuvent devenir virales, amplifiées à la fois par de vrais utilisateurs et par des robots.

Instagram et TikTok , bien que principalement des plateformes de partage de photos et de vidéos, ne sont pas à l'abri de ces problèmes. La tendance à la perfection esthétique et la présentation d'un style de vie idéalisé peuvent créer des attentes irréalistes, affectant négativement l'estime de soi et le bien-être mental des utilisateurs, en particulier chez les plus jeunes.

Les plateformes elles-mêmes ont commencé à prendre des mesures pour lutter contre la désinformation et les abus, notamment en vérifiant les faits et en étiquetant les contenus problématiques. Cependant, ces mesures sont souvent perçues comme insuffisantes, voire contradictoires. Par exemple, qualifier des publications de « controversées » sur Facebook a dans certains cas eu l'effet inverse, augmentant l'intérêt et la circulation du contenu en question.

Ces défis soulèvent des questions urgentes quant à savoir qui devrait avoir le pouvoir de réglementer l'information dans un espace aussi démocratique et sans frontières qu'Internet. Il s'agit d'un sujet qui implique non seulement les développeurs de technologies et les entreprises qui les utilisent, mais aussi les législateurs, les organismes de contrôle et, en fin de compte, les utilisateurs eux-mêmes. La solution n'est pas simple et nécessite une approche multipolaire et à plusieurs niveaux qui tienne compte de la complexité et de l'interconnectivité mondiale des plateformes de médias sociaux.

De manière générale, si les médias sociaux et l'intelligence artificielle offrent des possibilités extraordinaires de connexion et d'accès à l'information, ils entraînent avec eux des responsabilités éthiques nouvelles et exponentielles. Les choix que nous faisons aujourd'hui sur la manière de gouverner et d'utiliser ces technologies puissantes façonneront la forme de notre discours public et le tissu même de notre société pour les années à venir.

Certains des exemples les plus connus de manipulation de l'opinion publique grâce à l'utilisation des plateformes sociales et de l'intelligence artificielle concernent les campagnes électorales et la désinformation sur des sujets sensibles tels que la santé et la sécurité.

Lors de l'élection présidentielle américaine de 2016, il a été largement documenté que des agents étrangers avaient utilisé Facebook pour diffuser de la désinformation. Ils ont créé de fausses pages et de faux groupes prétendant représenter les intérêts américains et les ont utilisés pour diffuser des informations fausses ou trompeuses. L'objectif était de semer la discorde et la polarisation parmi les électeurs. Cette affaire a attiré l'attention du monde entier sur le potentiel des plateformes sociales à influencer des événements réels, au point que même le Congrès américain a tenu des auditions pour se pencher sur le phénomène.

La pandémie de COVID-19 a créé un terrain fertile pour la propagation des théories du complot et de la désinformation, en partie grâce à la nature sans précédent de la crise et à la sensibilité des gens aux informations qui confirment leurs croyances ou leurs craintes préexistantes. Beaucoup de ces complots ont trouvé un terrain fertile sur les réseaux sociaux, où les algorithmes conçus pour maximiser l'interaction des utilisateurs peuvent indirectement promouvoir des contenus sensationnalistes ou qui divisent.

La théorie selon laquelle le virus aurait été créé en laboratoire et libéré intentionnellement s'est largement répandue malgré l'absence de bases scientifiques solides. Non seulement cette théorie détourne l'attention des discussions constructives sur la manière de gérer la pandémie, mais elle peut également alimenter les sentiments xénophobes et mettre en danger les communautés ethniques accusées.

Un autre exemple notable est la désinformation concernant les vaccins contre la COVID-19. Des théories non fondées ont remis en question à la fois l'efficacité et la sécurité des vaccins, citant souvent des données trompeuses ou anecdotiques.

Ce type de désinformation non seulement engendre la méfiance à l'égard de l'efficacité des vaccins, mais peut également conduire à une réduction de la couverture vaccinale, compromettant les efforts visant à atteindre l'immunité collective et prolongeant la durée de la pandémie.

De plus, les théories du complot concernant les mesures de distanciation sociale et le port de masques ont contribué à polariser l'opinion publique. Dans certains cas, cela a conduit à un tollé général contre les mesures de confinement, mettant en danger à la fois les individus et les communautés dans leur ensemble.

Les plateformes de médias sociaux ont été critiquées pour ne pas en faire assez pour lutter contre la désinformation. Même si certains ont commencé à marquer ou à supprimer les contenus trompeurs et à diriger les utilisateurs vers des sources fiables, ces mesures sont souvent considérées comme insuffisantes. La question est complexe et soulève des questions éthiques sur la manière d'équilibrer la liberté d'expression et la nécessité de protéger la santé publique.

En Inde, la diffusion de fausses informations via WhatsApp a entraîné de graves conséquences, notamment des violences collectives. Par exemple, des messages encourageant la haine et la désinformation contre des groupes ethniques ou religieux minoritaires ont circulé, entraînant parfois des incidents de violence communautaire.

Ces exemples mettent en évidence la gravité de la manipulation de l'opinion publique par le biais des médias sociaux et de la technologie.

Ils soulignent la nécessité urgente d'aborder ces questions au niveau éthique, afin de mieux comprendre comment la technologie peut être conçue et réglementée pour protéger l'intégrité du discours public et le bien-être de la société.

Bref, l'intelligence artificielle offre des outils puissants qui peuvent être utilisés à la fois pour le bien et pour le mal en manipulant l'opinion publique. La clé pour naviguer dans ce nouveau paysage réside dans un profond engagement éthique de la part de ceux qui développent et déploient ces technologies, associé à un cadre réglementaire solide qui peut fournir des garanties contre les abus les plus graves.

Les enjeux sont considérables : la cohésion de la société et le fonctionnement de la démocratie telle que nous la connaissons peuvent dépendre des décisions que nous prenons aujourd'hui sur la manière de gérer cette nouvelle forme d'influence puissante.

Responsabilité ou imputabilité

La question de la responsabilité en cas d'erreurs commises par les systèmes d'intelligence artificielle est l'un des domaines les plus complexes et les plus discutés dans le domaine de l'éthique de l'IA. Avec l'utilisation croissante de l'IA dans des secteurs critiques tels que la santé, les transports et la sécurité, la nécessité de clarifier qui est responsable en cas de problème devient de plus en plus urgente.

Un aspect qui complique les choses est la nature intrinsèquement complexe et souvent « boîte noire » de nombreux algorithmes d'IA. Par exemple, les réseaux neuronaux profonds sont connus pour être difficiles à interpréter, ce qui rend difficile la détermination exacte de la raison pour laquelle une erreur particulière s'est produite.

Cela pose des défis à la fois techniques et éthiques. Si nous ne pouvons pas comprendre pleinement comment une décision a été prise, comment pouvons-nous savoir avec certitude qui ou quoi en est responsable ?

Un autre élément qui ajoute à la complexité est l'implication de plusieurs acteurs dans le cycle de vie d'un système d'IA. De la conception et du développement du modèle à la collecte et à la conservation des données sur lesquelles le modèle a été formé, en passant par la mise en œuvre et l'utilisation du système dans un contexte réel, chaque étape offre des opportunités d'erreurs et, par conséquent, une responsabilité potentielle. Il peut s'agir de l'équipe de data scientists qui a développé l'algorithme, de l'organisation qui a collecté les données, de l'organisation qui a mis en œuvre le système ou de l'utilisateur final qui a interagi avec lui de manière inattendue.

Dans le domaine de la santé, par exemple, un algorithme de diagnostic incorrect pourrait conduire à un traitement inefficace, voire nocif. Dans ce cas, on pourrait pointer du doigt l'équipe de développement pour n'avoir pas correctement validé l'algorithme, ou le personnel médical pour ne pas avoir exercé un jugement clinique adéquat. Là encore, la responsabilité peut incomber à l'agence de soins de santé si l'erreur s'avère être due à des données de formation inadéquates ou biaisées .

La question est encore plus compliquée lorsqu'il s'agit de systèmes d'IA autonomes, comme les voitures autonomes. Si un véhicule autonome est impliqué dans un accident, il est difficile de déterminer si la responsabilité incombe au logiciel, au constructeur du véhicule, au propriétaire ou aux autres acteurs routiers impliqués. Ces scénarios soulèvent des dilemmes juridiques et moraux, comme le fameux « problème du tramway », qui étudie comment une machine devrait « choisir » éthiquement dans une situation où chaque option disponible entraîne un certain degré de préjudice.

La responsabilité pour les erreurs commises par l'IA est donc un domaine qui nécessite un examen attentif de la part des avocats, des éthiciens , des technologues et des régulateurs. Des solutions telles que l'audit indépendant des systèmes d'IA, la création de cadres réglementaires et la mise en œuvre de principes éthiques peuvent offrir des pistes pour résoudre ces problèmes complexes. Cependant, il est clair qu'il n'existe pas de solution simple ou universelle, et le débat sur les responsabilités des erreurs de l'IA restera probablement une question centrale dans l'éthique de l'IA dans les années à venir.

Ainsi, il devient essentiel de considérer également le contexte d'usage et les attentes sociales. Par exemple, dans des contextes à enjeux élevés tels que les soins de santé ou la sécurité nationale, la tolérance aux pannes peut être bien inférieure à celle des applications moins critiques, telles que les moteurs de recommandation. Cela soulève des questions importantes sur les normes de qualité et de fiabilité qui devraient être appliquées aux différents types de systèmes d'IA.

Un autre aspect clé est l'évolution des algorithmes et des données au fil du temps. Puisque l'IA est par nature une technologie « d'apprentissage », ce qui est considéré comme une « erreur » peut changer à mesure que le système s'adapte et s'améliore. Cela soulève des questions sur la notion de responsabilité temporelle : une erreur survenue dans le passé est-elle toujours imputable aux mêmes entités même si le système a été mis à jour ou modifié ?

Une autre complication vient de la mondialisation. Très souvent, les données utilisées pour entraîner les algorithmes sont collectées dans différentes parties du monde et les modèles sont mis en œuvre au-delà des frontières nationales.

Dans ce scénario, quelles lois et réglementations sont applicables?

Comment résoudre les différences éthiques et normatives entre les différentes cultures et systèmes juridiques?

Compte tenu de la complexité de la question, plusieurs initiatives voient le jour pour résoudre la question de la responsabilité dans l'IA. Par exemple, certains suggèrent l'utilisation de « fiches transparentes » détaillant le fonctionnement d'un algorithme, les données qu'il utilise et la manière dont les résultats ont été validés. D'autres proposent de mettre en œuvre des « systèmes d'explicabilité » capables de traduire les décisions de l'algorithme en termes compréhensibles par les humains, fournissant ainsi une base pour attribuer des responsabilités.

Dans le domaine juridique, on se demande si les algorithmes pourraient être considérés comme des « agents » juridiques, permettant ainsi une sorte de responsabilité directe dans les décisions prises. Bien que controversée, cette idée soulève la question importante de savoir comment les lois et les réglementations devraient évoluer pour suivre le rythme des innovations technologiques.

La responsabilité pour les erreurs commises par les systèmes d'IA est une question éthique et juridique très complexe qui remet en question nos notions traditionnelles de culpabilité, d'intentionnalité et de responsabilité. Cela nécessite une approche multidisciplinaire qui allie une expertise technique à de profondes réflexions éthiques et juridiques.

Ce n'est pas une question qui peut être résolue par une seule discipline ou avec des solutions simplistes. Alors que l'IA continue de pénétrer notre société, la question de la responsabilité sera au centre du débat public et scientifique, nécessitant des efforts concertés pour relever les défis qui surgiront inévitablement.

L'expression « ouverture de boîte noire » dans le contexte de l'intelligence artificielle fait référence à l'acte de rendre compréhensible le fonctionnement interne d'un modèle d'IA.

De nombreux algorithmes d'apprentissage automatique, notamment ceux utilisés dans l'apprentissage profond, sont notoirement difficiles à interpréter. En effet, malgré leur efficacité à faire des prédictions précises ou à effectuer des tâches spécifiques, la logique sous-jacente qui conduit à de telles décisions n'est pas immédiatement apparente, même pour les experts en la matière. Dans la pratique, nous savons qu'ils « fonctionnent », mais il n'est pas toujours clair « comment » ou « pourquoi » ils fonctionnent.

Cela devient un problème sérieux si l'on considère les implications éthiques. Par exemple, si un algorithme utilisé pour la notation de crédit refuse un prêt à un particulier, il est crucial de comprendre sur quelle base cette décision a été prise. S'agissait-il d'une discrimination involontaire fondée sur des facteurs tels que l'origine ethnique, le sexe ou l'âge ? Ou la décision a-t-elle été prise sur la base de critères légitimes et objectifs ? Sans un moyen « d'ouvrir la boîte noire », il est difficile, voire impossible, de juger de l'équité ou de l'éthique des décisions prises par un algorithme.

sous-discipline de la recherche en IA s'est développée et se concentre sur l'interprétabilité et l'explicabilité des modèles. Ces travaux visent à développer de nouveaux algorithmes non seulement efficaces dans leur tâche, mais offrant également une forme de raisonnement compréhensible pouvant être examiné par les humains.

Certaines de ces tentatives passent par des techniques de « local interprétabilité », qui cherchent à expliquer les décisions individuelles prises par le modèle, tandis que d'autres visent une « interprétabilité globale », c'est-à-dire une compréhension de l'algorithme dans son ensemble.

Dans le domaine juridique et réglementaire, l'Union européenne, avec son Règlement général sur la protection des données (RGPD), a pris des mesures pour répondre au besoin d'explicabilité, établissant que les individus ont le droit de recevoir des explications sur les décisions automatisées qui ont un impact significatif sur leur vie. Cependant, la mise en œuvre pratique de ce principe reste un défi ouvert.

L'ouverture de la boîte noire n'est donc pas seulement une question technique mais profondément éthique. Avoir un accès total à la prise de décision en matière d'IA est essentiel pour garantir que la technologie est utilisée d'une manière qui respecte les principes fondamentaux de justice, d'équité et de dignité humaine. Et, plus généralement encore, renforcer la confiance du public dans ces technologies, qui ont un impact de plus en plus omniprésent sur nos vies.

L'avenir du domaine de l'intelligence artificielle promet des développements à la fois passionnants et problématiques sur le plan éthique. Alors que nous nous attendons à ce que la technologie continue d'évoluer, améliorant le diagnostic médical, la sécurité des voitures autonomes et l'efficacité des systèmes de distribution mondiaux, de nouveaux dilemmes éthiques sont également susceptibles d'émerger, que nous ne pouvons que deviner pour le moment.

L'un des domaines susceptibles de générer de tels problèmes est l'intégration croissante de l'IA à la biologie humaine. Les frontières entre les humains et les machines pourraient devenir de plus en plus floues avec l'adoption d'interfaces cerveau-ordinateur et d'autres dispositifs implantables.

Ces dispositifs pourraient améliorer les capacités humaines de manière auparavant inimaginable, mais ils soulèvent des questions quant à savoir qui aura accès à ces technologies et comment elles pourraient être utilisées ou mal utilisées.

De nouvelles formes d'inégalité et de discrimination fondées sur « l'amélioration » biotechnologique pourraient émerger, mettant en péril les concepts fondamentaux d'équité et de droits de l'homme.

Le potentiel de création d'une intelligence artificielle générale, une forme d'IA dotée de compétences cognitives générales comparables à celles des humains, présente également un champ de mines de questions éthiques. Une IA capable de se déterminer, voire de ressentir des émotions et des désirs, soulèverait des questions troublantes sur les droits et devoirs des humains et des machines. Et si ces machines étaient capables de renverser les contrôles humains, comment pourrions-nous garantir la sécurité et le bien-être à l'échelle mondiale ?

Dans le contexte géopolitique, l'utilisation de l'IA pour la surveillance de masse ou la guerre automatisée constitue un autre point central. Certains États pourraient utiliser l'IA pour renforcer des régimes autocratiques, portant ainsi atteinte aux droits et libertés de populations entières. En outre, l'utilisation de drones et d'autres technologies autonomes dans l'armée ouvre la porte à de nouveaux types de conflits, dans lesquels la distinction entre combattants et civils pourrait devenir encore plus floue.

La question de l'environnement est un autre aspect souvent négligé. Si l'IA a le potentiel de contribuer à lutter contre le changement climatique grâce à l'optimisation des ressources et à la surveillance environnementale, la consommation énergétique de l'infrastructure nécessaire au support des modèles d'IA avancés pourrait avoir des impacts environnementaux importants. Quel sera le bilan écologique net de l'usage de l'IA ?

Le potentiel de manipulation à l'échelle mondiale via les plateformes de médias sociaux continuera de croître. Alors que l'IA devient de plus en plus efficace pour comprendre et influencer le comportement humain, la propagation des fausses nouvelles, des théories du complot et des discours de haine pourrait s'accentuer.

Étant donné que l'IA pourrait potentiellement résoudre certains des plus grands problèmes de l'humanité, il est crucial que la plus grande attention soit accordée aux implications éthiques de cette puissante technologie. La surveillance et la réglementation éthiques devront être constamment mises à jour pour suivre le rythme des progrès rapides dans le domaine, garantissant que les bénéfices sont répartis équitablement et que les risques sont atténués efficacement.

Préparer la société aux défis futurs posés par l'intelligence artificielle est une tâche très complexe qui nécessite une approche multipolaire. À mesure que la technologie progresse à un rythme rapide, les institutions publiques et privées, ainsi que les individus, doivent être proactifs en établissant une voie éthique pour son développement et son application. L'une des principales stratégies est la création de comités d'éthique multidisciplinaires. Ces groupes devraient inclure, entre autres, des experts en IA, des éthiciens , des juristes, des sociologues et des représentants de la communauté. Leur tâche serait d'évaluer les applications émergentes de l'IA, en proposant des lignes directrices, des normes et des réglementations susceptibles d'orienter le développement technologique dans une direction éthiquement durable. Cette approche a déjà été adoptée par certaines organisations et a le potentiel de fournir une base solide pour des décisions éclairées.

En parallèle, un investissement important dans l'éducation et la sensibilisation du public est nécessaire. Bon nombre des défis éthiques posés par l'IA sont complexes et contradictoires, et un public informé est essentiel pour faire face aux dilemmes moraux inhérents. Les programmes éducatifs sur l'éthique technologique, la formation des développeurs et les campagnes d'information peuvent aider à préparer la société aux décisions complexes qui devront inévitablement être prises.

Sur le front de la R&D, il est essentiel d'encourager le développement d'une IA responsable. Cela signifie encourager dès le départ des pratiques telles que la conception éthique, l'audit indépendant des systèmes d'IA et la transparence dans la manière dont les données sont collectées et utilisées. Un pas dans cette direction pourrait être la création d'incitations fiscales ou de subventions pour les entreprises qui adoptent des pratiques éthiques dans l'utilisation de l'IA.

Dans le domaine juridique, le droit devra évoluer pour suivre le rythme des nouveaux défis posés par l'IA. Cela pourrait inclure de nouvelles lois sur la confidentialité des données, des réglementations sur l'utilisation de l'IA dans des domaines sensibles tels que la médecine ou la surveillance, et peut-être le plus controversé, le développement d'un cadre juridique abordant la question de la « personnalité » des intelligences artificielles avancées.

Il est également impératif qu'un dialogue ouvert et continu soit établi à l'échelle mondiale. Les défis posés par l'IA ne connaissent pas de frontières géographiques et nécessiteront une collaboration internationale pour être relevés efficacement. Les organisations internationales, les gouvernements et les entreprises multinationales ont un rôle important à jouer pour faciliter ces échanges et garantir que les normes éthiques sont partagées et appliquées à l'échelle mondiale.

À l'ère d'une évolution technologique rapide, l'intelligence artificielle s'est révélée être une force révolutionnaire susceptible d'améliorer de nombreux aspects de la vie humaine. Cependant, cette puissance s'accompagne de son propre ensemble de défis éthiques qui ne peuvent être négligés. Les questions éthiques couvrent un large éventail de domaines, depuis les soins de santé et la discrimination jusqu'à la manipulation de l'opinion publique et la responsabilité juridique. Dans le domaine médical, l'IA peut contribuer énormément au diagnostic et au traitement, mais elle soulève également des questions éthiques concernant la transparence, l'exactitude et la confidentialité des patients. De la même manière, la capacité de l'IA à analyser d'énormes ensembles de données peut également être utilisée à des fins de discrimination, intentionnellement ou non.

Le manque de transparence sur la manière dont ces décisions sont prises par des algorithmes opaques peut miner la confiance du public et entraver la responsabilité. Dans le contexte des médias sociaux, l'IA peut être exploitée pour diffuser de la désinformation, influençant ainsi l'opinion publique sur des questions d'importance cruciale telles que les élections ou la santé publique. En ce qui concerne la responsabilité, le domaine évolue encore sur la manière d'attribuer un blâme ou une intention lorsqu'un système d'IA prend une décision incorrecte ou préjudiciable.

L'importance de s'attaquer à ces questions éthiques est donc d'une importance vitale. Les ignorer ou les reporter pourrait non seulement avoir des conséquences néfastes, mais aussi miner la confiance du public dans l'IA, entravant ainsi son développement et son adoption.

À l'inverse, s'attaquer de manière proactive à ces problèmes peut améliorer l'efficacité de la technologie, accélérer son développement responsable et maximiser son impact positif sur la société.

Il est impératif d'un point de vue moral, juridique et social de considérer l'éthique comme un élément essentiel de l'évolution de l'IA, afin de forger un avenir dans lequel la technologie constitue une force bénéfique plutôt qu'un amplificateur d'injustice et de risque.

En conclusion, le besoin urgent de développer un cadre éthique solide pour l'IA n'est plus une option, mais un impératif. Les questions éthiques soulevées tout au long de ce chapitre ne sont ni abstraites ni spéculatives ; ils sont immédiatement pertinents et peuvent avoir des impacts profonds et à long terme sur le bien-être de la société. Et alors que l'IA continue de progresser à pas de géant, le moment est venu d'agir. Nous ne pouvons pas permettre que le progrès technologique dépasse notre capacité à gérer ses implications éthiques.

La création d'un cadre éthique pour l'IA nécessite une action collective, impliquant non seulement les chercheurs, les développeurs et les décideurs politiques, mais également le public.

Il est essentiel que ces acteurs travaillent ensemble pour définir des normes et des lignes directrices susceptibles de fournir une boussole morale.

pour un développement futur. Il ne s'agit pas seulement de créer des lois et des réglementations, il s'agit de construire une culture d'éthique dans l'IA qui est intrinsèque au processus de conception, de développement et de distribution de la technologie.

C'est donc un appel à l'action. Pour les développeurs, c'est un appel à la responsabilité de construire des systèmes non seulement intelligents mais aussi éthiques.

Pour les décideurs politiques, il s'agit d'un appel à élaborer des lois et des réglementations justes, transparentes et responsables. Pour les chercheurs, c'est une invitation à continuer d'explorer les frontières de l'éthique en IA, apportant ainsi une aide et une orientation pour les questions les plus difficiles. Et pour le public, c'est un appel à s'impliquer activement dans ce dialogue, pour garantir que la technologie que nous construisons est celle avec laquelle nous voulons vivre.

L'IA a le potentiel d'être l'une des forces les plus transformatrices de notre époque, mais seulement si nous abordons sérieusement et de toute urgence les questions éthiques qu'elle soulève. Profitons de ce moment non seulement comme une opportunité d'innover, mais aussi comme un mandat pour agir avec intégrité et responsabilité. L'avenir de l'IA, et peut-être de notre société, en dépend.

Pour résoudre ces problèmes éthiques, une approche à plusieurs volets est nécessaire, comprenant des normes éthiques rigoureuses, des réglementations gouvernementales et l'engagement des parties prenantes. Les développeurs d'algorithmes d'IA devraient travailler en étroite collaboration avec les médecins, les patients, les éthiciens et les décideurs politiques pour garantir que les technologies sont mises en œuvre de manière éthique et responsable. Les examens d'experts tiers indépendants pourraient également être utiles pour évaluer l'équité, l'exactitude et la sécurité des algorithmes médicaux basés sur l'IA.

CHAPITRE 6 : APPLICATIONS DE L'IA DANS L'INDUSTRIE

L'intelligence artificielle est désormais devenue une force imparable qui façonne l'avenir de l'industrie d'une manière que peu de gens auraient pu imaginer il y a à peine dix ans. Il ne s'agit pas seulement d'automatiser les processus ou de rendre les opérations plus efficaces ; L'IA réécrit les règles de fonctionnement des entreprises, crée de nouveaux modèles économiques et modifie des écosystèmes industriels entiers. Alors que les premières vagues d'innovation technologique ont conduit à la standardisation et à l'automatisation des tâches manuelles, l'IA promet d'automatiser la décision elle-même, libérant ainsi la créativité et l'innovation humaines pour se concentrer sur des problèmes plus complexes et plus significatifs.

Cette transformation est aussi passionnante que complexe, car les implications d'une utilisation aussi généralisée de l'intelligence artificielle vont bien au-delà de la simple efficacité opérationnelle. Nous parlons d'un changement susceptible d'affecter des secteurs clés de l'industrie, de l'industrie manufacturière et de la logistique à l'énergie, de la finance à la santé. Chaque secteur découvre des façons uniques et innovantes d'utiliser l'IA pour résoudre des problèmes anciens et nouveaux. Par exemple, l'IA peut améliorer l'efficacité énergétique des usines, personnaliser les services financiers pour les particuliers et les entreprises, ou même diagnostiquer des maladies à un stade précoce, lorsqu'elles sont plus faciles à traiter.

Cependant, il est important de reconnaître que ce nouveau paysage industriel axé sur l'IA est imprégné de défis et de questions éthiques qui nécessitent une attention rigoureuse.

L'automatisation à grande échelle pourrait entraîner des pertes d'emplois et créer des inégalités économiques. Dans le même temps, l'utilisation d'algorithmes dans la prise de décision peut introduire de nouveaux types de biais ou d'inexactitudes susceptibles d'avoir de graves conséquences.

Enfin et surtout, l'interconnectivité croissante et l'utilisation à grande échelle des données soulèvent des questions en matière de confidentialité et de sécurité.

qui revêtent une importance fondamentale.

Dans ce contexte, ce chapitre vise à explorer les multiples facettes des applications industrielles de l'IA, non seulement en mettant en évidence les innovations et les efficacités qu'elle apporte, mais aussi en explorant les questions éthiques complexes qui émergent de ce nouveau paradigme. L'objectif est de fournir une image complète qui aide à naviguer dans le paysage de l'IA industrielle en évolution rapide, en fournissant un aperçu à la fois des opportunités et des défis inhérents. Grâce à ce voyage, nous espérons parvenir à une compréhension plus approfondie non seulement de ce que la technologie peut faire pour nous, mais également de ce que nous devrions faire avec la technologie pour garantir un avenir durable et inclusif.

Il est impératif d'examiner comment l'IA transforme des secteurs spécifiques, donnant naissance à de nouveaux paradigmes impensables jusqu'à récemment.

Applications dans la fabrication

L'intelligence artificielle joue un rôle central dans la réinvention du paysage manufacturier moderne, en fournissant des outils qui vont bien au-delà de l'automatisation mécanique de base pour entrer dans le domaine de la décision, de l'optimisation et de l'analyse.

Il s'agit d'une avancée majeure qui alimente ce que de nombreux experts appellent l'Industrie 4.0, une nouvelle ère dans laquelle la fabrication est non seulement automatisée, mais également interconnectée, adaptable et optimisée intelligemment.

Pour apprécier l'ampleur de ce changement, il est utile

de commencer au début de la chaîne de production. Traditionnellement, la conception de produits est un processus qui nécessite une quantité importante de temps humain, de ressources et de savoir-faire. Cependant, avec l'adoption d'algorithmes d'apprentissage automatique, les entreprises manufacturières peuvent désormais utiliser l'IA pour assister, voire guider, le processus de conception.

Par exemple, grâce à l'utilisation d'algorithmes d'optimisation et de simulation, les concepteurs peuvent obtenir des suggestions de la machine sur la manière d'améliorer la conception afin de réduire les coûts des matériaux ou d'augmenter la durabilité du produit.

Une fois le produit conçu, il passe à la phase de production, et ici l'IA fait de même. La maintenance préventive est un domaine dans lequel l'IA a montré un impact significatif. Plutôt que de suivre un programme de maintenance régulier ou de réagir aux pannes des machines lorsqu'elles se produisent, les algorithmes d'apprentissage automatique analysent les données des capteurs des machines pour prédire quand une panne est susceptible de se produire. Cela vous permet d'intervenir plus tôt, réduisant ainsi les temps d'arrêt et augmentant l'efficacité opérationnelle.

L'optimisation de la chaîne d'approvisionnement est une autre application clé. En utilisant l'IA pour analyser un large éventail de variables, depuis les conditions du marché jusqu'aux prévisions météorologiques, les entreprises peuvent optimiser leurs plans de production et de logistique afin de minimiser les coûts tout en maintenant ou en améliorant les niveaux de service.

De cette manière, l'IA peut contribuer à créer des chaînes d'approvisionnement plus résilientes, flexibles et adaptables.

Mais l'IA dans le secteur manufacturier va également au-delà de la simple optimisation et automatisation. Nous commençons à voir l'utilisation de l'IA dans la personnalisation de masse, un paradigme dans lequel les produits peuvent être adaptés aux besoins spécifiques des clients sans augmenter considérablement les coûts de production. Ceci est rendu possible par des techniques d'apprentissage automatique capables de coordonner et d'optimiser intelligemment les processus de fabrication pour gérer une variété de produits personnalisés.

Bien entendu, toutes ces innovations entraînent leur propre ensemble de défis éthiques et sociaux.

Par exemple, une automatisation avancée pourrait entraîner des pertes d'emplois dans certains secteurs de l'industrie manufacturière, soulevant ainsi des problèmes de justice sociale et d'inégalités.

économique. Il existe également un risque que l'IA soit utilisée de manière invasive pour la surveillance des travailleurs, soulevant des questions de confidentialité et de dignité sur le lieu de travail.

De plus, comme dans tous les contextes où l'IA est utilisée pour prendre des décisions importantes, il existe des risques d'erreurs, de biais, voire de sabotage. Cela soulève la nécessité de mécanismes solides de gouvernance, de transparence et de responsabilisation pour garantir que l'utilisation de l'IA dans le secteur manufacturier soit à la fois éthique et efficace.

Ainsi, alors que l'industrie manufacturière exploite l'IA pour inaugurer une nouvelle ère d'efficacité, de personnalisation et d'innovation, il est essentiel de s'attaquer de manière proactive à ces problèmes et à d'autres problèmes éthiques.

Ce n'est qu'en examinant attentivement les deux faces de la médaille – le potentiel technologique et les implications éthiques – que l'Industrie 4.0 pourra pleinement réaliser sa promesse de révolutionner l'industrie manufacturière d'une manière qui profite à tous les membres de la société.

L'automatisation et la robotique industrielle ont connu une transformation radicale grâce à l'avènement des technologies d'intelligence artificielle. Autrefois limités à des tâches simples et répétitives, les robots industriels peuvent désormais gérer des tâches plus complexes qui nécessitent une certaine forme « d'intelligence ». Par exemple, les systèmes de vision par ordinateur basés sur l'IA permettent aux robots de reconnaître des objets et des orientations spatiales, ce qui permet d'automatiser des tâches telles que la sélection de pièces sur un tapis roulant et leur placement dans un environnement tridimensionnel. Ce saut qualitatif en termes de fonctionnalité a conduit à une augmentation de l'efficacité opérationnelle dans diverses industries. Dans le secteur automobile, par exemple, les robots effectuent désormais non seulement des tâches telles que le soudage et l'assemblage, mais peuvent également effectuer des contrôles de qualité en utilisant la vision par ordinateur pour détecter des défauts qui pourraient être ignorés par l'œil humain. Cela réduit le besoin d'inspections manuelles, réduisant ainsi à la fois le temps et le coût de production.

Des secteurs tels que l'agriculture et la logistique bénéficient également d'une automatisation avancée. Les robots agricoles peuvent désormais identifier et éliminer les mauvaises herbes d'un champ, surveiller l'état du sol et même récolter des fruits sans les endommager, grâce à des systèmes de manutention sophistiqués.

Dans le domaine de la logistique, les robots d'entrepôt peuvent naviguer de manière autonome dans les étagères, sélectionner les articles et les préparer pour l'expédition – tout cela beaucoup plus rapidement et efficacement que les méthodes manuelles traditionnelles. Cependant, l'adoption croissante de l'automatisation et de la robotique basée sur l'IA soulève également des questions éthiques et sociales. Le plus immédiat est l'effet sur la main-d'œuvre. L'automatisation de tâches auparavant exécutées par des humains peut conduire au chômage ou au sous-emploi, en particulier pour les travailleurs peu qualifiés. En outre, le recours à des systèmes automatisés pourrait entraîner de nouveaux types de risques, tels que des dysfonctionnements logiciels ou des vulnérabilités au piratage.

Un autre aspect à considérer est l'impact environnemental. Même si l'automatisation peut conduire à des processus plus efficaces utilisant moins de ressources, la fabrication et la maintenance de robots et d'autres systèmes automatisés nécessitent des matériaux et de l'énergie. Il est donc essentiel d'évaluer l'impact à long terme de ces systèmes sur notre écosystème. L'automatisation industrielle et la robotique, alimentées par les technologies d'intelligence artificielle, révolutionnent la fabrication et la prestation de services dans un large éventail d'industries. Cependant, il est crucial de s'attaquer aux problèmes éthiques et sociaux complexes qui émergent de cette révolution afin de garantir que les bénéfices soient distribués de manière équitable et durable.

Dans l'industrie manufacturière, l'intelligence artificielle révolutionne également la manière dont les biens sont produits, les processus gérés et les ressources optimisées.

Tesla est un exemple notable démontrant comment l'IA peut jouer un rôle crucial non seulement dans le développement de produits innovants tels que les voitures électriques, mais également dans le perfectionnement des méthodes de production. Tesla a mis en œuvre des algorithmes avancés pour optimiser l'agencement de son usine de fabrication et améliorer la chaîne d'approvisionnement. Utilisez l'IA pour la maintenance préventive des machines, en exploitant les données en temps réel pour prédire les pannes ou les besoins de maintenance. Cela permet à l'entreprise de réduire les temps d'arrêt et d'augmenter l'efficacité globale, ce qui est essentiel dans un secteur aussi compétitif.

On pourrait également envisager l'utilisation de l'IA dans les chaînes d'assemblage robotiques, où la vision par ordinateur et l'apprentissage automatique sont utilisés pour améliorer la qualité des produits. Par exemple, des caméras haute résolution associées à des algorithmes d'apprentissage profond peuvent inspecter les produits au fur et à mesure de leur assemblage, identifiant les défauts avec une précision qui dépasse la précision humaine. Cela permet une production plus fiable et une qualité de produit améliorée, tout en réduisant les coûts associés aux retours et aux réparations.

L'optimisation des processus et la maintenance prédictive, quant à elles, sont deux applications cruciales de l'intelligence artificielle dans l'industrie qui visent à améliorer l'efficacité opérationnelle et à réduire les coûts.

Dans l'optimisation des processus, l'IA est utilisée pour analyser un grand nombre de variables susceptibles d'affecter le résultat d'un processus industriel. Grâce aux algorithmes d'apprentissage automatique, des modèles et des relations cachés peuvent être reconnus entre différentes variables, telles que la température, la pression, le débit et d'autres facteurs environnementaux.

Une fois ces modèles identifiés, l'algorithme peut suggérer des ajustements en temps réel pour améliorer la qualité du résultat ou la vitesse du processus.

Par exemple, dans une usine qui produit des composants en plastique, l'IA pourrait analyser des données telles que la température des matériaux, la vitesse de la machine et la qualité du produit fini pour ajuster automatiquement les paramètres de la machine et optimiser la production .

La maintenance prédictive, quant à elle, se concentre sur la prévision du moment où un équipement ou une machine aura besoin d'être entretenue ou remplacée, plutôt que d'attendre qu'une panne se produise. Traditionnellement, la maintenance industrielle suivait un modèle réactif ou préventif, dans lequel les machines étaient soit réparées après une panne, soit soumises à un entretien régulier à intervalles définis. Grâce à la maintenance prédictive, les capteurs et les algorithmes d'IA analysent en permanence le comportement et l'état des machines pour prédire les points de défaillance potentiels avant qu'ils ne surviennent. Cela permet aux entreprises d'effectuer des interventions ciblées, d'économiser du temps et des ressources et de minimiser les temps d'arrêt.

Ces deux approches utilisent des données collectées à partir de divers capteurs et d'autres sources, qui sont ensuite analysées à l'aide de techniques d'apprentissage automatique ou d'analyses de données avancées. Les informations obtenues peuvent être utilisées non seulement pour prendre des décisions immédiates, mais également pour entraîner d'autres modèles d'IA, rendant ainsi les systèmes encore plus intelligents et efficaces au fil du temps.

Chaque exemple cité soulève des questions éthiques qui méritent une attention particulière.

Avec une automatisation avancée, comme celle observée chez Tesla, des inquiétudes surgissent quant à l'avenir du travail et à la question de savoir si les machines remplaceront les travailleurs humains. Dans l'exemple de General Electric , l'aspect éthique concerne qui possède et contrôle les données générées par ces infrastructures critiques.

La responsabilité éthique n'est donc pas une réflexion secondaire, mais un élément central qui doit être soigneusement pris en compte à mesure que l'IA continue de s'imprégner. l'industrie manufacturière. Les implications éthiques doivent être abordées de manière proactive, par le biais de réglementations, de formations et d'un dialogue ouvert entre toutes les parties prenantes.

L'IA dans le secteur de l'énergie

L'utilisation de l'intelligence artificielle dans le secteur de l'énergie représente l'une des applications les plus prometteuses et transformatrices de la technologie. Alors que le secteur de l'énergie a toujours été à l'avant-garde de l'adoption de nouvelles technologies, l'IA commence à offrir des solutions uniques qui pourraient permettre de résoudre certains des problèmes les plus urgents au monde, tels que le changement climatique et la sécurité énergétique. La nécessité d'une utilisation plus efficace des ressources, ainsi que l'urgence de passer à des sources d'énergie plus durables, font de l'IA un outil clé pour l'innovation dans ce domaine.

L'une des façons les plus remarquables par lesquelles l'IA contribue au secteur de l'énergie est l'optimisation de la production et de la consommation d'énergie.

Par exemple, Google s'est associé à DeepMind pour utiliser l'apprentissage automatique afin de réduire la consommation d'énergie dans ses centres de données.

En analysant une grande quantité de données provenant de capteurs, le système est capable de prédire comment des variables telles que la température et la pression affecteront l'efficacité énergétique et, par conséquent, d'ajuster automatiquement les paramètres du système de refroidissement pour maximiser l'efficacité. Ce faisant, Google a déclaré avoir réduit de 40 % la consommation d'énergie pour le refroidissement des centres de données.

De la même manière, l'IA est utilisée pour optimiser l'efficacité des centrales électriques. Grâce à des algorithmes sophistiqués qui analysent les données en temps réel, il est possible de prédire quand une éolienne nécessite une maintenance ou d'ajuster l'angle.

des pales de l'éolienne pour capter le vent plus efficacement. Ces optimisations peuvent paraître mineures, mais mises en œuvre à grande échelle, elles conduisent à d'importantes économies d'énergie et à une réduction des émissions de carbone.

La gestion de la demande énergétique est un autre domaine dans lequel l'IA fait preuve de capacités remarquables. Les algorithmes d'apprentissage automatique peuvent analyser les modèles de consommation historiques et actuels pour prédire la demande de pointe. Ces prévisions permettent une meilleure allocation des ressources et peuvent également être utilisées pour informer les consommateurs sur les meilleurs moyens de réduire leur consommation d'énergie. Un exemple est l'utilisation de smart Grids , des réseaux électriques intelligents qui utilisent l'IA pour équilibrer de manière optimale l'offre et la demande. Cet équilibre dynamique peut réduire les coûts pour les producteurs et les consommateurs, tout en augmentant l'efficacité de l'ensemble du système.

Au-delà de ces applications immédiates, l'IA a également le potentiel de jouer un rôle central dans la transition vers des sources d'énergie renouvelables.

Face au besoin urgent de réduire les émissions de gaz à effet de serre, il est essentiel de trouver des moyens efficaces d'intégrer les sources d'énergie renouvelables dans les systèmes énergétiques existants. Et ici, les algorithmes d'apprentissage automatique peuvent fournir des solutions pour gérer l'intermittence des sources renouvelables telles que le solaire et l'éolien. Par exemple, un algorithme pourrait prédire la production d'énergie d'un panneau solaire en fonction de facteurs tels que les prévisions météorologiques et l'angle du soleil, permettant ainsi à un opérateur de réseau de décider de la meilleure façon de répartir l'énergie entre différentes sources.

Electric Corporation utilise l'IA pour améliorer l'efficacité de ses éoliennes.

Grâce à l'utilisation d'algorithmes d'IA, GE est capable d'analyser une énorme quantité de données provenant de capteurs installés sur les turbines pour optimiser les performances et augmenter la production d'énergie.

Cela améliore non seulement l'efficacité, mais réduit également les coûts d'exploitation et de maintenance, faisant de l'énergie éolienne une source d'énergie renouvelable plus compétitive .

En outre, certaines entreprises comme IBM utilisent l'IA pour prédire et optimiser la production et la distribution d'énergie. Par exemple, le système d'IA peut prédire la demande énergétique en fonction de divers facteurs, tels que la météo, les vacances et même les événements sportifs. Sur la base de ces prédictions, le système peut alors optimiser la distribution d'énergie pour répondre à la demande aussi efficacement que possible.

Un dernier exemple est l'utilisation de l'IA dans la gestion des réseaux énergétiques intelligents. L'IA peut analyser des données en temps réel provenant de diverses sources pour mieux équilibrer l'offre et la demande, détecter les anomalies et prévenir les pannes.

Des entreprises comme Siemens mettent déjà en œuvre des solutions basées sur l'IA pour rendre les réseaux électriques plus intelligents et plus résilients.

Ces exemples montrent à quel point l'IA n'est pas seulement une nouveauté technologique dans le secteur de l'énergie, mais un véritable moteur de changement, avec le potentiel de transformer radicalement la manière dont nous produisons, distribuons et consommons l'énergie.

Cependant, l'adoption de l'IA dans le secteur de l'énergie ne va pas sans défis. La question de la sécurité est primordiale, puisque les systèmes de contrôle des infrastructures énergétiques sont des cibles attractives pour les cyberattaques. Une autre question cruciale est l'éthique de la collecte et de l'utilisation des données, notamment lorsqu'il s'agit de données sensibles telles que la consommation énergétique des utilisateurs individuels.

Une attaque réussie pourrait non seulement compromettre des informations confidentielles, mais également perturber le fonctionnement des réseaux énergétiques, avec des conséquences potentiellement catastrophiques.

Il est donc impératif que les solutions d'IA dans le secteur de l'énergie soient conçues avec des mesures de sécurité robustes pour se protéger contre les vulnérabilités potentielles.

Se pose également la question de la transparence et de la responsabilité. Même si les algorithmes d'IA peuvent optimiser les opérations au-delà des capacités humaines, il est essentiel que les experts comprennent comment ces décisions sont prises, en particulier lorsqu'elles ont des implications directes sur l'accès et les coûts énergétiques pour des millions de personnes. Cela est particulièrement vrai dans les contextes où l'IA est utilisée pour gérer ou allouer des ressources de manière dynamique et en temps réel.

Sans un niveau adéquat de transparence, il pourrait être difficile pour les parties prenantes, y compris les régulateurs, d'évaluer si l'algorithme fonctionne équitablement ou s'il est, par exemple, discriminatoire à l'égard de certains groupes de consommateurs.

Un autre aspect à considérer est l'impact environnemental de l'IA elle-même. Par exemple, les centres de données qui alimentent ces technologies consomment de grandes quantités d'énergie. Même si l'objectif est de rendre ces centres de données aussi durables que possible, en utilisant des sources d'énergie renouvelables, il s'agit d'une considération qui ne peut être ignorée dans le contexte plus large de la durabilité énergétique.

Malgré ces défis, les opportunités offertes par l'IA dans le secteur de l'énergie sont immenses. Outre les avantages immédiats en matière d'efficacité et de durabilité, il existe également le potentiel à long terme de transformer complètement notre façon de concevoir la production et la consommation d'énergie. L'IA peut agir comme un catalyseur pour une transition plus rapide vers un système énergétique plus durable et plus résilient. À cet égard, nous constatons déjà une augmentation des investissements dans la recherche et le développement de solutions d'IA orientées vers l'énergie. Les universités, les instituts de recherche et les entreprises collaborent sur des projets allant de l'optimisation des réseaux électriques à l'utilisation de drones pour inspecter les infrastructures énergétiques telles que les lignes électriques et les tours éoliennes.

Nous verrons probablement un nombre croissant de startups se concentrer sur l'application de l'IA au secteur de l'énergie, en partie grâce au flux croissant de capitaux provenant d'investisseurs intéressés à soutenir l'innovation dans ce domaine vital.

L'IA a le potentiel de révolutionner le secteur de l'énergie d'une manière qui était difficilement imaginable il y a seulement quelques années. De l'optimisation des infrastructures existantes à la facilitation de la transition vers des sources d'énergie plus durables, les applications sont vastes et les implications profondes. Cependant, il est crucial de relever de manière proactive les défis de sécurité et d'éthique associés à l'utilisation de l'IA, afin de garantir que cette révolution technologique se traduise par des avantages réels et durables pour tous.

Finances et IA

L'intelligence artificielle révolutionne le monde de la finance d'une manière qui était inimaginable il y a seulement quelques décennies. De l'utilisation d'algorithmes d'apprentissage automatique pour le trading algorithmique à l'utilisation de l'analyse du Big Data pour évaluer le risque de crédit, l'IA est devenue un moteur clé de l'évolution du secteur financier. Son application s'étend à de nombreux aspects, tels que la gestion d'actifs , la surveillance réglementaire, le conseil financier ou encore la détection des fraudes. Le potentiel de transformation est énorme, mais comme pour toute grande révolution, il existe également de nouveaux dilemmes et défis éthiques qui méritent un examen attentif.

Trading algorithmique et analyse de marché

À l'ère moderne du trading financier, les algorithmes d'IA sont passés de la simple automatisation de tâches manuelles à la prise de décisions complexes dans un délai extrêmement court.

Cela est dû en partie à leur capacité à effectuer des opérations en quelques millisecondes, beaucoup plus rapidement qu'un humain. Cette vitesse devient critique dans des environnements tels que le trading à haute fréquence, où la vitesse d'exécution peut faire la différence entre un profit et une perte.

En plus de la vitesse, les algorithmes sont conçus pour exécuter une variété de stratégies de trading qui peuvent être aussi complexes qu'inclure des variables telles que l'étalement temporel, les volumes du marché, les prix et même les actualités en temps réel. Par exemple, il peut exister un algorithme programmé pour acheter une action spécifique dès que des nouvelles positives sont publiées par une source crédible, le tout sans aucune intervention humaine.

Un autre aspect clé du trading algorithmique est la possibilité de personnaliser et d'optimiser les algorithmes en fonction de styles de trading ou d'exigences de risque spécifiques. Un fonds de pension qui envisage le long terme aura des besoins complètement différents de ceux d'un hedge fund qui opère au quotidien. Dans chaque scénario, les algorithmes peuvent être affinés pour répondre à ces besoins, rendant possibles des stratégies qui seraient trop complexes ou trop longues à gérer pour les humains.

Avec l'avènement du Big Data, la capacité des algorithmes à accéder aux informations et à les utiliser a augmenté de façon exponentielle. Ils peuvent désormais analyser des données provenant de diverses sources, notamment les médias sociaux et les données météorologiques, pour éclairer et affiner leurs stratégies. L'analyse du sentiment sur les réseaux sociaux, par exemple, peut fournir des informations précieuses sur les tendances du marché qui n'ont pas encore été intégrées dans les valorisations boursières.

Malgré ces avantages, le trading algorithmique comporte également des défis. L'un des principaux problèmes est le manque de transparence.

Il est difficile pour un investisseur humain de comprendre exactement comment un algorithme prend des décisions, ce qui peut entraîner des problèmes de confiance et de responsabilité. Il existe également le risque que les algorithmes se comportent de manière inattendue dans des conditions de marché extrêmes, avec des implications potentiellement importantes pour la stabilité du système financier dans son ensemble.

Le rôle croissant du trading algorithmique et de l'analyse de marché mis en œuvre grâce à l'IA implique des considérations non seulement techniques mais également éthiques et réglementaires. L'un des défis les plus urgents est le risque d'abus de marché. Des algorithmes sophistiqués peuvent être conçus pour manipuler les cours boursiers grâce à des stratégies telles que l'usurpation d'identité et la peinture de boîtes de cotation, qui peuvent induire les autres acteurs du marché en erreur quant à leurs intentions d'achat ou de vente. Non seulement ces pratiques sont contraires à l'éthique, mais elles peuvent également être illégales dans de nombreuses juridictions.

Un autre domaine qui nécessite un examen attentif est la question de la responsabilité. Dans un marché dominé par le trading humain, il est relativement facile d'attribuer la responsabilité des décisions commerciales. Cependant, dans le contexte des algorithmes, cette attribution devient moins claire. Si un algorithme provoque une perte importante, voire un krach boursier, à qui la faute ? Est-ce le concepteur de l'algorithme, l'opérateur qui l'a exécuté ou la machine elle-même ? Ce sont des questions complexes qui nécessitent une réflexion approfondie et peut-être même de nouveaux cadres réglementaires.

Au milieu de ces considérations, on constate une reconnaissance croissante de l'importance de la transparence et de l'interprétabilité des algorithmes de trading.

Les régulateurs commencent à réclamer une plus grande transparence dans les opérations algorithmiques. L'objectif est double : premièrement, s'assurer que les entreprises comprennent parfaitement les algorithmes qu'elles utilisent ; deuxièmement, permettre une surveillance plus efficace du marché afin de prévenir les comportements abusifs.

Par ailleurs, l'utilisation intensive des algorithmes et de l'IA dans le trading algorithmique soulève également des questions liées à la cybersécurité. Étant donné que les algorithmes peuvent exécuter des transactions en quelques fractions de seconde, une cyberattaque qui parvient à manipuler, voire légèrement détourner un algorithme, peut avoir des conséquences catastrophiques. La sécurité de l'algorithme et des données qu'il utilise devient donc d'une importance primordiale.

N'oublions pas les progrès technologiques constants qui continuent de repousser les limites du possible. Avec l'introduction de techniques d'apprentissage profond et d'autres formes avancées d'IA, les algorithmes de trading deviendront de plus en plus sophistiqués. Cela offre de nouvelles opportunités, mais introduit également de nouveaux risques, notamment la possibilité d'erreurs inattendues ou de comportements algorithmiques émergents qu'aucun humain ne peut anticiper.

Le trading algorithmique et l'analyse de marché grâce à l'IA représentent un changement fondamental dans le paysage financier, offrant d'énormes avantages en termes d'efficacité et de rentabilité. Cependant, son omniprésence croissante introduit une série de questions complexes allant de la transparence à la responsabilité, de l'éthique à la réglementation. En tant que société, nous sommes encore en train de naviguer dans ces eaux inexplorées, en essayant d'équilibrer les avantages substantiels avec les risques potentiels et les défis éthiques qui émergent dans ce nouvel environnement.

Risque de crédit et gestion

L'évaluation des risques et la gestion du crédit sont des aspects clés du secteur financier qui subissent des transformations radicales grâce à l'introduction des technologies d'intelligence artificielle. La capacité de collecter, traiter et analyser des quantités massives de données a permis aux fournisseurs de services financiers pour révolutionner la façon dont ils évaluent la solvabilité des clients, gèrent les portefeuilles de crédit et préviennent la fraude.

Pour bien comprendre l'impact de l'IA dans ces domaines, il est utile d'examiner les techniques traditionnelles d'évaluation des risques et la manière dont l'IA les améliore. Les modèles traditionnels de notation de crédit s'appuient souvent sur un ensemble limité de variables, telles que le revenu, l'emploi et le comportement passé en matière de prêt, pour faire des prédictions assez larges sur la probabilité qu'un individu ou une entreprise soit en mesure de rembourser un prêt. Cependant, ces mesures peuvent être incomplètes et ignorent souvent les informations contextuelles ou comportementales qui pourraient fournir une évaluation plus précise de la solvabilité d'un client.

C'est là qu'intervient l'intelligence artificielle. Des algorithmes sophistiqués, souvent basés sur des techniques d'apprentissage automatique, peuvent analyser un éventail beaucoup plus large de données, y compris non seulement les informations financières traditionnelles, mais également les comportements d'achat, les interactions sur les réseaux sociaux et même les données géographiques. Cela permet une évaluation des risques beaucoup plus globale et personnalisée, ce qui peut conduire à des décisions de crédit plus éclairées et, en fin de compte, à des portefeuilles de crédit plus sains pour les institutions financières.

Mais comme pour toutes les technologies émergentes, l'utilisation de l'IA dans l'évaluation des risques et la gestion du crédit soulève un certain nombre de questions éthiques et réglementaires. La première et la plus évidente est la question de la confidentialité des données. L'accès à un si large éventail de données personnelles à des fins d'analyse des risques peut soulever des préoccupations légitimes quant à l'utilisation et à la conservation de ces informations. Les entreprises doivent donc non seulement protéger efficacement ces données, mais aussi faire preuve de transparence sur la manière dont elles sont utilisées.

Aux problèmes de confidentialité s'ajoute le problème de la discrimination algorithmique. Si les algorithmes d'évaluation des risques sont formés sur des ensembles de données qui incluent des biais implicites ou explicites, ces algorithmes peuvent
perpétuer, voire amplifier ces inégalités. Par exemple, si un algorithme est formé sur des données historiques montrant des taux de défaut plus élevés pour certaines ethnies ou zones géographiques, il pourrait pénaliser injustement les demandeurs de crédit de ces groupes ou zones.

Cela est particulièrement problématique car les algorithmes d'IA, une fois mis en œuvre, peuvent fonctionner à une échelle et à une vitesse susceptibles d'amplifier rapidement les impacts de ces biais . C'est pourquoi il est crucial que les entreprises et les régulateurs prêtent attention non seulement à l'exactitude des algorithmes, mais également à leur équité et impartialité.

Un autre aspect crucial est la transparence et la responsabilité . Alors que les modèles d'évaluation des risques deviennent de plus en plus complexes, grâce à l'intégration des techniques d'IA, il devient également plus difficile pour les humains de comprendre comment certaines décisions ont été prises.

En cas de litige ou d'erreur, ce manque de transparence peut devenir un problème important. Les institutions financières doivent donc adopter des outils et des pratiques qui améliorent non seulement l'efficacité de leurs algorithmes, mais aussi leur interprétabilité et leur transparence.

L'IA transforme l'évaluation des risques et la gestion du crédit de manière à offrir des opportunités significatives pour une plus grande efficacité et précision. Cependant, ces innovations s'accompagnent également de défis éthiques et réglementaires qui nécessitent un examen attentif. La clé pour naviguer dans ce nouveau paysage sera de trouver un équilibre entre l'adoption de nouvelles technologies et le maintien de normes éthiques et réglementaires élevées. La question reste ouverte de savoir dans quelle mesure la société et l'industrie sont prêtes à relever ces défis, mais une chose est sûre : l'IA est là pour rester, et son impact sur le domaine de l'évaluation des risques et de la gestion du crédit sera profond et durable.

Les implications à long terme de l'intégration de l'IA dans ces domaines ne sont pas seulement technologiques, mais aussi sociales et culturelles. À mesure que la confiance du public dans les algorithmes augmente, la responsabilité des institutions financières de garantir que ces technologies sont utilisées de manière éthique et équitable augmente également. L'un des défis les plus urgents est celui de la réglementation. Comment les régulateurs peuvent-ils suivre le rythme d'une évolution technologique rapide et souvent exponentielle ? Les réglementations existantes en matière de crédit et de confidentialité des données sont souvent insuffisantes pour répondre aux problèmes spécifiques soulevés par l'IA. Il existe donc un besoin croissant de nouveaux cadres réglementaires suffisamment flexibles pour s'adapter aux changements technologiques, mais suffisamment stricts pour protéger les intérêts des consommateurs.

Ces dernières années, le monde de la finance a été profondément transformé par l'adoption des technologies d'intelligence artificielle. Par exemple, l'utilisation de l'apprentissage automatique dans le trading algorithmique a modifié la façon dont les investisseurs analysent et réagissent aux données du marché. Les algorithmes peuvent désormais traiter des quantités massives de données en temps réel, offrant ainsi aux traders un avantage en termes de rapidité et de précision. De grandes entreprises telles que Goldman Sachs et JPMorgan Chase ont développé des plateformes de trading algorithmiques qui utilisent l'apprentissage automatique pour s'adapter aux conditions du marché en temps réel, améliorant ainsi la rentabilité de leurs transactions.

Ces algorithmes n'exécutent pas seulement les ordres d'achat et de vente plus rapidement que les humains ; ils peuvent également analyser un large éventail de variables qui vont bien au-delà des cours boursiers. Par exemple, ils peuvent prendre en compte des facteurs tels que le sentiment du marché exprimé sur les réseaux sociaux, l'actualité économique et même les conditions météorologiques, pour prédire les mouvements du marché.

Cela représente un changement de paradigme par rapport aux méthodes traditionnelles d'analyse financière, qui ont tendance à se concentrer sur un nombre relativement restreint de variables.

Un autre domaine où l'IA a eu un impact significatif est la gestion des risques et la conformité. Par exemple, la technologie blockchain est souvent intégrée à des algorithmes d'apprentissage automatique pour améliorer la transparence et réduire le risque de fraude. De grandes banques comme Bank of America et HSBC ont investi dans les technologies d'IA pour améliorer leurs systèmes de prévention de la fraude, en utilisant des algorithmes capables d'analyser les modèles de comportement des utilisateurs et d'identifier les activités suspectes avec une précision sans précédent.

La notation de crédit est un autre secteur qui connaît une évolution rapide grâce à l'IA. Les sociétés Fintech comme ZestFinance et Upstart utilisent l'apprentissage automatique pour analyser des milliers de variables qui vont bien au-delà de votre simple cote de crédit. Cela leur permet de proposer des prêts plus personnalisés et potentiellement plus équitables, réduisant ainsi le risque pour le prêteur et les coûts pour l'emprunteur. Certaines de ces plateformes utilisent également des données non traditionnelles, telles que l'activité sur les réseaux sociaux ou les achats en ligne, pour évaluer la solvabilité d'un individu, même si cela soulève d'importants problèmes de confidentialité et de discrimination.

L'adoption croissante de l'IA dans le secteur financier n'est pas sans défis. Il existe un débat houleux sur la manière de réguler ces nouvelles technologies, certaines voix appelant à une plus grande transparence dans les algorithmes utilisés pour les décisions financières. De plus, le recours croissant aux systèmes automatisés suscite des inquiétudes quant à la vulnérabilité à de nouveaux types de cyberattaques. Toutefois, il est indéniable que l'IA a le potentiel de rendre le secteur financier plus efficace, plus juste et plus résilient, à condition que ces défis puissent être relevés de manière adéquate.

L'utilisation de chatbots basés sur l'IA a amélioré l'efficacité du service client, permettant aux banques de traiter davantage de demandes avec moins de personnel. Ces chatbots peuvent répondre aux questions courantes, fournir des informations sur le solde et faciliter les transactions, libérant ainsi le personnel humain pour qu'il puisse s'attaquer à des problèmes plus complexes. Par exemple, Bank of America a lancé un assistant virtuel appelé Erica, qui utilise l'IA pour aider les clients dans diverses transactions bancaires. En outre, l'IA révolutionne également la manière dont les institutions financières traitent et analysent les données.

Les algorithmes d'apprentissage automatique peuvent analyser d'énormes quantités de données pour détecter des modèles et des tendances qui ne seraient pas immédiatement apparents à un analyste humain. Cela peut aider les banques à identifier de nouvelles opportunités de marché, à améliorer leur stratégie d'investissement et à prévenir d'éventuels risques.

Un exemple en est l'utilisation de l'IA dans la gestion du risque de crédit. Les algorithmes peuvent analyser une multitude de données, telles que les revenus, les antécédents professionnels et le comportement en matière de dépenses, pour prédire la probabilité qu'un individu ne rembourse pas son prêt. Cela permet aux banques de prendre des décisions plus éclairées quant à savoir qui devrait bénéficier d'un crédit et à quels taux d'intérêt.

Une autre application de l'IA dans le secteur financier est la prévention de la fraude. Les algorithmes d'apprentissage automatique peuvent analyser des quantités massives de transactions en temps réel pour identifier les modèles de comportement suspects pouvant indiquer une fraude. Cela permet aux banques d'identifier et de stopper les transactions frauduleuses avant qu'elles ne causent des dommages importants.

Cependant, malgré ses nombreux avantages, l'utilisation de l'IA dans le secteur financier soulève également d'importantes préoccupations.

Par exemple, on craint que l'automatisation n'entraîne des pertes d'emplois, en particulier pour les travailleurs les moins qualifiés.

En outre, on craint également que les algorithmes puissent incorporer des préjugés inconscients , conduisant à des décisions financières injustes ou discriminatoires. Pour cette raison, il est important que les algorithmes soient développés et testés avec soin pour garantir qu'ils sont équitables et transparents.

Enfin, se pose également la question de la sécurité. À mesure que l'utilisation de la technologie augmente, le risque de cyberattaques augmente également. Il est donc impératif que les institutions financières mettent en œuvre des mesures de sécurité robustes pour protéger les données sensibles de leurs clients.

L'IA a le potentiel de révolutionner le secteur financier, en le rendant plus efficace, plus juste et plus sûr. Cependant, il est important de relever les défis associés, tels que les pertes d'emplois, les préjugés et la sécurité, pour garantir que les avantages de l'IA soient pleinement exploités.

Le défi futur pourrait également concerner la question de l'équité mondiale. À mesure que l'IA progresse, le risque existe que seules les institutions financières les plus grandes et les plus riches soient en mesure de tirer pleinement parti de ses avantages, ce qui pourrait creuser l'écart entre les grands acteurs et les petits prestataires de services financiers. Et qu'en est-il des pays en développement ? Pourront-ils participer à cette révolution, ou seront-ils laissés pour compte, exacerbant encore davantage les inégalités mondiales ?

Outre la réglementation, il existe un besoin urgent d'éducation et d'alphabétisation, tant pour les professionnels de l'industrie que pour le grand public. Les initiés doivent comprendre les implications éthiques des décisions qu'ils automatisent.

Ils doivent être capables d'interroger un algorithme, de comprendre ses limites et d'intervenir si nécessaire.

Le public, à son tour, doit avoir une compréhension de base du fonctionnement de ces algorithmes et de ses droits dans un monde de plus en plus automatisé.

Quoi qu'il en soit, une chose est claire : si l'IA offre d'énormes opportunités pour améliorer l'évaluation des risques et la gestion du crédit, elle entraîne également un ensemble complexe de défis qui nécessitent une action concertée de la part des régulateurs, de l'industrie et de la société civile.

Pour tirer pleinement parti de cette technologie révolutionnaire, nous devons relever ces défis de manière proactive, en gardant un œil attentif sur les principes éthiques qui guident nos interactions avec la technologie et entre nous.

CHAPITRE 7 : L'IA DANS LE SECTEUR DE LA SANTÉ

L'intelligence artificielle révolutionne le secteur médical d'une manière auparavant impensable, en fournissant des outils qui responsabilisent les cliniciens et les chercheurs. La capacité d'analyser d'énormes ensembles de données sur de courtes périodes ouvre de nouvelles voies en matière de diagnostic précoce, de traitements personnalisés et même de prévention des maladies. Mais alors que nous entrons dans cette nouvelle ère, il est essentiel que nous examinions attentivement les implications éthiques, juridiques et sociales. L'objectif est de garantir que ces technologies sont mises en œuvre de manière à maximiser les avantages tout en minimisant les risques associés, tels que ceux liés à la confidentialité des données, à l'équité dans l'accès aux soins et à l'exactitude du diagnostic et du traitement.

Diagnostic assisté par l'IA

Le diagnostic est l'une des activités les plus complexes et cruciales de la médecine, constituant souvent la première étape dans la détermination d'un traitement adéquat. Traditionnellement, les diagnostics dépendent fortement de l'expertise du médecin, de son intuition clinique et de sa capacité à interpréter diverses données cliniques. Cependant, avec l'arrivée de l'intelligence artificielle dans les soins de santé, la dynamique évolue rapidement. Les diagnostics assistés par l'IA représentent un carrefour où la technologie et la médecine se rencontrent pour améliorer la précision et l'efficacité, tout en offrant de nouveaux défis et questions éthiques à la communauté médicale.

L'IA a été utilisée efficacement pour interpréter diverses données de diagnostic, notamment des images médicales telles que des radiographies, des IRM et des tomodensitogrammes, des données de séquençage d'ADN, des résultats de tests de laboratoire et des données de patients provenant de dossiers de santé électroniques.

De plus, des algorithmes spécifiques peuvent aider les médecins à détecter des symptômes ou des anomalies qui peuvent ne pas être immédiatement apparents, permettant ainsi des diagnostics plus rapides et plus précis.

Les algorithmes d'apprentissage profond, une sous-catégorie de l'apprentissage automatique, se sont révélés particulièrement prometteurs dans le domaine de l'imagerie médicale. Par exemple, des algorithmes d'apprentissage profond ont été formés pour reconnaître les signes de maladies telles que le cancer du sein et la dégénérescence maculaire liée à l'âge, souvent avec une précision comparable ou meilleure que celle des médecins spécialistes. Ces algorithmes peuvent être particulièrement utiles dans les contextes aux ressources limitées, où les médecins spécialistes ne sont pas toujours disponibles.

Cependant, les diagnostics assistés par l'IA ne sont pas sans défis ni préoccupations. L'une d'elles est la question de l'interprétation. Même si un algorithme peut être très précis dans la reconnaissance d'un motif sur une analyse, sa capacité à mettre ces informations en contexte peut ne pas être à la hauteur d'un clinicien qualifié. Par exemple, un algorithme peut être capable d'identifier une tumeur, mais il peut ne pas être en mesure de prendre en compte d'autres facteurs importants, tels que les antécédents médicaux du patient ou les symptômes associés, susceptibles d'influencer le diagnostic final et le plan de traitement.

Se pose également la question de la responsabilité. En cas d'erreur de diagnostic, il est crucial de déterminer si l'algorithme, le médecin qui a utilisé l'algorithme ou une combinaison des deux est à blâmer. Il s'agit d'une question complexe qui a des implications non seulement juridiques mais aussi éthiques, affectant la confiance dans le système de santé et l'intégrité de la profession médicale.

Il existe également des préoccupations concernant la confidentialité et la sécurité des données.

Les algorithmes de diagnostic nécessitent l'accès à de grands volumes de données médicales sensibles.

Si ces données tombaient entre de mauvaises mains, cela entraînerait des risques importants pour la vie privée des patients. Il est donc essentiel que des protocoles stricts de gestion et de protection des données soient en place .

Une autre question éthique qui émerge est celle de l'équité dans l'accès aux technologies de l'IA. Même si des systèmes de diagnostic avancés peuvent être disponibles dans des centres médicaux bien financés, cela peut ne pas être vrai pour les établissements situés dans des zones moins développées. Cela crée une sorte de « fossé diagnostique » qui pourrait aggraver les inégalités existantes en matière de santé.

Dans le contexte de l'évolution continue du diagnostic assisté par IA, l'un des domaines les plus intéressants est son application dans des maladies complexes et mal comprises, comme les maladies neurodégénératives ou les pathologies auto-immunes. Ces affections échappent souvent à un diagnostic précoce en raison de leur nature insidieuse et de leurs symptômes non spécifiques. Ici, l'IA a le potentiel non seulement d'accélérer le diagnostic, mais également d'identifier de nouveaux marqueurs ou corrélats qui peuvent être utiles dans la recherche de nouveaux traitements.

L'utilisation de l'IA pour effectuer des prédictions diagnostiques basées sur des données longitudinales est également à l'étude. Imaginez un système capable de suivre les données de santé d'un individu au fil des années et d'utiliser ces informations pour prédire la probabilité de développer une certaine maladie à l'avenir. Cela ouvrirait la porte à une toute nouvelle dimension de la médecine préventive.

Cependant, ces promesses entraînent également de nouveaux niveaux de complexité éthique. Par exemple, si un algorithme peut prédire qu'un individu a une forte probabilité de développer une maladie grave, comment cette information doit-elle être traitée ?

Et comment garantir qu'ils ne soient pas utilisés de manière discriminatoire par les assureurs ou les employeurs ? La perspective d'une « discrimination basée sur les données » est un problème réel qui doit être résolu par une réglementation stricte. La « démocratisation » des diagnostics, où les applications d'IA pourraient être mises à la disposition du grand public via des smartphones ou d'autres appareils, entraîne un risque d'autodiagnostic incorrect et d'abus potentiels. Même si la facilité d'accès aux diagnostics peut sembler un avantage, sans avis médical qualifié, il existe un risque que les gens interprètent mal les résultats, entraînant une anxiété accrue ou des traitements inappropriés.

Et nous ne devons pas oublier l'importance de la formation médicale. Avec l'avènement du diagnostic assisté par l'IA, la formation médicale doit s'adapter pour doter les futurs médecins des compétences nécessaires pour travailler en symbiose avec la technologie. Ils doivent être formés non seulement à l'utilisation de ces outils, mais également à l'interprétation de leurs résultats et, surtout, à la manière de maintenir une approche éthique dans leur utilisation.

Dans le paysage actuel, le diagnostic assisté par l'IA n'est plus un concept futuriste, mais une réalité tangible qui influence déjà la pratique médicale. Comme tout outil puissant, il comporte son propre ensemble d'avantages et de responsabilités. Pour maximiser les bénéfices et minimiser les risques, il est essentiel que la communauté médicale adopte une approche réfléchie et multidisciplinaire. Nous devons procéder avec prudence, mais aussi avec un certain optimisme, en reconnaissant le potentiel transformateur de l'IA pour améliorer le diagnostic médical et, à terme, la qualité de vie des patients du monde entier.

Thérapies personnalisées et médecine de précision

Le concept de thérapies personnalisées et de médecine de

précision a toujours captivé l'imagination des médecins, des chercheurs et du public. L'idée selon laquelle nous pourrions un jour disposer d'un traitement très spécifique pour chaque individu, prenant en compte non seulement les symptômes mais aussi son bagage génétique, son mode de vie et d'autres variables, est révolutionnaire. Avec l'essor de l'intelligence artificielle, cet avenir semble de plus en plus à notre portée.

L'un des défis majeurs de la médecine traditionnelle a été l'approche « taille unique » des traitements médicaux. Même avec l'utilisation la plus avancée des diagnostics, les médecins étaient limités par la quantité et la qualité des données qu'ils pouvaient collecter et analyser. L'intelligence artificielle a changé cette dynamique, permettant l'analyse d'énormes ensembles de données dans des délais incroyablement courts. Nous pouvons désormais, en théorie, avoir une image beaucoup plus précise de la pathologie d'un individu, jusqu'au niveau moléculaire, et ainsi cibler des traitements beaucoup plus spécifiques.

Les résultats de cette approche ont été impressionnants dans plusieurs domaines. Prenons par exemple la lutte contre le cancer. Les algorithmes d'IA aident déjà à concevoir des plans de traitement plus efficaces en analysant des milliers de variables allant des gènes aux marqueurs cellulaires et même aux données environnementales. Cela permet aux médecins de prédire la réponse d'un patient à un traitement particulier et de procéder à des ajustements « à la volée », réduisant ainsi les effets secondaires et augmentant l'efficacité du traitement.

Cependant, l'utilisation de l'IA dans ce contexte n'est pas sans défis éthiques et pratiques. Un obstacle majeur est de savoir comment garantir que ces thérapies personnalisées soient accessibles à tous, et pas seulement à ceux qui ont les moyens de payer pour des traitements avancés.

L'algorithme est peut-être neutre, mais si l'accès à ses bienfaits est limité par des facteurs économiques ou sociaux, alors la médecine de précision risque de devenir un luxe pour quelques-uns, plutôt qu'une amélioration générale des soins médicaux .

Une autre considération éthique concerne la gestion des données. Afin de fonctionner au mieux, les algorithmes de médecine de précision nécessitent une énorme quantité de données sensibles. La question de la vie privée et de la sécurité des données devient donc centrale. À qui appartiennent ces données ? Comment sont-ils protégés ? Et comment pouvons-nous garantir qu'ils ne soient pas utilisés à des fins contraires à l'éthique, comme par exemple une discrimination fondée sur une prédisposition génétique à certaines maladies ?

La question de la responsabilité est également cruciale. Si un traitement personnalisé basé sur l'IA échouait ou provoquait des effets indésirables graves, à qui la faute ? Est-ce le médecin qui a suivi les recommandations de l'algorithme, ou est-ce l'équipe de développeurs qui a créé l'algorithme elle-même?

Ou pourrait-il s'agir du système de santé qui a adopté cette technologie sans bien comprendre ses risques et ses limites ?

À mesure que la médecine de précision assistée par l'IA continue d'évoluer, les implications pour la formation médicale et la relation médecin-patient deviennent de plus en plus pertinentes. Avec l'avènement d'outils diagnostiques et thérapeutiques de plus en plus avancés, comment les médecins peuvent-ils se tenir informés ? Il sera impératif que les facultés de médecine et les programmes de formation continue s'adaptent pour préparer les professionnels de la santé à interagir efficacement avec ces nouvelles technologies.

Il pourrait également y avoir des changements dans la dynamique de la relation médecin-patient, dans la mesure où l'intelligence artificielle pourrait reprendre certaines des fonctions traditionnellement exercées par le médecin, comme diagnostiquer et, dans certains cas, prescrire des traitements.

Cela soulève également des questions quant à l'autonomie des patients.

L'utilisation de l'IA pourrait théoriquement améliorer la compréhension des patients sur leur état de santé en leur donnant accès à des informations plus précises et personnalisées. Cependant, il existe également le risque que la complexité des algorithmes et des données rende plus difficile pour le patient de comprendre pleinement les recommandations médicales, mettant potentiellement en danger le consentement éclairé.

Et si l'IA a le potentiel de rendre la médecine plus précise et personnalisée, elle présente également un côté sombre : la possibilité d'une surmédicalisation. Les algorithmes pourraient identifier des « anomalies » ou des « risques » qui ne nécessitent pas réellement d'intervention médicale, conduisant à un surtraitement, voire à une nocivité.

C'est une autre raison pour laquelle il est crucial de conserver les médecins humains comme partie intégrante de la prise de décision clinique : pour fournir ce niveau de jugement et d'empathie que, du moins pour l'instant, l'IA est incapable de reproduire. Enfin, nous devons considérer l'impact à long terme de l'adoption à grande échelle des thérapies personnalisées et de la médecine de précision. Si ces technologies pourraient révolutionner les soins de santé, elles pourraient également avoir des effets déstabilisateurs sur le système de santé existant. Par exemple, les coûts initiaux de développement et de mise en œuvre de telles technologies pourraient être très élevés, ce qui soulèverait la question de savoir qui devrait supporter ces coûts et comment les répartir au sein de l'entreprise.

l'introduction de l'IA dans le domaine des thérapies personnalisées et de la médecine de précision constitue l'une des frontières les plus prometteuses, mais aussi les plus complexes, des soins de santé modernes. Elle offre d'incroyables opportunités d'améliorer la qualité de vie et l'efficacité des traitements, mais elle s'accompagne également d'un certain nombre de défis éthiques, juridiques et sociaux que nous devons relever avec sérieux et prudence. Il est impératif que les médecins, les ingénieurs, les décideurs politiques et le public collaborent pour garantir que ces technologies soient développées et mises en œuvre de manière responsable, éthique et inclusive.

Intelligence artificielle dans l'analyse génomique

L'avènement de l'intelligence artificielle a catalysé une transformation considérable dans l'analyse génomique, car la capacité de décoder et d'interpréter d'énormes quantités de données présente un défi qui va au-delà des capacités informatiques et analytiques traditionnelles.

Outre l'extraordinaire rapidité d'analyse, l'IA introduit un niveau de précision et de personnalisation auparavant inaccessible. La génétique, autrefois reléguée au domaine de la recherche à long terme en laboratoire, constitue désormais un moteur diagnostique et thérapeutique de la médecine clinique. Les applications sont diverses et couvrent un large spectre allant du diagnostic précoce des maladies héréditaires et du cancer à la conception de thérapies géniques ciblées.

L'approche traditionnelle de l'analyse génétique était principalement manuelle et nécessitait beaucoup de temps pour exécuter, analyser et interpréter les données. Avec l'introduction d'algorithmes avancés d'apprentissage automatique, il est désormais possible d'identifier des modèles et des corrélations qui étaient auparavant obscures. Cela accélère non seulement le processus d'analyse, mais ouvre également la porte à de nouveaux types d'enquêtes. Par exemple, les réseaux de neurones convolutifs , initialement conçus pour la reconnaissance d'images, ont été adaptés pour analyser des séquences d'ADN, reconnaissant des modèles et des structures pouvant indiquer la présence ou l'absence de certaines maladies ou affections.

La sophistication des algorithmes d'IA a également permis d'aller au-delà de l'analyse de gènes uniques pour explorer l'ensemble du réseau d'interactions génétiques.

Ceci est crucial pour comprendre des maladies complexes telles que le cancer, les maladies cardiovasculaires et les maladies neurodégénératives, dans lesquelles plusieurs gènes et facteurs environnementaux peuvent jouer un rôle.

En analysant ces réseaux génétiques complexes, les algorithmes d'IA peuvent prédire avec une précision sans précédent comment les variations d'un seul gène peuvent affecter l'expression d'autres gènes et, par conséquent, le profil global de la maladie .

Un autre domaine qui bénéficie considérablement de l'intelligence artificielle est la médecine de précision. Les traitements peuvent être adaptés au profil génétique unique de chaque individu, optimisant ainsi les chances de succès et minimisant les effets secondaires. Dans le passé, l'approche était plus généralisée, basée sur des symptômes et des diagnostics qui ne prenaient souvent pas en compte les différences génétiques entre les individus. Désormais, l'IA peut analyser rapidement un génome et fournir des informations qui peuvent aider les médecins à choisir le traitement le plus efficace.

Mais même si l'IA offre d'énormes opportunités, il est essentiel de considérer ses implications éthiques, notamment en termes de confidentialité et de consentement éclairé. Le génome d'un individu constitue l'information la plus personnelle qui existe, et sa divulgation ou son utilisation abusive pourrait avoir de graves conséquences. Par conséquent, les questions liées à la conservation, à l'accès et au consentement des données génomiques doivent être traitées avec le plus grand soin. L'équilibre entre l'innovation en évolution rapide et les considérations éthiques sera un élément clé de l'avenir de l'IA dans l'analyse génomique.

Ce n'est qu'un avant-goût de la portée et de l'impact de l'IA dans cette industrie. La conjonction de l'IA et de la génétique ouvre de nouvelles perspectives qui pourraient changer fondamentalement la façon dont nous comprenons la santé et la maladie, offrant des opportunités qui étaient autrefois confinées au domaine de la science-fiction. Cependant, un grand pouvoir implique également de grandes responsabilités, et le chemin vers la pleine réalisation de ce potentiel sera semé d'embûches éthiques, juridiques et sociales qui devront être abordées avec soin et considération.

L'intelligence artificielle dans l'analyse génomique ouvre également la voie à l'identification précoce et à la prévention des maladies. Dans ce contexte, des modèles prédictifs peuvent être construits qui signalent les facteurs de risque génétiques pour des conditions spécifiques, telles que la susceptibilité au cancer du sein, aux maladies cardiovasculaires ou au diabète. De tels modèles peuvent également prédire la probabilité qu'un individu réponde positivement ou négativement à un certain type de traitement. Cela pourrait, en théorie, sauver des années de thérapie inefficace et, dans certains cas, même des vies. C'est le genre de proactivité qui était presque inimaginable il y a à peine dix ans.

En ce qui concerne la thérapie génique, l'IA offre des outils permettant de concevoir des stratégies d'édition génétique plus efficaces. Cela pourrait être particulièrement utile dans le traitement de maladies héréditaires telles que la mucoviscidose, les dystrophies musculaires et certaines formes de cécité. Les algorithmes peuvent simuler l'effet de modifications génétiques spécifiques, permettant aux chercheurs d'anticiper les résultats avant même que les thérapies ne soient testées en laboratoire ou dans le cadre d'essais cliniques. Cela représente un énorme pas en avant dans la réduction du temps et des coûts associés à la recherche et au développement de nouveaux traitements.

Face à ces incroyables possibilités, il est crucial de maintenir une approche éthique. Aux problèmes de confidentialité des données déjà mentionnés s'ajoute le risque de discrimination génétique.

Si les données génomiques deviennent publiques ou sont consultées par les employeurs ou les assureurs, elles pourraient être utilisées de manière discriminatoire.

Il y a aussi la question du « génie génétique », où la capacité de modifier les gènes soulève des questions éthiques concernant la conception de « bébés sur mesure », avec des implications éthiques et morales que la société dans son ensemble doit soigneusement prendre en compte.

La question de l'accès équitable est également d'une importance vitale. Avec la commercialisation croissante des technologies liées à l'IA et à l'analyse génomique, il existe un risque que seuls ceux qui peuvent se permettre de tels services aient accès aux avantages de la médecine personnalisée. Cela pourrait encore exacerber les inégalités existantes dans le système de santé, créant un fossé entre ceux qui peuvent se permettre des soins médicaux avancés et ceux qui ne le peuvent pas.

L'intersection de l'intelligence artificielle et de la génétique offre un champ fertile pour l'innovation en matière de diagnostic, de thérapie et de prévention. Mais comme toute nouvelle frontière, elle entraîne de nouveaux risques et de nouvelles responsabilités. Le défi sera de naviguer dans ce paysage complexe de manière éthique et responsable, en veillant à ce que les bénéfices soient répartis aussi équitablement que possible. Les implications de cette révolution technologique seront profondes et, en tant que société, nous devons être prêts à gérer les changements qui en résulteront, en garantissant que la science et l'éthique vont de pair.

Pharmacologie et développement de médicaments

La pharmacologie est la science qui étudie l'interaction entre les substances chimiques et les systèmes biologiques, avec un accent particulier sur l'effet de ces composés sur le fonctionnement du corps humain.

Bien qu'elle ait des racines anciennes dans la médecine traditionnelle et l'herboristerie, la pharmacologie en tant que discipline scientifique a réalisé des progrès significatifs depuis les XIXe et XXe siècles. Parallèlement à cette évolution, le développement de médicaments est devenu un processus de plus en plus complexe et réglementé, nécessitant des années de recherche et d'énormes investissements.

Avant qu'un médicament puisse être développé, il est impératif d'identifier une cible moléculaire dans l'organisme.

qui pourrait être une enzyme, un récepteur ou toute autre molécule impliquée dans une voie métabolique ou un processus pathologique. Cette cible doit être étudiée en détail, à l'aide de techniques telles que la cristallographie aux rayons X, la spectroscopie de masse et diverses autres méthodes biochimiques et biologiques pour comprendre sa structure et sa fonction.

Une fois la cible identifiée, l'étape suivante consiste à découvrir des molécules candidates capables d'interagir efficacement avec elle. Traditionnellement, ce processus était réalisé au moyen de méthodes de criblage qui évaluaient une molécule à la fois. Aujourd'hui, grâce à l'avancée des technologies, il est possible de réaliser du criblage à haut débit , c'est-à-dire l'évaluation simultanée de milliers de molécules, pour identifier celles ayant le plus grand potentiel thérapeutique. Les molécules sélectionnées sont ensuite optimisées grâce à une série de modifications chimiques pour améliorer leur efficacité, leur sélectivité et leur profil de sécurité.

Avant de procéder à des essais chez l'homme, les candidats médicaments doivent passer une série d'études précliniques. Il s'agit notamment d'études in vitro, utilisant souvent des cellules humaines cultivées en laboratoire, et d'études in vivo sur des modèles animaux. L'objectif est d'évaluer l'efficacité du médicament, son mécanisme d'action et d'identifier d'éventuels effets toxiques.

Si un médicament passe avec succès le stade préclinique, l'étape suivante consiste en des essais cliniques sur l'homme. Cette phase est strictement réglementée et nécessite l'approbation des comités d'éthique et des autorités sanitaires.

Phase I : La phase I vise principalement à évaluer la sécurité du médicament et implique un petit nombre de volontaires sains. La pharmacocinétique, c'est-à-dire la façon dont le médicament est absorbé, distribué, métabolisé et éliminé de l'organisme, est étudiée.

Phase II : Si la phase I prouve que le médicament est sûr, elle passe à la phase II, qui implique un plus grand nombre de participants et se concentre sur l'efficacité du médicament pour une maladie donnée.

Cette phase fournit également des données préliminaires sur le dosage optimal et les effets secondaires.

Phase III : Au cours de cette phase, le médicament est testé sur encore plus de patients, souvent dans différents centres de recherche, pour confirmer son efficacité, surveiller les effets secondaires et comparer le nouveau médicament aux traitements existants ou à un placebo.

Phase IV : Même après son approbation, le médicament continue d'être surveillé pour déceler des effets rares ou à long terme qui n'auraient peut-être pas été observés lors des phases précédentes.

Après avoir franchi toutes les étapes cliniques, le médicament peut être soumis pour approbation aux autorités sanitaires, telles que la Food and Drug Administration (FDA) aux États-Unis ou l'Agence européenne des médicaments (EMA) dans l'Union européenne. Ces agences évaluent minutieusement toutes les données collectées pour déterminer si le médicament est à la fois efficace et sûr. S'il réussit ce test, le médicament peut être commercialisé et mis à disposition sur ordonnance.

Même après approbation, la surveillance continue. C'est ce qu'on appelle la pharmacovigilance. Les médecins et les patients sont encouragés à signaler tout effet indésirable et, dans certains cas, des études post-commercialisation supplémentaires peuvent être nécessaires. Si de nouvelles données sur les effets indésirables apparaissent, le médicament pourrait être retiré du marché ou ses indications pourraient être modifiées.

Le développement de médicaments est un processus long, coûteux et incertain. Même avec les progrès technologiques, la plupart des médicaments candidats n'arrivent jamais sur le marché, souvent pour des raisons d'efficacité ou de sécurité. Cependant, les nouvelles technologies telles que le génie génétique, la biologie systématique et l'intelligence artificielle ouvrent de nouvelles frontières dans la découverte et le développement de médicaments.

L'une des applications les plus immédiates de l'IA est le « médicament » "repurposing ", c'est-à-dire la recherche de nouveaux usages pour des médicaments existants.

Par exemple, des algorithmes d'apprentissage automatique ont été utilisés pour identifier les médicaments existants qui pourraient être efficaces contre le COVID-19. Beaucoup de ces découvertes sont encore en phase de validation, mais l'approche présente l'avantage de pouvoir accélérer considérablement le processus de développement.

Dans certains cas, l'IA a été utilisée pour concevoir de nouvelles molécules ayant des applications thérapeutiques potentielles. Par exemple, la startup Atomwise utilise l'IA pour prédire quelles molécules pourraient être efficaces pour se lier à certaines cibles biologiques. La plateforme d' Atomwise a été utilisée dans divers projets de recherche visant à découvrir de nouveaux composés médicamenteux pour diverses maladies, des infections aux cancers.

Plusieurs plateformes d'IA, comme celle proposée par BenevolentAI , se concentrent sur l'optimisation des médicaments existants ou en cours de développement. Utilisant un large éventail de données, allant des études cliniques aux bases de données de molécules, ces plateformes peuvent prédire comment apporter des modifications chimiques à une molécule pour améliorer son efficacité, sa biodisponibilité ou réduire ses effets secondaires.

L'IA est également utilisée pour adapter les traitements médicamenteux aux besoins spécifiques des patients. Les algorithmes d'apprentissage automatique peuvent analyser les données génétiques, les biomarqueurs et d'autres informations pour prédire comment un individu pourrait réagir à un médicament donné, permettant ainsi une thérapie plus ciblée et potentiellement plus efficace.

L'IA a également facilité la création de nouveaux modèles de collaboration dans la recherche pharmaceutique. Des projets tels que OpenZika , qui utilise la puissance de calcul distribuée pour rechercher de nouveaux traitements contre le virus Zika , intègrent des algorithmes d'IA pour analyser les interactions potentielles entre molécules et cibles biologiques.

Il convient de noter que même si l'IA offre un énorme potentiel, le processus de développement de médicaments est complexe et nécessite une validation rigoureuse.

Ainsi, même si l'IA peut accélérer la découverte et le développement, les médicaments proposés doivent encore passer par les étapes cliniques traditionnelles pour prouver leur efficacité et leur sécurité.

L'utilisation de l'intelligence artificielle (IA) dans la découverte et le développement de médicaments présente un énorme potentiel d'avantages, mais comme pour de nombreuses technologies puissantes, son utilisation abusive comporte également des risques de sécurité et d'éthique.

L'un de ces risques est la possibilité que l'IA soit utilisée à des fins malveillantes, telles que la création de nouvelles drogues illicites, de poisons ou d'armes chimiques. Certaines de ces préoccupations sont explorées ci-dessous.

L'IA a la capacité de concevoir des molécules dotées de propriétés chimiques et biologiques spécifiques. Théoriquement, il pourrait être utilisé pour concevoir de nouvelles substances narcotiques ou psychotropes susceptibles de contourner la législation en vigueur. Par exemple, il peut être possible de modifier légèrement la structure chimique d'une drogue illicite existante pour créer une nouvelle substance qui n'est pas techniquement illégale mais qui a des effets similaires. Cela pose un énorme risque juridique et pour la sécurité publique, car ces nouvelles substances n'ont peut-être pas été soumises à des tests rigoureux pour déterminer leur sécurité ou leurs effets à long terme.

Dans le contexte militaire ou terroriste, l'IA pourrait également être utilisée pour développer des poisons ou des armes chimiques plus efficaces. Par exemple, il pourrait être possible d'utiliser l'IA pour identifier des composés particulièrement toxiques, stables et faciles à produire, permettant ainsi aux acteurs malveillants de créer plus facilement des armes chimiques.

Le risque n'est pas seulement lié à l'utilisation directe de l'IA à des fins néfastes, mais aussi à la sécurité des données et des plateformes d'IA elles-mêmes. Une cyberattaque compromettant une plateforme de découverte de médicaments pourrait théoriquement permettre l'accès à des informations qui pourraient être utilisées de manière malveillante.

En raison de ces risques, il est impératif de mettre en place des mesures de sécurité strictes et des réglementations éthiques concernant l'utilisation de l'IA dans la découverte de médicaments.

Cela pourrait inclure des restrictions d'accès à certaines plateformes d'IA, des audits de sécurité rigoureux et la nécessité de procéder à des examens éthiques pour les recherches utilisant l'IA visant à découvrir des molécules biologiquement actives.

De même, il est crucial que la communauté internationale collabore à la définition de normes et de lignes directrices éthiques pour une utilisation responsable de l'IA dans des contextes sensibles tels que la recherche pharmaceutique. Ceci est particulièrement important à une époque où la technologie permet aux individus ou aux petits groupes de mener de plus en plus facilement des activités qui n'étaient autrefois possibles que pour les grandes organisations ou les États-nations.

Même si l'IA possède un énorme potentiel pour faire le bien, il est essentiel d'être conscient des risques associés à son utilisation abusive. Comme pour toutes les technologies puissantes, la clé est une utilisation responsable et réfléchie, en tenant dûment compte des implications en matière de sécurité et d'éthique.

La pharmacologie et le développement de médicaments sont des domaines interdisciplinaires en évolution rapide qui intègrent des aspects de la biologie, de la chimie, de la physique et de la médecine. L'objectif ultime est toujours de trouver des thérapies sûres et efficaces pouvant améliorer la qualité de vie des patients.

Surveillance des patients avec l'intelligence
artificielle : un nouveau paradigme de soins

À une époque où la numérisation est devenue une composante

incontournable de notre vie quotidienne, le domaine de la médecine ne fait pas exception.

L'avènement de l'intelligence artificielle (IA) change radicalement la façon dont les médecins et les systèmes de santé interagissent avec les patients.

L'un des aspects les plus prometteurs de cette transformation est le suivi des patients, qui peut désormais être renforcé d'une manière qui était autrefois considérée comme de la science-fiction.

Traditionnellement, la surveillance des patients se faisait au moyen d'examens physiques périodiques, d'analyses sanguines et d'autres tests de diagnostic. Cependant, ces méthodes ne fournissent qu'un « instantané » de l'état de santé d'un patient à un moment donné, ce qui peut ne pas être suffisant pour détecter des changements graduels ou pour prédire des événements critiques tels qu'une crise cardiaque ou un épisode d'insuffisance rénale. L'IA a la capacité d'analyser des quantités massives de données en temps réel, ouvrant ainsi la possibilité d'une surveillance continue pouvant fournir une image plus complète et dynamique de la santé d'un individu.

L'une des premières applications de l'IA dans la surveillance des patients a été l'intégration de capteurs biométriques et d'appareils portables. Par exemple, les montres intelligentes et les bracelets de fitness peuvent surveiller divers paramètres tels que la fréquence cardiaque, le niveau d'oxygène dans le sang et l'activité physique. Ces données, une fois collectées, peuvent être analysées par des algorithmes d'IA pour détecter des anomalies ou des tendances inquiétantes. Mais cela va plus loin. Nous disposons désormais d'équipements médicaux spécialisés équipés de capteurs avancés capables de tout surveiller, de la pression intracrânienne au fonctionnement des organes, en temps réel. Ces appareils peuvent être connectés à des systèmes d'IA qui non seulement enregistrent les données, mais les interprètent également dans un contexte clinique.

Ce qui rend la surveillance basée sur l'IA véritablement révolutionnaire, c'est sa capacité à intégrer et à interpréter des données provenant de différentes sources. Par exemple, un algorithme pourrait analyser simultanément les données d'un ECG, les niveaux de divers biomarqueurs dans le sang et les images d'un scanner pour fournir un diagnostic ou une alerte précoce d'un éventuel événement critique, comme une crise cardiaque.

La collecte et l'intégration de données à long terme présentent également une valeur considérable. Imaginons un patient souffrant de diabète et d'insuffisance cardiaque. Un système d'IA pourrait surveiller en permanence à la fois la glycémie et diverses mesures cardiaques, en adaptant les doses d'insuline ou d'autres médicaments en réponse aux changements du rythme cardiaque ou des niveaux de stress.

La personnalisation est un autre aspect clé de la surveillance basée sur l'IA. Chacun a son propre état de santé « normal », qui peut différer considérablement de celui des autres. Les algorithmes d'IA peuvent « apprendre » ces normalités individuelles et ajuster la surveillance en conséquence. Par exemple, pour un athlète professionnel, une fréquence cardiaque au repos de 40 battements par minute peut être normale, tandis que pour une personne âgée et sédentaire, cela peut indiquer un problème médical grave. L'IA peut distinguer ces situations, réduisant ainsi le risque de fausses alarmes ou d'alarmes manquées.

une surveillance multiparamétrique . Par exemple, chez un patient cancéreux subissant une chimiothérapie, un système d'IA pourrait tout surveiller, de l'hémodynamique aux effets indésirables des médicaments, en ajustant le schéma thérapeutique en temps réel pour maximiser à la fois l'efficacité et la tolérabilité du traitement.

L'un des obstacles traditionnels au suivi des patients est la difficulté d'une communication efficace entre le médecin et le patient. Dans de nombreux cas, les patients ne parviennent pas à décrire avec précision leurs symptômes ou à signaler en temps opportun les changements dans leur état de santé.

Ici, l'IA peut agir comme un intermédiaire très efficace. Les systèmes de surveillance peuvent envoyer des alertes aux patients et aux prestataires de soins de santé lorsque des anomalies sont détectées, facilitant ainsi la création de rapports précis et en temps opportun.

En outre, l'IA peut également aider à « traduire » les paramètres médicaux en informations plus compréhensibles pour les patients, améliorant ainsi leur capacité à participer activement à leurs propres soins de santé.

Cependant, comme tout outil puissant, la surveillance des patients basée sur l'IA présente également des défis éthiques et pratiques. Une préoccupation concerne la confidentialité des données. Avec des quantités toujours croissantes de données sensibles collectées et analysées, la sécurité des données devient une priorité absolue. Les algorithmes doivent être conçus avec des fonctionnalités de cryptage et d'authentification solides pour empêcher tout accès non autorisé.

Une autre question éthique est de savoir comment interpréter et agir sur les données collectées. Par exemple, si un algorithme prédit un risque élevé de crise cardiaque imminente, quel est le protocole approprié pour une intervention médicale ? Et quelles sont les implications juridiques si l'algorithme est erroné ? Ce sont des problèmes qui dépassent la pure technologie et nécessitent un dialogue interdisciplinaire entre médecins, éthiciens , juristes et ingénieurs.

Dans le contexte plus large de la santé publique, la surveillance des patients grâce à l'IA a le potentiel de révolutionner non seulement les soins individuels mais également la gestion des ressources de santé. Par exemple, pendant une pandémie, un système d'IA pourrait surveiller la progression de la maladie au niveau de la population, aidant ainsi les décideurs politiques en matière de santé à distribuer des ressources telles que des respirateurs ou des médicaments antiviraux là où elles sont le plus nécessaires.

Il est toutefois crucial que l'accès à ces technologies avancées soit équitable et ne contribue pas aux inégalités de santé existantes. Les initiatives visant à mettre en œuvre une surveillance basée sur l'IA doivent donc être accompagnées de politiques garantissant l'accès à un large éventail de populations, y compris celles qui n'ont pas facilement accès aux technologies avancées. La surveillance des patients est l'un des domaines de la médecine qui bénéficie le plus de l'adoption de l'intelligence artificielle. De la possibilité d'obtenir des données en temps réel à la personnalisation de l'assistance ; De l'expansion de la communication entre médecins et patients à la gestion des ressources de santé publique, l'IA offre une vaste gamme d'avantages qui pourraient transformer toute notre compréhension de la manière dont les soins de santé sont dispensés. Cependant, comme pour toute innovation, il est crucial de relever de manière proactive les défis éthiques et pratiques qui se posent. Ce n'est que grâce à une approche équilibrée intégrant la technologie, l'éthique et les politiques publiques que nous pourrons espérer réaliser tout le potentiel de ce nouvel outil extraordinaire.

Télémédecine avec intelligence artificielle : une révolution en cours

La télémédecine, une pratique qui permet des conseils médicaux à distance via les technologies numériques, joue un rôle de plus en plus central dans le paysage sanitaire mondial. En parallèle, l'intelligence artificielle (IA) a fait irruption dans de nombreux secteurs, transformant des façons de faire restées inchangées depuis des décennies, voire des siècles. La rencontre de ces deux outils puissants entraîne une révolution dans la manière dont les soins de santé sont dispensés. Dans ce chapitre, nous explorerons les implications de cette synergie, en abordant des sujets tels que le diagnostic, le suivi des patients, l'éthique, etc.
L'une des applications les plus évidentes de l'IA en télémédecine se situe dans le domaine du diagnostic. Les algorithmes peuvent analyser des données médicales, telles que des radiographies, des électrocardiogrammes et des séquences génomiques, pour

fournir des diagnostics rapides et précis.

Dans certaines circonstances, la combinaison de la télésanté et de l'IA peut même surmonter les limites traditionnelles du milieu clinique.

Par exemple, un dermatologue peut avoir des difficultés à examiner une éruption cutanée avec une caméra vidéo ; cependant, un algorithme d'IA spécialisé pourrait analyser une image haute résolution de l'éruption cutanée elle-même, fournissant ainsi un diagnostic très précis sans avoir besoin d'un examen physique.

Cela rend non seulement le processus de diagnostic plus efficace, mais ouvre également la possibilité de fournir des services médicaux spécialisés dans des zones géographiques dépourvues d'une certaine expertise médicale.

Dans une communauté rurale sans accès à un spécialiste en neurologie, par exemple, un algorithme d'IA pourrait analyser les données d'un EEG et fournir un diagnostic préliminaire d'épilepsie, qui pourrait ensuite être confirmé par un neurologue lors d'une séance de télésanté.

Nous avons déjà évoqué le rôle de l'IA dans le suivi des patients. Cette fonctionnalité devient encore plus puissante lorsqu'elle est combinée à la télésanté. Imaginons un patient souffrant d'insuffisance cardiaque chronique. Au lieu de se rendre à l'hôpital pour des examens réguliers, il porte peut-être un appareil qui surveille en permanence divers paramètres physiologiques. Ces données seraient analysées en temps réel par un algorithme d'IA, qui pourrait envoyer une alerte au médecin traitant en cas d'anomalies. Le médecin, à son tour, pourrait effectuer une visite à distance pour évaluer le patient, évitant ainsi des transferts onéreux et stressants pour ce dernier.

De plus, l'IA a la capacité d'analyser de grands volumes de données historiques, permettant ainsi une forme de soins de santé personnalisés qui était inimaginable il y a quelques années à peine. Par exemple, un algorithme pourrait analyser des années de données sur la glycémie d'un patient diabétique et découvrir des tendances liées au régime alimentaire, à l'exercice et à d'autres facteurs.

Ces informations pourraient ensuite être utilisées pour optimiser les doses d'insuline ou pour suggérer des modifications au calendrier.

style de vie, le tout géré grâce à des séances périodiques de télésanté avec un endocrinologue.

Un point de friction en matière de télésanté et d'IA est l'importance de l'aspect humain dans les soins de santé.

Malgré l'énorme potentiel des technologies émergentes, la médecine reste une science qui s'intéresse aux personnes, avec toutes leurs complexités émotionnelles et psychologiques.

Les algorithmes peuvent diagnostiquer des maladies ou surveiller les symptômes, mais ils ne peuvent pas remplacer la relation médecin-patient. Par exemple, un algorithme pourrait suggérer qu'un patient présentant des symptômes de dépression commence un traitement médicamenteux. Cependant, seul un médecin peut évaluer le contexte plus large de la vie d'un patient, y compris les causes sous-jacentes potentielles de la dépression et les préférences du patient concernant les différentes options de traitement. Ainsi, même si l'IA et la télésanté peuvent fournir de puissants outils de diagnostic et de surveillance, elles doivent être intégrées dans un système qui valorise et respecte le caractère unique de chaque individu.

Comme toutes les innovations technologiques, l'utilisation combinée de la télémédecine et de l'IA comporte également des risques et des préoccupations éthiques. L'un des plus grands obstacles est la sécurité et la confidentialité des données. Chaque interaction télémédicale génère une grande quantité de données médicales sensibles, qui sont ensuite analysées par des algorithmes. La sécurité de ces données est de la plus haute importance, et toute violation pourrait avoir de graves conséquences non seulement pour le patient individuel mais aussi pour la confiance du public dans l'ensemble du système de santé.

Se pose par ailleurs la question de la responsabilité en cas d'erreurs de diagnostic ou de traitement. Dans un système traditionnel, la responsabilité médicale est relativement claire. Mais dans un environnement où un algorithme pourrait jouer un rôle important dans la prise de décision, attribuer des responsabilités devient délicat. Ces questions nécessitent un examen minutieux et l'établissement de réglementations et de lignes directrices pour garantir la protection des patients.

Un autre aspect éthique à considérer est l'inégalité potentielle dans l'accès aux soins.

Si la télésanté a le pouvoir d'apporter des services médicaux spécialisés dans les zones reculées, le risque existe également que ces technologies ne soient accessibles qu'à ceux qui en ont les moyens, créant ainsi une inégalité en matière de soins de santé. Il est donc impératif que des politiques soient en place pour garantir un accès équitable à ces services.

La conjonction de la télésanté et de l'IA a également un impact profond sur la manière dont les médecins exercent leur profession. Par exemple, l'utilisation d'algorithmes pour diagnostiquer et surveiller les patients pourrait réduire la charge de travail des médecins, leur permettant ainsi de se concentrer sur des cas plus complexes et sur des aspects de traitement nécessitant une intervention humaine. Dans le même temps, la nécessité d'interpréter et d'agir sur les données générées par l'IA nécessite un nouvel ensemble de compétences. Les médecins du futur devront être formés non seulement en médecine, mais aussi en informatique médicale, en éthique technologique et dans d'autres disciplines connexes.

L'intersection de la télésanté et de l'intelligence artificielle représente l'un des changements les plus importants dans le domaine des soins de santé ces dernières années. Cette synergie offre d'énormes avantages en termes d'efficacité, d'accessibilité et de personnalisation du traitement. Cependant, comme pour toutes les technologies émergentes, elle présente également un certain nombre de défis éthiques et pratiques qui doivent être soigneusement abordés.

La clé pour tirer le meilleur parti du potentiel de ce mariage technologique est une approche équilibrée qui prend en compte à la fois les possibilités offertes par la technologie et les complexités inhérentes aux soins de santé.

Ce n'est que grâce à un dialogue ouvert et interdisciplinaire entre médecins, technologues, éthiciens et décideurs publics que nous pouvons espérer naviguer avec succès dans ces eaux complexes et exploiter les opportunités présentées par la télésanté et l'IA pour améliorer les soins de santé pour tous.

La révolution est en marche et ses implications sont aussi vastes que passionnantes. Le chemin est peut-être sinueux, mais les récompenses, en termes de vies améliorées et sauvées, sont trop importantes pour être ignorées.

Gestion des dossiers médicaux avec intelligence artificielle : une nouvelle frontière dans le domaine des soins de santé numériques

Les dossiers médicaux ont toujours joué un rôle essentiel dans les soins de santé, servant de référentiel des informations médicales d'un patient, des diagnostics antérieurs, des traitements et des réponses aux médicaments. Traditionnellement, ces informations étaient stockées sous format papier, ce qui nécessitait un espace de stockage physique considérable et rendait le partage et l'analyse des données difficiles. Avec la numérisation de la médecine, les dossiers de santé électroniques (DSE, Electronic Health Records) ont radicalement changé la gestion de l'information médicale. Aujourd'hui, avec l'avènement de l'intelligence artificielle (IA), nous entrons dans une nouvelle ère en matière de gestion des dossiers médicaux. Dans ce chapitre, nous explorerons le rôle émergent de l'IA dans la gestion des dossiers médicaux, en mettant l'accent sur des aspects tels que l'efficacité, la personnalisation du traitement et la sécurité des données.

La simple numérisation des dossiers médicaux n'a pas résolu tous les problèmes liés à leur gestion. En effet, cela a souvent créé de nouveaux défis, tels que l'intégration et l'interopérabilité des systèmes.

C'est là qu'intervient l'intelligence artificielle. Grâce à l'IA, il est possible de traiter efficacement de grands volumes de données et d'en tirer des informations utiles. Par exemple, les algorithmes peuvent analyser les dossiers médicaux pour identifier des modèles et des tendances, comme la réponse de certains groupes de patients à des traitements spécifiques. Cette analyse peut ensuite informer les médecins sur les meilleures pratiques et protocoles à suivre.

De plus, l'IA peut faciliter le processus de codage et de catégorisation des informations, une activité qui peut prendre beaucoup de temps pour les professionnels de santé. Les systèmes d'IA avancés peuvent automatiquement étiqueter et organiser des données telles que des résultats de laboratoire, des notes cliniques et des enregistrements d'imagerie , rendant les informations facilement accessibles aux professionnels de la santé et pour une analyse plus approfondie.

L'une des promesses les plus intéressantes de l'IA dans la gestion des dossiers médicaux est la possibilité de personnaliser les traitements médicaux. Traditionnellement, les décisions médicales étaient fondées sur des lignes directrices générales et sur l'expérience du médecin. Cependant, chaque patient est unique, avec ses propres antécédents médicaux, génétiques et réponses aux médicaments. Grâce à des algorithmes d'apprentissage automatique, les dossiers médicaux peuvent être analysés pour identifier les traitements qui ont réussi chez des patients présentant des profils similaires. Ces informations peuvent ensuite être utilisées pour élaborer un plan de traitement hautement personnalisé, augmentant ainsi les chances de succès.

L'IA peut également jouer un rôle dans la surveillance continue des patients, en utilisant des données en temps réel pour mettre à jour les dossiers médicaux et alerter les médecins de tout signe de détérioration ou d'effets indésirables des médicaments.

De cette façon, des décisions peuvent être prises rapidement, en anticipant parfois les problèmes avant qu'ils ne deviennent graves.

La gestion des dossiers médicaux s'accompagne d'importantes responsabilités en matière de protection des données et de conformité réglementaire. Les dossiers médicaux contiennent des informations très sensibles et toute faille de sécurité pourrait avoir de graves répercussions.

L'IA peut contribuer à renforcer la sécurité grâce à des méthodes de cryptage avancées et à la surveillance des activités suspectes. Par exemple, un algorithme d'IA pourrait surveiller l'accès aux données des patients en temps réel, en signalant tout activité qui semble inhabituelle, comme se connecter à partir d'emplacements inhabituels ou parcourir un grand nombre de dossiers en peu de temps.

Cependant, l'utilisation de l'IA dans la gestion des dossiers médicaux pose également de nouveaux défis éthiques et juridiques. Qui est responsable si un algorithme commet une erreur conduisant à un traitement inapproprié ? Comment garantir la confidentialité et la sécurité des données lorsqu'elles sont partagées avec des algorithmes tiers pour une analyse plus approfondie ? Ce sont des questions qui doivent être abordées selon des normes éthiques et réglementaires rigoureuses.

L'utilisation de l'intelligence artificielle dans la gestion des dossiers médicaux constitue une frontière passionnante susceptible de transformer les soins de santé. Elle offre la promesse d'une plus grande efficacité, de traitements plus personnalisés et d'une meilleure sécurité des données.

Cependant, c'est aussi un domaine qui présente de nouveaux défis et responsabilités. Pour réaliser tout le potentiel de l'IA dans ce contexte, une approche holistique est nécessaire, prenant en compte non seulement les capacités technologiques mais également les implications éthiques et juridiques. Ce n'est que grâce à une collaboration étroite entre médecins, informaticiens, régulateurs et autres parties prenantes que nous pourrons espérer naviguer avec succès dans cette nouvelle ère des soins de santé numériques.

Malgré les nombreux avantages qu'offre l'IA dans la gestion des dossiers médicaux, plusieurs défis techniques et opérationnels doivent être relevés. L'un des principaux défis est l'intégration des systèmes existants. De nombreux établissements de santé utilisent déjà des systèmes de gestion des dossiers médicaux, et l'intégration de l'IA dans ces systèmes peut s'avérer complexe et coûteuse. Certains systèmes peuvent ne pas être compatibles avec les nouvelles technologies, ce qui nécessite des mises à niveau coûteuses, voire le remplacement des systèmes existants. De plus, la qualité des données est un autre facteur critique pour le succès de l'IA dans la gestion des dossiers médicaux. Les algorithmes d'IA sont aussi efficaces que les données sur lesquelles ils sont formés. Si les dossiers médicaux sont incomplets, inexacts ou incohérents, les algorithmes pourraient générer des résultats erronés ou trompeurs. Il est donc essentiel de garantir que les données sont de haute qualité et soigneusement conservées avant de les utiliser pour entraîner des algorithmes.

Un autre défi opérationnel est la résistance au changement des professionnels de santé. L'adoption de nouvelles technologies nécessite de modifier les habitudes et les processus de travail existants, ce qui peut s'avérer difficile pour certaines personnes. Une formation adéquate et un soutien continu sont essentiels pour garantir que les professionnels de la santé sont à l'aise avec les nouvelles technologies et peuvent les utiliser efficacement.

Pour surmonter ces défis et exploiter tout le potentiel de l'IA dans la gestion des dossiers médicaux, une collaboration étroite entre les différentes parties prenantes est cruciale. Les développeurs d'algorithmes, les fournisseurs de systèmes de gestion de dossiers médicaux, les professionnels de santé, les décideurs politiques de santé et les patients eux-mêmes doivent travailler ensemble pour développer des solutions efficaces et sécurisées.

Il est notamment essentiel d'impliquer les professionnels de santé dans le processus d'élaboration et de mise en œuvre. Ils sont les utilisateurs finaux des systèmes et ont donc une compréhension unique des besoins pratiques et des défis opérationnels. Leur expérience et leurs retours peuvent être inestimables pour garantir que les solutions développées sont utiles et fonctionnelles dans le monde réel des soins de santé.

De plus, il est important de considérer l'impact sur les patients. L'IA a le potentiel d'améliorer considérablement les soins aux patients, mais elle est également essentielle pour garantir que leurs données sont traitées avec le plus grand respect et protection. La transparence dans la gestion des données doit être garantie et les patients doivent avoir le contrôle sur la manière dont leurs données sont utilisées.

Malgré les défis existants, l'IA a un énorme potentiel pour révolutionner la gestion des dossiers médicaux et, à terme, les soins de santé en général. Avec une collaboration, une formation et une mise en œuvre adéquates, l'IA peut contribuer à rendre les soins de santé plus efficients , efficaces et personnalisés.

Cependant, il est important de rappeler que l'IA n'est pas une panacée.

Même s'il peut offrir des outils puissants pour l'analyse des données et la prise de décision clinique, le jugement et l'expérience des professionnels de la santé resteront toujours essentiels. L'IA doit être considérée comme un complément aux capacités humaines plutôt que comme un substitut.

En fin de compte, l'IA dans la gestion des dossiers médicaux représente une frontière passionnante qui peut apporter des avantages significatifs tant aux professionnels de la santé qu'aux patients. Avec la bonne approche, nous pouvons surmonter les défis existants et construire un avenir où l'IA contribuera à améliorer la qualité et l'efficacité des soins de santé pour tous.

Santé mentale et intelligence artificielle : une synergie pour l'avenir du bien-être psychologique

La santé mentale est l'un des problèmes les plus urgents de notre époque, avec un nombre croissant de personnes dans le monde souffrant de maladies telles que la dépression, l'anxiété et le stress. Les modalités de traitement traditionnelles, qui incluent la thérapie psychologique et pharmacologique, peuvent être efficaces mais aussi coûteuses, inaccessibles et stigmatisées. L'intelligence artificielle (IA) apparaît comme un nouvel outil susceptible de révolutionner la manière dont nous relevons ces défis. Des applications qui fournissent un soutien émotionnel instantané aux systèmes avancés qui aident les professionnels à diagnostiquer et à traiter, l'IA innove dans le domaine de la santé mentale.

Le diagnostic est souvent la première étape du traitement de tout trouble de santé mentale. Traditionnellement, ce processus repose sur des entretiens détaillés et des tests standardisés administrés par des professionnels de la santé mentale.

Cependant, grâce à l'IA, nous assistons au développement d'outils de dépistage capables d'identifier les signes de problèmes de santé mentale plus rapidement et, dans certains cas, avec plus de précision. Par exemple, les algorithmes d'apprentissage automatique peuvent analyser des données provenant de diverses sources, telles que le texte, la voix et même les expressions faciales, pour identifier des modèles comportementaux ou expressifs associés à des troubles mentaux particuliers. Cela rend non seulement le processus de dépistage plus efficace, mais peut également aider à atteindre les personnes qui n'ont peut-être pas accès à des services de santé mentale qualifiés.

L'une des applications les plus directes de l'IA en santé mentale est la fourniture d'un soutien émotionnel via des chatbots et des applications mobiles. Si ces plateformes ne peuvent remplacer une thérapie globale avec un professionnel qualifié, elles offrent néanmoins un premier niveau de soins qui peut s'avérer inestimable. Ces plateformes utilisent le traitement du langage naturel et d'autres algorithmes pour fournir des réponses instantanées et personnalisées aux utilisateurs qui pourraient avoir besoin d'aide en temps de crise. Ce type de soutien immédiat est particulièrement utile pour les personnes vivant dans des régions éloignées ou pour celles qui hésitent à demander de l'aide en raison de la stigmatisation associée aux problèmes de santé mentale.

Malgré la disponibilité croissante d'outils basés sur l'IA pour la santé mentale, le rôle des professionnels de la santé mentale reste central. Cependant, l'IA peut constituer un puissant complément à l'expertise humaine. Par exemple, des algorithmes avancés peuvent analyser des notes cliniques, des données de tests et d'autres informations pour fournir une image plus complète du bien-être psychologique d'un patient.

Cela peut aider les thérapeutes à adapter les traitements et même à prédire comment un patient pourrait réagir à des approches thérapeutiques particulières.

De même, l'IA peut aider à gérer la charge de travail des professionnels de la santé mentale, souvent submergés par le grand nombre de patients et la bureaucratie associée à la gestion clinique. En automatisant certaines des tâches les plus routinières, comme l'enregistrement et l'analyse des données des patients, l'IA permet aux thérapeutes de se concentrer davantage sur l'aspect humain des soins.

Si l'IA offre d'importantes opportunités dans le domaine de la santé mentale, elle présente également un certain nombre de défis éthiques et techniques. Un point de préoccupation majeur est la confidentialité des données. Les informations sur la santé mentale sont extrêmement sensibles et leur divulgation non autorisée pourrait avoir de graves conséquences pour la personne concernée. Même si l'IA peut améliorer la sécurité des données grâce à des techniques avancées de chiffrement et d'autorisation, le risque de violation de la vie privée reste une préoccupation valable.

Une autre question éthique est celle de la responsabilité. Si un algorithme suggère un plan de traitement qui s'avère inefficace ou nocif, à qui la faute ? Ces dilemmes nécessitent une réflexion approfondie sur la manière dont l'IA est mise en œuvre et gouvernée dans le contexte de la santé mentale.

L'intelligence artificielle a le potentiel de transformer radicalement le domaine de la santé mentale, en offrant de nouveaux outils pour diagnostiquer, traiter et gérer les troubles mentaux. Cependant, l'enthousiasme suscité par ces nouvelles possibilités doit être contrebalancé par un examen attentif des implications éthiques et techniques.

L'avenir de la santé mentale grâce à l'IA est prometteur mais aussi chargé de responsabilités.

À mesure que la technologie progresse, il est essentiel que les médecins, les ingénieurs, les décideurs politiques et les patients travaillent ensemble pour naviguer dans un paysage complexe d'opportunités et de défis.

La combinaison de l'expertise médicale, technologique et humaine est essentielle pour garantir que les innovations basées sur l'IA soient développées et mises en œuvre de manière éthique et durable.

L'un des domaines les plus intéressants pour la recherche et le développement futurs est l'intersection entre l'IA et les thérapies personnalisées. À l'heure actuelle, la plupart des traitements de santé mentale sont généralisés et basés sur des protocoles standards qui ne tiennent pas compte des variations individuelles. L'IA a le potentiel de changer cela, en utilisant des données massives et des algorithmes avancés pour créer des plans de traitement personnalisés plus efficaces et réduisant les risques d'effets secondaires négatifs.

La question de l'accessibilité est également d'une importance vitale. Les outils basés sur l'IA pourraient réduire les coûts associés aux soins de santé mentale, les rendant ainsi plus accessibles à un public plus large. Cela est particulièrement pertinent pour les communautés des zones rurales ou pour les habitants des pays en développement où l'accès à des services qualifiés peut être limité.

Il ne faut cependant pas oublier que l'IA est un outil et non une panacée. Bien qu'elle puisse offrir de nouvelles méthodes de soins et de diagnostic, elle ne peut et ne doit pas remplacer l'importance du contact humain dans les soins de santé mentale. La relation thérapeutique, fondée sur la confiance et l'empathie, reste un élément central dans le traitement des troubles mentaux.

Dans ce contexte, l'IA doit être considérée comme un

complément susceptible de renforcer, mais non de remplacer, l'intervention humaine.

De plus, à mesure que nous progressons dans l'intégration de l'IA dans la pratique clinique, il est impératif qu'il existe des normes rigoureuses pour évaluer l'efficacité de ces technologies.

Des études cliniques bien conçues, des examens par les pairs et un suivi post-mise en œuvre sont autant d'étapes nécessaires pour garantir que les outils basés sur l'IA sont non seulement innovants, mais également sûrs et efficaces.

L'IA offre une opportunité sans précédent d'améliorer la qualité et l'efficacité des traitements de santé mentale. Ses applications, des diagnostics automatisés au soutien émotionnel numérique, pourraient révolutionner la façon dont nous abordons certains des problèmes les plus urgents de notre époque. Mais pour réaliser pleinement ce potentiel, il est essentiel que nous relevions les nombreux défis complexes que présente cette nouvelle frontière, depuis les questions éthiques telles que la confidentialité et la responsabilité, jusqu'aux questions techniques telles que l'intégration et la sécurité des données. Grâce à une approche réfléchie et multidisciplinaire, nous pouvons utiliser l'IA pour améliorer considérablement le bien-être mental à l'échelle mondiale.

Planification des ressources avec l'IA dans l'environnement de soins de santé

La gestion des ressources de santé est l'un des défis les plus complexes et les plus critiques auxquels sont confrontées les organisations modernes. De la planification des quarts de travail du personnel médical et infirmier à la gestion des fournitures médicales, en passant par la maintenance des appareils de diagnostic et de traitement, chaque aspect nécessite une planification minutieuse et détaillée. L'arrivée de l'intelligence artificielle (IA) a ouvert de nouveaux horizons de possibilités, promettant de révolutionner la manière dont les ressources de santé sont allouées et gérées.

L'un des principaux avantages de l'utilisation de l'IA dans ce contexte est sa capacité à analyser d'énormes quantités de données pour en extraire des informations exploitables.

Par exemple, dans les grands hôpitaux, où les flux de patients peuvent varier considérablement, l'IA peut prédire avec précision les périodes les plus chargées. Ce type d'informations est inestimable lorsqu'il s'agit de planifier les quarts de travail du personnel ou de décider quand effectuer la maintenance de machines critiques, telles que des lits de soins intensifs ou des équipements d'imagerie médicale .

De même, l'IA peut jouer un rôle crucial dans la gestion des fournitures médicales. En analysant les données historiques sur les utilisations passées et en intégrant des informations sur les tendances épidémiologiques, l'IA peut contribuer à prévenir les pénuries ou les surabondances de fournitures essentielles telles que les médicaments, les équipements de protection individuelle et les équipements spécialisés.

Un autre domaine dans lequel l'IA présente un grand potentiel est la gestion du personnel. Grâce à des algorithmes sophistiqués, les compétences du personnel peuvent être adaptées aux besoins cliniques, garantissant ainsi que les personnes possédant les qualifications appropriées soient affectées aux tâches les plus adaptées. Cela améliore non seulement l'efficacité, mais peut également avoir un impact direct sur la qualité des soins prodigués.

Par exemple, dans un service d'urgence encombré, un système basé sur l'IA pourrait identifier en temps réel quels médecins et infirmières sont disponibles et lesquels possèdent les compétences spécifiques pour traiter les cas les plus urgents. Cela permet un déploiement de ressources humaines à la fois dynamiques et hautement spécialisées, deux facteurs souvent cruciaux dans les situations d'urgence.

Malgré son énorme potentiel, l'utilisation de l'IA dans la planification des ressources de santé présente également plusieurs défis. L'un d'eux est l'aspect éthique, notamment en termes de décisions pouvant affecter directement le bien-être des patients. Par exemple, si un algorithme suggère de réduire le personnel à certaines heures en fonction de données historiques, il existe toujours le risque qu'un événement inattendu entraîne un afflux de patients et donc une pénurie de ressources humaines.

Une autre considération est celle de la sécurité et de la confidentialité des données. L'IA nécessitant l'accès à de grands volumes de données sensibles, il est impératif que des mesures strictes soient mises en œuvre pour protéger ces informations contre d'éventuelles violations.

L'introduction de l'intelligence artificielle dans la planification des ressources de santé constitue une révolution en cours qui offre un immense potentiel pour améliorer l'efficience et l'efficacité des soins. Les algorithmes d'apprentissage automatique et les techniques d'analyse de données peuvent fournir des informations précieuses qui vont bien au-delà des capacités humaines, notamment lorsqu'il s'agit de traiter de grands volumes d'informations.

Il est toutefois essentiel de procéder avec prudence, en gardant à l'esprit les défis éthiques et pratiques que présente cette nouvelle technologie. Avec une planification et une gouvernance appropriées, l'IA a le potentiel de transformer fondamentalement la gestion des ressources de santé, conduisant à un système plus agile, plus réactif et, à terme, plus centré sur le patient.

Même si les premières mises en œuvre de l'IA dans la planification des ressources de santé peuvent s'avérer prometteuses, il est essentiel de maintenir une boucle de rétroaction constante pour affiner et améliorer les algorithmes au fil du temps.

Cela est particulièrement vrai dans le domaine des soins de santé, où les variables peuvent changer rapidement en raison de facteurs tels que les épidémies, les mises à jour des directives thérapeutiques ou les nouveaux médicaments et technologies. Un système qui n'est pas correctement surveillé ou mis à jour peut rapidement devenir obsolète, entraînant des inefficacités ou, dans le pire des cas, des risques pour la santé des patients.

C'est ici que l'IA elle-même peut jouer un rôle dans l'auto-amélioration. Des techniques d'apprentissage automatique peuvent être appliquées pour analyser les performances de l'algorithme lui-même, identifiant ainsi les domaines dans lesquels il pourrait être amélioré. Par exemple, si un algorithme conçu pour prédire l'afflux de patients dans une salle d'urgence s'avère inexact à une période particulière de l'année, les données pourraient être utilisées pour entraîner davantage le modèle, le rendant ainsi plus précis à l'avenir.

Un autre aspect crucial à considérer est la relation entre l'IA et le jugement humain. Malgré la sophistication avancée des algorithmes, le contexte et la compréhension humaine restent irremplaçables, en particulier dans un domaine aussi sensible que la santé. Les professionnels de la santé peuvent fournir ce niveau de perspicacité et d'empathie qu'une machine, aussi avancée soit-elle, ne peut pas reproduire. Ainsi, la vision optimale de la mise en œuvre de l'IA dans la planification des ressources de santé est celle de la complémentarité plutôt que de la substitution. Les algorithmes peuvent traiter des données et formuler des recommandations, mais la décision finale doit toujours être prise par des humains qualifiés, en tenant compte non seulement des données quantitatives mais également des variables qualitatives qu'une machine pourrait ne pas être en mesure de comprendre.

Alors que nous discutons de l'IA dans la planification des ressources, il est également important de noter que son potentiel dans le domaine des soins de santé est beaucoup plus vaste. En plus d'améliorer l'efficacité opérationnelle, l'IA commence également à être utilisée dans le diagnostic et le traitement directs, depuis l'analyse des images médicales jusqu'à l'identification de plans de traitement possibles basés sur l'analyse des données des patients. Cette évolution naturelle de l'IA dans l'industrie offre une vision de l'avenir dans laquelle l'IA pourrait devenir une partie intégrante des soins aux patients, allant bien au-delà du simple rôle de planificateur de ressources.

L'intégration de l'intelligence artificielle dans la planification des ressources en soins de santé est une opportunité qui offre à la fois une amélioration de l'efficacité et de la qualité des soins. Cependant, comme tout outil puissant, il comporte son propre ensemble de défis qui doivent être soigneusement gérés.

Une surveillance continue, une mise à jour et une gouvernance solide des données sont essentielles pour garantir que les algorithmes restent précis et utiles au fil du temps.

Dans le même temps, il est crucial que l'IA soit considérée comme un complément au jugement humain plutôt que comme un substitut à celui-ci. Avec ces précautions, l'IA a le potentiel de devenir un pilier de l'évolution future du système de santé, le rendant non seulement plus efficace mais également plus centré sur le bien-être des patients.

Recherche médicale avec intelligence artificielle : la frontière du futur

L'ère de l'intelligence artificielle (IA) a entraîné une révolution dans plusieurs secteurs, et la recherche médicale est l'un des domaines qui a connu les transformations les plus importantes.L'intersection de l'intelligence artificielle et du domaine médical a ouvert la voie à de nouvelles voies de recherche scientifique, accélérant des découvertes qui, avec les méthodes traditionnelles, auraient pu prendre des décennies. De l'analyse de données complexes pour la découverte de médicaments à la prévision de la progression des maladies chroniques, l'IA change la façon dont nous relevons les plus grands défis médicaux de notre époque.

L'un des aspects les plus passionnants de l'application de l'IA à la recherche médicale réside dans la découverte de médicaments. Traditionnellement, il s'agit d'un processus extrêmement long et coûteux, nécessitant souvent des années d'expérimentation et des investissements importants. L'IA, grâce à sa capacité à analyser et à interpréter de grands ensembles de données, peut accélérer considérablement ce processus. Des algorithmes sophistiqués peuvent examiner les interactions moléculaires et prédire comment certaines combinaisons peuvent réagir dans le corps humain. Non seulement cela accélère la phase de sélection initiale de nouveaux médicaments potentiels, mais cela peut également conduire à des découvertes plus ciblées, réduisant ainsi le nombre d'erreurs et d'échecs.

Un autre domaine dans lequel l'IA fait des progrès significatifs est celui du diagnostic. Outils d'apprentissage automatique ils peuvent analyser des images médicales avec une précision souvent supérieure à celle des humains, identifiant très tôt les signes de maladies telles que le cancer, les maladies cardiaques et les troubles neurologiques. Cela permet non seulement une intervention précoce, mais ouvre également la porte à des thérapies plus personnalisées. Si un algorithme peut identifier avec précision la forme et le stade d'une tumeur, par exemple, il est plus facile pour les médecins de choisir le traitement le plus efficace pour ce cas particulier.

Outre les diagnostics, l'IA peut jouer un rôle dans l'analyse des données cliniques afin de personnaliser les plans de traitement. En analysant les informations du patient, telles que la génétique, les antécédents médicaux et la réponse aux traitements antérieurs, les algorithmes peuvent suggérer des options de traitement plus susceptibles de réussir pour cette personne.

L'IA présente également un énorme potentiel dans le domaine de l'épidémiologie, l'étude de la répartition et des déterminants des maladies au sein des populations. Des algorithmes avancés peuvent analyser des données provenant de diverses sources, telles que les dossiers médicaux, les réseaux sociaux et les capteurs environnementaux, pour prédire la propagation des maladies infectieuses. Ce type de modélisation peut s'avérer extrêmement précieux pour la préparation et la réponse aux épidémies ou aux pandémies, permettant aux décideurs politiques de santé d'allouer plus efficacement les ressources et de mettre en œuvre des mesures de contrôle avant que la maladie ne se propage davantage.

Malgré ses promesses et ses progrès, l'utilisation de l'IA dans la recherche médicale n'est pas sans défis et dilemmes éthiques. La confidentialité des données est une préoccupation majeure, en particulier lorsque les algorithmes doivent accéder à des données médicales détaillées. La cybersécurité devient donc une considération cruciale dans la protection des informations sensibles des patients.

Même si l'IA peut être extrêmement précise, elle n'est pas infaillible.

Les erreurs de diagnostic ou de prédiction peuvent être graves conséquences sur la santé humaine.

Il est donc crucial que les résultats générés par l'IA soient interprétés et appliqués avec soin, souvent en combinaison avec l'expertise humaine.

L'intégration de l'intelligence artificielle dans la recherche médicale représente l'une des frontières les plus passionnantes de la science moderne. Les applications potentielles sont vastes et pourraient conduire à des améliorations significatives en matière de prévention, de diagnostic et de traitement des maladies. Cependant, comme pour toute nouvelle technologie, il est essentiel de procéder avec prudence, en tenant compte des défis éthiques et pratiques qui se posent.

La collaboration entre les experts en IA et les professionnels de la santé sera la clé pour exploiter pleinement le potentiel offert par cette technologie révolutionnaire, en naviguant soigneusement entre opportunités et risques. Avec la bonne concentration et la bonne rigueur, l'IA pourrait très bien être la clé pour atteindre de nouveaux niveaux de compréhension et de traitement des maladies, conduisant ainsi la médecine vers une nouvelle ère d'efficacité et de personnalisation.

Outre les domaines plus traditionnels de la recherche médicale, l'IA commence également à éclairer des domaines émergents tels que la médecine régénérative. Ce domaine se concentre sur le développement de méthodes permettant de régénérer les tissus et les organes endommagés, dans le but ultime de guérir des conditions actuellement insolubles.

La complexité de ce domaine, qui nécessite une compréhension approfondie des interactions cellulaires, de la biologie tissulaire et du génie biomédical, fait de l'IA un outil particulièrement précieux.

L'apprentissage automatique et les réseaux neuronaux peuvent, par exemple, aider à modéliser la façon dont les cellules souches se différencient en différents types de tissus, accélérant ainsi le temps nécessaire pour faire passer de nouvelles thérapies du stade du laboratoire à la pratique clinique.

L'analyse génétique est un autre domaine dans lequel l'IA démontre une capacité révolutionnaire.

Le décodage du génome humain a été un travail monumental qui a nécessité des années d'efforts collaboratifs. Désormais, grâce à l'IA, l'analyse d'une grande quantité de données génétiques est devenue plus rapide et plus précise. Cela a des implications directes non seulement sur la compréhension des maladies héréditaires, mais également sur l'interprétation de la manière dont les gènes influencent la réponse aux traitements. À une époque où la médecine personnalisée devient de plus en plus une réalité, la capacité d'analyser rapidement les données génétiques pour adapter les traitements pourrait avoir un impact considérable sur la qualité des soins de santé.

L'une des beautés de l'IA réside dans sa capacité à faciliter la collaboration interdisciplinaire. Les projets de recherche médicale qui auraient autrefois nécessité l'expertise de spécialistes dans divers domaines peuvent désormais bénéficier de la puissance analytique de l'IA. Par exemple, les algorithmes peuvent examiner les données cliniques, les images radiologiques, les résultats de laboratoire et les notes du médecin, offrant ainsi une vue globale du patient. Ceci est particulièrement utile dans les essais cliniques multicentriques, où les données proviennent de plusieurs sources. Les algorithmes d'IA peuvent lisser ces données de manière cohérente, permettant ainsi des analyses plus robustes et des résultats plus fiables.

Alors que l'IA continue de façonner l'avenir de la recherche médicale, les défis à venir deviennent de plus en plus complexes. L'un d'eux est l'éthique de l'utilisation de l'IA dans la prise de décision clinique. Dans quelle mesure devrions-nous permettre aux machines de prendre des décisions qui affectent directement la santé et le bien-être des humains ? Et comment garantir que l'IA soit utilisée équitablement, sans amplifier les inégalités existantes en matière de soins de santé ?

Dans le même temps, la question de la transparence et de la responsabilité devient de plus en plus urgente. À mesure que les algorithmes d'apprentissage automatique deviennent plus complexes, il devient également plus difficile de comprendre comment ils prennent réellement leurs décisions, un phénomène connu sous le nom de « boîte noire ».

Cette opacité n'est peut-être pas acceptable dans un contexte médical, où les décisions peuvent avoir des conséquences de vie ou de mort.

Il ne fait aucun doute que l'intelligence artificielle aura un impact durable sur la recherche médicale. Ses applications sont vastes et croissantes, offrant une gamme d'outils capables d'accélérer la découverte, d'améliorer la précision et d'augmenter l'efficacité. Mais comme pour tout outil puissant, il s'accompagne également de la responsabilité de l'utiliser à bon escient. Les défis éthiques et pratiques découlant de la convergence de l'IA et de la recherche médicale nécessitent un dialogue ouvert et continu entre médecins, chercheurs, éthiciens et décideurs politiques. Avec la bonne dose de prudence et d'efforts collaboratifs, l'IA peut agir comme un catalyseur dans notre éternel voyage vers la compréhension et l'amélioration de la santé humaine.

CHAPITRE 8 : L'IA DANS L'INDUSTRIE DU TRANSPORT ET DE LA MOBILITÉ

La mobilité est l'un des fondements sur lesquels repose la société moderne, un outil essentiel qui déplace les personnes, les biens et les informations à travers un réseau de plus en plus complexe et interconnecté. Au cours des dernières décennies, l'industrie du transport a connu des progrès significatifs, depuis l'introduction d'avions plus sûrs et plus efficaces jusqu'à l'évolution des transports publics et privés. Cependant, alors que les technologies traditionnelles ont atteint un certain degré de maturité, un nouvel acteur émerge avec le potentiel de révolutionner notre façon de penser la mobilité : l'intelligence artificielle.

L'IA n'est plus un simple objet de fascination dans la science-fiction ou un concept abstrait débattu dans les cercles universitaires. Il s'agit d'un changement réel et tangible qui touche de nombreux secteurs, des services financiers aux soins de santé. Mais c'est dans le secteur des transports et de la mobilité que l'intelligence artificielle a montré certaines de ses applications les plus prometteuses et révolutionnaires.

Prenons par exemple les systèmes de navigation. Autrefois, avoir une carte papier dans son tableau de bord était le summum de la sophistication en matière d'aide à la conduite. Aujourd'hui, grâce à l'intelligence artificielle, nos appareils nous indiquent non seulement le meilleur itinéraire pour atteindre une destination, mais prédisent également le trafic, suggèrent des itinéraires alternatifs en temps réel et peuvent même avertir des accidents de la route avant que nous les dépassions. Ces progrès sont rendus possibles par la capacité de l'IA à analyser des quantités massives de données provenant de différentes sources, telles que des capteurs, des caméras et des données historiques, afin de générer des informations précises et opportunes.

Mais l'IA ne se limite pas à nous faciliter la vie dans nos déplacements quotidiens. La manière dont les marchandises sont transportées évolue également, révolutionnant la logistique et la chaîne d'approvisionnement. Les algorithmes d'apprentissage automatique peuvent désormais prédire avec précision quand un véhicule a besoin d'entretien, réduisant ainsi les temps d'arrêt et augmentant l'efficacité opérationnelle. Dans le secteur de la navigation maritime, des systèmes intelligents sont utilisés pour optimiser les itinéraires des navires, en tenant compte de variables telles que les conditions météorologiques et les courants océaniques, afin de garantir une livraison des marchandises plus rapide et moins coûteuse. Cependant, l'aspect peut-être le plus fascinant et le plus controversé de l'intersection de l'IA et de la mobilité est le développement des véhicules autonomes. Ces véhicules, souvent présentés comme le summum de l'innovation en matière de transport, reposent fondamentalement sur des systèmes d'intelligence artificielle très avancés, capables de « voir », de « penser » et de « réagir » comme un humain, voire mieux. Grâce à l'utilisation de capteurs, de radars et de lidar, couplés à des algorithmes d'apprentissage profond, ces machines commencent à naviguer dans des environnements complexes, promettant des routes plus sûres et des transports plus efficaces.

Ce développement des véhicules autonomes ne concerne pas seulement les voitures. Cela a également un impact sur d'autres moyens de transport comme les camions, les trains et même les navires. Dans l'aviation par exemple, l'IA est déjà utilisée dans les systèmes d'assistance au pilotage et commence à montrer son potentiel dans des applications plus avancées, comme les drones de livraison ou même les avions sans pilote.

Bien entendu, l'adoption de l'IA dans le secteur des transports soulève également un certain nombre de questions importantes, notamment la sécurité, l'éthique et l'emploi.

Malgré ces inquiétudes, il ne fait aucun doute que l'intelligence artificielle a ouvert une nouvelle ère dans l'histoire des transports et de la mobilité.

L'IA est appelée à façonner l'avenir de nos déplacements, de nos interactions avec notre environnement et de la façon dont nous construisons une société plus efficace et plus durable. Son rôle n'est pas seulement celui d'un facilitateur technologique, mais aussi celui d'un catalyseur de changements plus profonds qui auront un impact sur les aspects économiques, sociaux et même culturels de notre monde. Ainsi, alors que nous continuons à naviguer dans cette nouvelle ère, il est essentiel que nous comprenions et appréciions l'importance croissante de l'intelligence artificielle pour façonner l'avenir des transports et de la mobilité. D'une part, c'est un grand facteur d'enthousiasme, mais c'est aussi un appel à la prudence et à la réflexion sur la manière d'orienter ce puissant outil vers un avenir non seulement technologiquement avancé, mais aussi socialement et éthiquement responsable.

L'intelligence artificielle dépasse le cadre des applications individuelles pour devenir une sorte d'infrastructure de support pour l'ensemble du système de transport et de mobilité. Dans le contexte des villes intelligentes, par exemple, l'IA devient un outil indispensable pour l'urbanisme et la gestion des services. Les algorithmes d'apprentissage automatique peuvent analyser des schémas complexes de déplacement des personnes et des véhicules, fournissant ainsi des données précieuses qui peuvent être utilisées pour tout améliorer, des horaires des feux de circulation aux itinéraires de bus. Cette forme de gestion intégrée peut réduire considérablement la congestion routière, améliorer la qualité de l'air et accroître l'efficacité globale du système de transport.

Mais le secteur public n'est pas le seul à bénéficier de l'intelligence artificielle.

Même les entreprises privées commencent à reconnaître la valeur de l'IA en tant qu'outil permettant d'améliorer l'efficacité opérationnelle et la satisfaction des clients. expérience .

Par exemple, les compagnies aériennes utilisent l'IA pour optimiser les itinéraires de vol, réduisant ainsi les retards et les dépenses.

Dans le même temps, les algorithmes de recommandation personnalisés peuvent améliorer l'expérience du voyageur en suggérant des options de voyage, d'hébergement et même des loisirs en fonction de préférences personnelles et de données historiques. À mesure que l'IA continue d'évoluer, le besoin de normes, de réglementations et de lignes directrices éthiques pour régir son utilisation augmente également. La dépendance croissante à l'égard des systèmes basés sur l'IA rend impératif de résoudre des problèmes tels que la sécurité des données, la confidentialité et la possibilité d'erreurs ou de biais algorithmiques. Se pose ensuite la question de plus en plus pressante de l'impact de l'automatisation sur l'emploi. Même si les véhicules autonomes et les systèmes intelligents de gestion du trafic peuvent améliorer l'efficacité, on craint également que ces progrès n'entraînent des pertes d'emplois dans des secteurs tels que la conduite de camions, les services de taxi et même la gestion du trafic aérien. Cependant, il est essentiel de noter que chaque nouvelle technologie apporte à la fois des défis et des opportunités. L'IA n'est pas différente à cet égard. La clé est de trouver un équilibre dans lequel la technologie peut être utilisée pour améliorer la sécurité, l'efficacité et la qualité de vie, sans sacrifier les valeurs fondamentales telles que l'équité, l'emploi et la dignité humaine. C'est la tâche qui nous attend à mesure que nous avançons dans l'ère de l'intelligence artificielle appliquée aux transports et à la mobilité.

L'IA transforme radicalement le secteur du transport et de la mobilité d'une manière que nous aurions pu imaginer il y a seulement quelques décennies.

De la conduite autonome et de l'optimisation du trafic à l'automatisation de l' approvisionnement chaîne et personnalisation de l'expérience utilisateur, les applications de l'IA sont vastes et en constante évolution.

Alors que nous sommes confrontés aux inévitables défis éthiques et sociaux qui émergent de cette transformation, il est essentiel que nous continuions à explorer le potentiel qu'offre l'IA, non seulement en tant qu'outil technologique, mais aussi en tant que catalyseur d'un changement significatif et durable dans notre façon de vivre. .on travaille et on bouge. Et ce faisant, il est impératif que nous gardions à l'esprit l'immense responsabilité que représente l'utilisation de cette puissante technologie d'une manière qui profite à la société dans son ensemble, aujourd'hui et pour les générations à venir.

Automatisation et véhicules autonomes

L'automatisation et les véhicules autonomes sont peut-être l'une des avancées les plus remarquables et les plus évoquées dans le secteur des transports et de la mobilité, et cela est en grande partie grâce à l'intelligence artificielle. L'IA alimente une révolution silencieuse mais persistante, susceptible de réécrire les règles de la mobilité et de redéfinir notre relation avec le transport routier. Cette transformation n'est pas un événement futuriste qui aura lieu dans un avenir lointain, mais une réalité tangible qui se déroule déjà sous nos yeux.

Nous commençons par examiner les progrès technologiques derrière les véhicules autonomes.

Il y a à peine dix ans, l'idée de voitures sans conducteur circulant de manière autonome dans les rues faisait l'objet d'histoires de science-fiction. Aujourd'hui, grâce aux progrès rapides de la technologie des capteurs, de la reconnaissance d'images et des algorithmes d'apprentissage profond, ces voitures sont désormais une réalité expérimentale. Les caméras, radars et lidars haute résolution (technologie de télédétection basée sur la lumière) agissent comme les « yeux » et les « oreilles » du véhicule, tandis que les algorithmes d'apprentissage automatique traitent ces données en temps réel pour prendre des décisions d'itinéraire, de vitesse et d'autres manœuvres. Mais quel impact les véhicules autonomes ont-ils sur les entreprises et les consommateurs ?

Prenons par exemple Uber et Tesla, deux protagonistes de cet espace en évolution rapide. Uber , à l'origine un service de covoiturage , a investi considérablement dans la technologie des véhicules autonomes dans le but de réduire les coûts d'exploitation et d'augmenter la sécurité. Bien que des résultats prometteurs aient été obtenus lors d'essais, le chemin vers une adoption à grande échelle est encore long et semé d'obstacles réglementaires et sociétaux. Cependant, la promesse est claire : un avenir dans lequel les passagers pourront avoir besoin d'une voiture sans conducteur pour se déplacer efficacement et en toute sécurité représente un changement de paradigme.

Tesla, en revanche, a adopté une approche légèrement différente. Au lieu de se concentrer uniquement sur les véhicules entièrement autonomes, l'entreprise a développé une suite de fonctionnalités d'aide à la conduite, appelées « pilote automatique », qui peuvent gérer certaines fonctions de conduite tout en nécessitant une surveillance humaine.

Même si cela ne représente pas une autonomie complète, il s'agit néanmoins d'un pas important vers celle-ci et constitue un point d'entrée efficace pour les consommateurs qui hésitent encore à abandonner complètement le contrôle du véhicule.

Outre Uber et Tesla, de nombreux autres programmes pilotes voient le jour à travers le monde. Dans certaines villes, de petits véhicules autonomes livrent déjà de la nourriture et des colis, tandis que dans certaines zones industrielles, des camions autonomes sont utilisés pour transporter des marchandises sur de longues distances. Ces cas d'usage montrent que l'automatisation des véhicules ne se limite pas aux véhicules de tourisme mais s'étend à l'ensemble de la mobilité, de la livraison du dernier kilomètre au transport lourd.

Bien entendu, le chemin vers l'adoption à grande échelle des véhicules autonomes est loin d'être facile.

Outre les obstacles technologiques, tels que la nécessité d'algorithmes plus précis et de capteurs plus fiables, il existe également un certain nombre de préoccupations sociétales et réglementaires à résoudre. La question de la sécurité vient évidemment en premier.

Les accidents impliquant des véhicules autonomes ou semi-autonomes alimentent le débat sur le moment et la manière de réglementer ces véhicules. Se pose également la question de l'impact sur l'emploi, dans la mesure où l'automatisation des véhicules pourrait réduire le besoin de chauffeurs professionnels.

L'automatisation et les véhicules autonomes provoquent une révolution dans le monde du transport et de la mobilité, une révolution portée en grande partie par l'intelligence artificielle. Avec des entreprises comme Uber et Tesla à l'avant-garde et une myriade d'applications émergentes, nous commençons à entrevoir les contours d'un avenir où la mobilité sera plus sûre, plus efficace et peut-être même plus abordable. Cependant, alors que nous nous précipitons vers cet avenir passionnant, nous devons également relever les défis et les préoccupations qui émergent, afin que la transition soit non seulement technologiquement fluide, mais également socialement et éthiquement responsable.

Le potentiel d'un avenir où la mobilité sera durable, efficace et accessible est une vision partagée par de nombreuses personnes. Cependant, comme toute révolution technologique, l'automatisation et les véhicules autonomes soulèvent leur propre ensemble de questions éthiques qui exigent des réponses réfléchies. Par exemple, comment est déterminée la responsabilité en cas d'accident ? En situation d'urgence, quel doit être le comportement d'un véhicule autonome ? Ces questions nécessitent une réflexion éthique et juridique approfondie, et des solutions doivent être trouvées avant que la technologie ne devienne omniprésente.

Un autre aspect crucial est la question de l'équité en matière de mobilité. Même si l'automatisation a le potentiel de rendre les transports plus efficaces et moins chers, il existe également le risque que certaines communautés soient laissées pour compte. Par exemple, les véhicules autonomes pourraient dans un premier temps être déployés dans les zones urbaines aisées, tandis que les communautés rurales et les quartiers économiquement défavorisés devront peut-être attendre beaucoup plus longtemps pour constater les avantages de cette technologie.

Il est donc essentiel que les décideurs politiques et les acteurs de l'industrie travaillent ensemble pour garantir une adoption inclusive.

L'IA a également un impact majeur dans les transports publics. Les métros et les trains commencent à utiliser l'IA pour optimiser les horaires et améliorer le flux des passagers, tandis que des bus sans conducteur sont déjà testés dans certaines villes. L'objectif est de créer un système de transports publics plus intégré et plus réactif, dans lequel l'IA peut contribuer à atténuer des problèmes tels que la surpopulation et les retards.

Dans l'aviation, l'IA trouve des applications dans tous les domaines, depuis la maintenance préventive des avions jusqu'à la gestion du trafic aérien. Les systèmes d'IA peuvent analyser d'énormes quantités de données pour prédire quand des parties spécifiques d'un avion pourraient tomber en panne, permettant ainsi une maintenance proactive qui peut améliorer à la fois la sécurité et l'efficacité. De plus, l'IA peut aider les contrôleurs aériens à gérer des itinéraires plus efficaces, réduisant ainsi les retards et minimisant l'impact environnemental du vol.

Le transport maritime commence également à explorer les possibilités offertes par l'intelligence artificielle. Avec l'adoption de systèmes de navigation assistés par IA, les risques tels que les collisions et les échouements peuvent être considérablement réduits. De plus, l'IA peut être utilisée pour optimiser la consommation de carburant des grands navires, offrant non seulement des économies économiques mais réduisant également l'impact environnemental de l'industrie.

L'intersection de l'intelligence artificielle, de l'automatisation et des transports constitue l'un des domaines les plus prometteurs et les plus complexes de la révolution technologique moderne. Des voitures aux métros, des avions aux ferries, l'IA a le potentiel de rendre nos systèmes de transport plus sûrs, plus efficaces et plus durables.

Mais comme pour tout grand saut technologique, des défis importants nous attendent, à la fois techniques et éthiques.

Alors que nous nous dirigeons vers un avenir de mobilité de plus en plus automatisée, il est impératif que les décisions que nous prenons soient éclairées, réfléchies et, surtout, inclusives. De cette manière, nous pouvons garantir que les avantages de l'automatisation et des véhicules autonomes profitent à tous, et pas seulement à une petite élite.

Optimisation du trafic et gestion de flotte

L'optimisation du trafic et la gestion de flotte sont deux domaines dans lesquels l'IA a un impact tangible, transformant des méthodes séculaires de faire les choses en quelque chose de dynamique et d'adaptatif. Dans un monde où les villes sont de plus en plus encombrées et où la demande de transport de marchandises ne cesse de croître, l'IA propose des solutions innovantes qui pourraient révolutionner notre façon de nous déplacer et de transporter les marchandises.

Commençons par l'optimisation du trafic. Les villes du monde entier sont notoirement encombrées, avec des millions de véhicules circulant chaque jour dans des rues encombrées. Ces embouteillages ne sont pas seulement une source de frustration pour les automobilistes, ils ont également un coût économique et environnemental important. L'IA change considérablement ce scénario.

Les systèmes de gestion du trafic basés sur l'IA surveillent désormais en temps réel une myriade de variables allant des conditions routières aux habitudes de conduite. De plus en plus de villes mettent en place des feux de signalisation intelligents capables de s'adapter de manière dynamique aux conditions de circulation, plutôt que de suivre un horaire rigide.

Ces feux tricolores utilisent des algorithmes pour analyser le flux de circulation et optimiser les temps de feu vert et rouge, facilitant ainsi une circulation plus fluide des véhicules et réduisant les temps d'attente.

L'analyse des flux de trafic va bien au-delà des feux de circulation intelligents. Les systèmes d'IA sont capables de prédire les points de congestion et de suggérer des itinéraires alternatifs, non seulement aux automobilistes mais aussi aux urbanistes. Cette capacité à anticiper et atténuer les problèmes de circulation avant qu'ils ne surviennent peut avoir un impact profond sur la qualité de vie dans les villes, rendant les transports urbains plus efficaces et plus durables.

Passons maintenant à la gestion de flotte, autre secteur qui connaît une véritable transformation grâce à l'IA. La logistique est l'une des industries les plus complexes et les plus coûteuses, impliquant la coordination d'un grand nombre de véhicules, d'itinéraires et de personnel. La gestion de flottes de camions, de navires et d'avions est une tâche extrêmement complexe qui nécessite une optimisation à plusieurs niveaux. L'intelligence artificielle est désormais utilisée pour analyser les données historiques et en temps réel afin d'optimiser les itinéraires. Cela signifie que les véhicules peuvent être acheminés plus efficacement, évitant ainsi les embouteillages et réduisant les temps d'arrêt. Dans le même temps, l'IA peut prédire quand un véhicule pourrait avoir besoin d'entretien, permettant ainsi des interventions préventives susceptibles de réduire les coûts et d'améliorer la sécurité.

Dans le cas des flottes de navires, l'IA peut analyser des facteurs tels que les conditions météorologiques, les courants océaniques et d'autres données pour suggérer des itinéraires optimaux.

Cela accélère non seulement le transport, mais peut également réduire considérablement la consommation de carburant, avec des avantages à la fois économiques et environnementaux. Pour les avions, l'IA peut être utilisée pour tout optimiser, de la planification des vols à la maintenance des machines, rendant ainsi le transport aérien plus efficace et plus durable.

Ainsi, tant dans l'optimisation du trafic que dans la gestion de flotte, l'intelligence artificielle montre sa capacité à rendre nos systèmes de transport plus intelligents, plus efficaces et, à terme, plus durables. À mesure que nous continuons à progresser dans la technologie de l'IA, nous assisterons probablement à de nouvelles améliorations qui pourraient changer fondamentalement la façon dont nous percevons et gérons la mobilité. De l'automobiliste bénéficiant de feux de circulation plus intelligents à la grande entreprise de logistique capable de transporter des marchandises plus efficacement, les implications sont vastes et profondément transformatrices.

À mesure que la technologie continue d'évoluer, les applications de l'IA dans l'optimisation du trafic et la gestion de flotte deviendront de plus en plus sophistiquées. Par exemple, nous pourrions assister à la mise en œuvre de réseaux de transport interconnectés où les voitures, les feux de circulation, les gares et même les vélos partagent des données en temps réel pour créer un écosystème de transport entièrement synchronisé. Dans un tel scénario, les véhicules autonomes pourraient communiquer entre eux pour éviter les collisions et coordonner la circulation, tandis que les feux de circulation pourraient recevoir des données des capteurs de la route et du véhicule pour ajuster encore plus précisément la synchronisation des cycles d'éclairage. Dans cet écosystème, la notion de « trafic » pourrait devenir un anachronisme, remplacé par un flux de mobilité fluide et optimisé.

Pour les flottes commerciales, l'IA pourrait aller au-delà de la simple optimisation des itinéraires et de la maintenance pour adapter la logistique aux besoins spécifiques en matière de fret. Par exemple, les systèmes d'IA pourraient déterminer la manière la plus efficace de charger et décharger des marchandises, en tenant compte de facteurs tels que le poids, la fragilité et même la température optimale pour différents types de marchandises. En outre, la technologie de surveillance en temps réel pourrait permettre aux gestionnaires de flotte de réagir à des événements inattendus, tels que des perturbations routières ou des conditions météorologiques défavorables, en repensant dynamiquement les plans de voyage pour minimiser les retards.

Un autre domaine émergent est l'utilisation de l'IA pour la durabilité des transports. La gestion intelligente de l'énergie et la réduction des émissions sont devenues des préoccupations majeures des villes et des entreprises. Ici, l'IA peut jouer un rôle clé dans la création de modèles prédictifs pouvant aider les flottes à réduire la consommation de carburant, par exemple en suggérant quand passer à des modes de conduite éco-efficaces ou quand recharger les véhicules électriques. En outre, les technologies d'IA pourraient être utilisées pour analyser de grandes quantités de données environnementales, aidant ainsi à planifier des itinéraires minimisant l'impact environnemental. Cependant, alors que nous saluons ces innovations, il est essentiel de considérer leurs implications en matière de sécurité et d'éthique. La collecte et l'analyse de données en temps réel présentent d'importants problèmes de confidentialité et de sécurité des données. En outre, si les véhicules autonomes promettent de réduire les accidents causés par l'erreur humaine, nous devons également nous préparer à de nouveaux types de risques de sécurité, notamment aux vulnérabilités potentielles aux cyberattaques.

L'IA a le potentiel de révolutionner le secteur des transports et de la mobilité, en le rendant plus efficace, plus sûr et plus durable. Qu'il s'agisse de rendre nos routes moins encombrées grâce à l'optimisation du trafic ou d'améliorer l'efficacité et la durabilité de la gestion du parc de véhicules, les possibilités sont immenses et en constante évolution. Avec un examen attentif des implications éthiques et sécuritaires, l'IA pourrait très bien ouvrir la voie à l'avenir des transports et de la mobilité, un avenir qui pourrait être plus proche que nous ne le pensons.

Sécurité des transports

Dans un monde où la mobilité et la connectivité deviennent de plus en plus complexes, la sécurité des transports revêt une importance croissante.

Dans le même temps, l'évolution technologique modifie profondément le paysage des transports. Au cœur de cette transformation se trouve l'intelligence artificielle (IA), une technologie qui a le pouvoir de rendre les systèmes de transport non seulement plus efficaces, mais également plus sûrs. Ce chapitre explorera comment l'IA peut contribuer à améliorer la sécurité dans différents modes de transport : terrestre, aérien, maritime et ferroviaire.

Dans le contexte des transports terrestres, l'IA peut faire beaucoup pour réduire les accidents de la route, qui résultent souvent d'erreurs humaines telles que la distraction, la fatigue ou le manque de conscience des conditions routières. Les caméras et capteurs installés dans les véhicules modernes peuvent collecter des données en temps réel, qui peuvent ensuite être analysées par des algorithmes intelligents.

Ces systèmes peuvent reconnaître des modèles indiquant un danger potentiel, comme un freinage brusque ou un changement de voie, et peuvent alerter le conducteur ou même prendre le contrôle du véhicule pour éviter un accident. Ceci est particulièrement important pour les véhicules utilitaires tels que les camions, où un accident peut avoir des conséquences catastrophiques.

Dans le secteur de l'aviation, l'IA peut contribuer à réduire le risque d'accidents d'avion, qui bien que rares, sont souvent dévastateurs. Les systèmes de pilotage automatique sont déjà un composant standard de nombreux avions commerciaux, mais avec l'IA, ces technologies peuvent atteindre un nouveau niveau. Par exemple, les algorithmes d'IA peuvent surveiller en permanence un large éventail de variables, des conditions météorologiques aux données du moteur, pour anticiper et prévenir les problèmes potentiels. Les systèmes de contrôle du trafic aérien peuvent également bénéficier de l'IA pour gérer plus efficacement les espaces aériens encombrés, réduisant ainsi le risque de collision.

Le transport maritime est un autre secteur où la sécurité est primordiale, non seulement pour la protection des vies humaines mais aussi pour la préservation de l'environnement.

Ici, l'IA peut aider à prévenir des accidents tels que des collisions et des naufrages, grâce à des systèmes de navigation intelligents qui prennent en compte des variables telles que les courants marins, les conditions météorologiques et le trafic des autres navires. De même, la maintenance prédictive pourrait prévenir les pannes mécaniques susceptibles de conduire à des catastrophes environnementales telles que des marées noires.

Il ne faut pas oublier le secteur ferroviaire, où l'IA peut optimiser la gestion du trafic et la maintenance des infrastructures. Par exemple, l'IA peut analyser les données historiques et en temps réel pour prédire où et quand des pannes ou des retards pourraient survenir, permettant ainsi une réponse proactive qui améliore la sécurité et l'efficacité. Même si l'IA offre des opportunités passionnantes pour améliorer la sécurité des transports, il est essentiel de considérer également les implications éthiques et les risques potentiels. Par exemple, la collecte et l'analyse de données à grande échelle peuvent soulever des problèmes de confidentialité. En outre, l'autonomie croissante des systèmes de transport alimentés par l'IA pourrait ouvrir la voie à de nouvelles vulnérabilités en termes de cybersécurité.

L'IA a un rôle crucial à jouer dans l'amélioration de la sécurité des transports dans un large éventail d'applications, depuis les algorithmes de surveillance en temps réel jusqu'aux systèmes de navigation avancés. Cependant, alors que nous nous dirigeons vers un avenir où l'IA sera de plus en plus intégrée à nos systèmes de transport, il est impératif que nous abordions les questions éthiques et les risques potentiels avec autant de sérieux que nous acceptons les avantages tangibles.

Une approche holistique qui équilibre l'innovation et la responsabilité sera essentielle pour réaliser tout le potentiel de l'IA dans la création de systèmes de transport plus sûrs pour tous.

Alors que nous nous dirigeons vers une plus grande mise en œuvre de l'IA dans les domaines des transports, il est essentiel de réfléchir à la manière dont les technologies émergentes peuvent être intégrées harmonieusement aux systèmes existants.

Cette intégration est particulièrement cruciale pour garantir que la sécurité ne soit pas compromise pendant la période de transition. Par exemple, à mesure que les voitures autonomes entrent progressivement dans le trafic routier, nous devons comprendre comment elles interagiront avec les véhicules conduits par des humains. L'IA peut jouer un rôle ici, en simulant divers scénarios et en aidant les ingénieurs à prédire comment les véhicules autonomes et à conduite humaine coexisteront sur les routes.

Une autre question clé est celle de l'éducation et de la formation. Alors que l'IA assume des fonctions de plus en plus complexes, les conducteurs, pilotes et autres opérateurs devront être formés pour collaborer efficacement avec ces nouvelles technologies. Certains peuvent craindre que l'IA puisse remplacer complètement les humains dans ces rôles, mais une perspective plus réaliste est celle d'un partenariat dans lequel l'IA peut effectuer des tâches routinières, répétitives ou dangereuses, laissant aux humains la responsabilité de décisions plus complexes qui nécessitent des décisions approfondies. intuition et compréhension.

L'IA peut également contribuer à la sécurité des transports publics, un aspect souvent négligé lorsqu'on réfléchit à l'innovation technologique dans le domaine des transports. Les systèmes de vidéosurveillance alimentés par l'IA peuvent surveiller les gares routières et ferroviaires à la recherche de comportements suspects, tandis que l'analyse des données peut aider à optimiser les horaires et à réduire la surpopulation, réduisant ainsi le risque d'accidents.

La normalisation est un autre élément important à considérer. Alors que différentes entreprises et organisations développent leurs solutions basées sur l'IA, il est crucial qu'il y ait une certaine normalisation pour garantir que tous les systèmes sont compatibles et, surtout, sécurisés.

Cela est particulièrement vrai lorsqu'il s'agit de questions transfrontalières, telles que le contrôle du trafic aérien international ou la navigation maritime.

Et bien sûr, il y a le rôle vital de la réglementation. Comme pour toute avancée technologique, il est essentiel que l'innovation soit contrebalancée par une réglementation appropriée garantissant la sécurité publique. Cela peut constituer un défi particulier avec l'IA, compte tenu de la rapidité avec laquelle la technologie évolue. Cependant, il est crucial que les autorités de régulation soient proactives dans la compréhension de ces nouvelles technologies et dans l'adaptation ou la création de réglementations qui maintiennent des normes de sécurité élevées.

L'IA a un énorme potentiel pour améliorer la sécurité dans tous les modes de transport. Il est cependant crucial que sa mise en œuvre soit réfléchie, en tenant compte non seulement du potentiel mais également des risques et des défis éthiques. Le chemin vers un avenir plus sûr des transports grâce à l'IA est plein d'opportunités, mais nous devons le parcourir avec prudence, conscience et avec un engagement sérieux à bien faire les choses.

Intermodalité et optimisation de la supply chain

Intermodalité et optimisation de l'approvisionnement chaîne sont devenus des mots à la mode dans le monde moderne du transport de marchandises et de la logistique. La complexité du réseau mondial de distribution, caractérisé par une multitude de modes de transport, des navires aux avions, camions et trains, rend essentiel le recours à des solutions innovantes pour gérer efficacement les flux de marchandises. L'intelligence artificielle devient un élément crucial pour rendre ces systèmes plus efficaces, plus réactifs et, à terme, plus durables.

Commençons par l'aspect gestion d'entrepôt. Dans le passé, l'activité des entrepôts était en grande partie manuelle, nécessitant d'importants efforts humains pour gérer les stocks, préparer les commandes et coordonner les expéditions.

Mais avec l'avènement de la robotique avancée et de l'IA, les entrepôts sont de plus en plus automatisés.

Nous ne parlons pas seulement de bras robotiques triant les articles sur les étagères ; L'IA peut prédire les tendances de la demande sur la base de données historiques et actuelles, permettant ainsi aux gestionnaires d'entrepôt d'optimiser le placement des marchandises. Cela réduit le temps nécessaire pour préparer les articles pour une commande, augmentant ainsi l'efficacité et réduisant les coûts.

Mais l'efficacité des entrepôts n'est qu'une pièce du puzzle. Une fois que les marchandises quittent l'entrepôt, elles doivent être transportées, souvent via un réseau complexe impliquant plusieurs méthodes de transport. C'est là que l'intermodalité entre en jeu. L'IA peut analyser un large éventail de variables en temps réel, telles que les conditions de circulation, les temps d'attente dans les ports et même les conditions météorologiques, afin de déterminer l'itinéraire le plus efficace pour chaque cargaison. Il peut également prédire les goulots d'étranglement dans le réseau de distribution et suggérer des itinéraires alternatifs avant qu'ils ne deviennent un problème, améliorant ainsi les délais et réduisant les coûts.

Dans le contexte des ports, souvent décrits comme le « goulot d'étranglement » de l' approvisionnement chaîne mondiale , l'IA offre de nombreuses applications allant de la gestion du trafic maritime à l'optimisation de l'espace pour les conteneurs.

Dans les ports les plus grands et les plus fréquentés du monde, une minute d'inactivité d'une grue ou un retard dans l'accostage d'un navire peut avoir un effet d'entraînement tout au long de la chaîne d'approvisionnement.

chaîne . Les systèmes d'IA capables de coordonner avec précision ces mouvements, sur la base d'une myriade de données et de prévisions en temps réel, améliorent non seulement l'efficacité mais augmentent également le retour économique des opérations portuaires.

Nous ne pouvons pas oublier l'aspect de la durabilité. À mesure que la prise de conscience de l'impact environnemental de la logistique et du transport de marchandises augmente, la pression s'accentue pour rendre ces systèmes « plus verts ».

L'IA peut ici avoir un impact significatif, par exemple en optimisant la consommation de carburant dans différents modes de transport.

Les données peuvent également être utilisées pour planifier des itinéraires minimisant l'impact environnemental, en tenant compte non seulement de la distance, mais également de facteurs tels que le carbone ou les émissions de carbone associées à chaque itinéraire.

L'intelligence artificielle devient un acteur clé de la modernisation et de l'optimisation de l'offre chaînes et systèmes de transport intermodaux. Il offre une suite d'outils qui non seulement augmentent l'efficacité, réduisent les coûts et améliorent la rapidité, mais ont également le potentiel de rendre ces systèmes plus durables. Avec la croissance continue du commerce mondial et le besoin urgent de systèmes de transport plus durables, les applications de l'IA dans ce domaine sont appelées à se développer, apportant des innovations inimaginables il y a seulement quelques années.

Alors que l'IA continue d'imprégner la gestion du transport et de la logistique, il existe un besoin croissant d'intégration horizontale. C'est-à-dire la nécessité de faire converger différentes plates-formes, méthodes de transport et bases de données dans un système unifié. Cette approche peut tirer le meilleur parti des avantages offerts par l'IA, en créant un écosystème logistique entièrement synchronisé.

Prenons l'exemple du transport frigorifique, élément essentiel pour les industries agroalimentaire et pharmaceutique. La ponctualité est essentielle, mais le maintien d'une température constante est également essentiel pour la qualité et la sécurité des produits. Les capteurs IoT peuvent surveiller la température à l'intérieur des conteneurs maritimes et envoyer ces données à un système centralisé alimenté par l'IA. Le système peut alors prendre des décisions en temps réel sur la manière d'optimiser la température à l'intérieur du conteneur, communiquer avec le véhicule pour ajuster les commandes climatiques et, si des problèmes surviennent, alerter l'équipe de gestion de la flotte pour qu'elle prenne des mesures correctives.

La traçabilité est un autre aspect clé qui profite grandement de l'utilisation de l'IA. Les paquets RFID et le GPS fournissent des données en temps réel sur la localisation des marchandises, mais c'est l'IA qui peut analyser ces données ainsi que d'autres variables pour faire des prédictions précises sur les délais de livraison ou les retards potentiels. Ces informations peuvent être extrêmement précieuses pour les clients et pour gérer les attentes, ainsi que pour planifier les étapes ultérieures de l' approvisionnement . chaîne .

L'analyse des données pour la maintenance préventive n'est pas moins importante. Les camions, les navires et les avions sont soumis à l'usure et nécessitent inévitablement un entretien. L'IA peut prédire quand une pièce est susceptible de tomber en panne ou quel est le moment optimal pour effectuer la maintenance, sur la base des données des capteurs intégrés et des journaux historiques. Cela augmente non seulement la durée de vie du véhicule, mais réduit également les temps d'arrêt, ce qui peut être coûteux en termes d'argent et de réputation.

Et comme on peut s'y attendre, la sécurité est toujours la base de chaque opération de transport et de logistique. Ici, l'IA peut aider à identifier les comportements potentiellement dangereux grâce à une surveillance en temps réel. Par exemple, il pourrait identifier un comportement anormal dans la façon dont un camion est manipulé et signaler le problème pour une enquête plus approfondie. Cela va au-delà de la simple conformité , en aidant les entreprises à établir une culture de sécurité proactive.

L'intelligence artificielle transforme radicalement le paysage du transport intermodal et de la gestion des approvisionnements chaîne , rendant tout, de l'inventaire des entrepôts aux flux de trafic dans les ports mondiaux, plus efficace, fiable et sécurisé.

Les développements dans ce domaine sont rapides et continus, et de nouvelles possibilités émergent constamment.

Chaque pas en avant dans cette direction améliore non seulement le réseau logistique existant, mais jette également les bases de développements futurs qui pourraient être encore plus révolutionnaires.

Tout comme l'IA devient de plus en plus sophistiquée, son application dans la création d'un écosystème de transport plus intégré et optimisé le devient également.

Personnalisation et expérience utilisateur

monde hyperconnecté d'aujourd'hui , l'expérience utilisateur est devenue un facteur clé du succès ou de l'échec de tout service ou produit. Dans le secteur des transports et de la mobilité, cette maxime ne fait pas exception.

En effet, grâce aux progrès rapides de l'intelligence artificielle, une révolution est en cours dans la manière dont les prestataires de transport interagissent avec leurs clients.

La personnalisation et l'expérience utilisateur ne sont plus des termes relégués au monde du marketing ou du design ; ils sont devenus des éléments essentiels pour rendre les services de transport plus efficaces, plus accessibles et surtout centrés sur l'usager.

Commençons par considérer le problème de la surpopulation, un défi constant pour tout système de transport public, et notamment dans les grandes villes. À première vue, il semblerait que la surpopulation soit un problème que seule une augmentation de la capacité ou une diminution de la demande peut résoudre. Cependant, grâce à l'utilisation de l'IA, une approche plus nuancée est possible. Les algorithmes peuvent analyser les données historiques et en temps réel sur l'utilisation des transports en commun et prédire quand et où les embouteillages se produiront. Ces informations peuvent ensuite être communiquées aux utilisateurs via des applications smartphone. Au lieu d'arriver à une station de métro et de se retrouver dans l'impossibilité d'embarquer, un passager peut recevoir un avis lui suggérant de prendre un itinéraire alternatif, ou même d'attendre quelques minutes pour éviter la foule. Cela améliore non seulement l'expérience utilisateur mais optimise également l'utilisation du système de transport en répartissant mieux la charge entre les différentes lignes ou horaires.

En matière de retards, autre bête noire pour les navetteurs, l'IA a aussi beaucoup à offrir. Plus les algorithmes peuvent analyser de données, plus ils deviennent précis dans la prévision des problèmes.

Les algorithmes peuvent faire plus que simplement analyser les retards passés; ils peuvent intégrer des informations météorologiques, surveiller les conditions de circulation en temps réel et même détecter des accidents ou d'autres perturbations via les actualités et les réseaux sociaux.

Une fois traitées, ces données peuvent fournir des prévisions très précises des temps de trajet, permettant aux voyageurs de planifier en conséquence. Par exemple, si l'IA prédit qu'un train sera retardé en raison d'une panne mécanique imminente ou de mauvaises conditions météorologiques en cours de route, l'application pourrait proposer des alternatives avant que la perturbation ne survienne.

L'expérience utilisateur va au-delà de la simple prévention des inconvénients tels que l'encombrement et les retards. C'est aussi une question de confort, d'accessibilité et même de plaisir du voyage. Ici, l'IA peut contribuer de manière significative grâce à l'analyse des données sur les préférences des utilisateurs. Par exemple, une application de transport peut remarquer qu'un utilisateur se déplace fréquemment d'un point A à un point B et peut commencer à vous proposer automatiquement des horaires, des itinéraires et des options de réservation optimaux d'un simple clic. Il peut également détecter qu'un utilisateur préfère les sièges près des fenêtres et faire de son mieux pour réserver ces sièges lorsqu'ils sont disponibles.

L'IA redéfinit les attentes quant à ce que signifie une expérience utilisateur exceptionnelle dans le contexte du transport et de la mobilité. La puissance de calcul et les capacités d'analyse des données de l'IA permettent un niveau de personnalisation et de proactivité impensable il y a quelques années à peine.

Les implications de cette révolution vont bien au-delà de la simple commodité ou de la résolution de problèmes de longue date.

Ils représentent un changement de paradigme vers un écosystème de transport véritablement centré sur l'utilisateur, rendant chaque trajet non seulement plus efficace mais aussi plus agréable.

Alors que ce changement de paradigme se poursuit, il est essentiel de considérer les implications éthiques de la personnalisation grâce à l'intelligence artificielle. Si l'IA peut rendre la vie des voyageurs plus facile et meilleure, l'utilisation de données sensibles soulève également d'importantes questions en matière de confidentialité et de sécurité. Par exemple, même si une application de transports en commun peut utiliser les données GPS pour proposer des itinéraires plus efficaces, ces mêmes informations pourraient également être utilisées à des fins moins nobles si elles tombent entre de mauvaises mains . Ainsi, à mesure que les développeurs s'efforcent de rendre les applications plus intelligentes et plus utiles, ils devront également accorder une plus grande attention à la manière dont ils protègent les données des utilisateurs et communiquent leurs politiques de confidentialité.

L'inclusivité est également un point crucial lorsqu'il s'agit de personnaliser l'expérience utilisateur. Si elle est bien conçue, l'IA peut contribuer à rendre les services de transport plus accessibles aux personnes ayant des capacités ou des besoins différents. Par exemple, une application pourrait prédire non seulement l'itinéraire le plus rapide, mais également l'itinéraire le plus accessible pour un utilisateur de fauteuil roulant. Ou encore, il pourrait avertir à l'avance si un moyen de transport est équipé de services pour les malvoyants ou les malentendants. De cette manière, l'IA peut jouer un rôle crucial dans la réduction des obstacles qui rendent souvent difficiles les déplacements des personnes ayant des besoins particuliers.

Outre l'accessibilité, la personnalisation améliorée par l'IA peut contribuer à l'efficacité énergétique et à la durabilité. Imaginez un système dans lequel les données sur les habitudes de déplacement sont utilisées non seulement pour améliorer l'expérience individuelle, mais également pour optimiser l'ensemble du système de transport.

Basé sur les flux de passagers, un algorithme pourrait rediriger les moyens de transport vers les zones de plus forte demande, minimisant ainsi les trajets à vide et d'où la consommation de carburant. Ce type de gestion dynamique des ressources représente non seulement une économie pour les prestataires de services, mais aussi un pas vers un avenir plus durable.

La personnalisation est également capable de transformer l'expérience utilisateur lors des voyages longue distance. Par exemple, sur les vols des compagnies aériennes, les systèmes d'IA peuvent analyser les préférences des passagers en matière de nourriture, de sièges et de divertissement, faisant de chaque vol une expérience presque sur mesure. Et, comme on l'a déjà vu dans les systèmes de divertissement personnalisés de certaines compagnies aériennes, ce n'est que le début. Avec l'intégration progressive de l'IA, on pourrait voir des systèmes qui ajustent automatiquement les conditions d'éclairage et de température en fonction des préférences ou encore du bien-être physique et mental des passagers, améliorant considérablement le confort lors des voyages long-courriers.

L'intelligence artificielle a le potentiel de révolutionner l'expérience utilisateur dans tous les aspects du système de transport. Qu'il s'agisse d'éviter les foules et les retards, d'offrir un niveau de personnalisation auparavant inimaginable ou de rendre les voyages plus inclusifs et durables, les possibilités sont presque infinies. Il est toutefois impératif que ce pouvoir soit utilisé de manière responsable. Alors que nous nous dirigeons vers un avenir de plus en plus personnalisé, nous devons prêter attention aux implications éthiques et sociales de ces technologies, en veillant à ce qu'elles améliorent la vie de tous, et pas seulement de certaines.

L'avenir de l'IA dans le secteur des transports

L'avenir du secteur des transports semble être profondément impacté par l'intelligence artificielle. Il ne s'agit plus de « si », mais de « quand » et de « comment ». Les applications d'IA déjà mises en œuvre, depuis les capacités de conduite autonome jusqu'aux systèmes de gestion du trafic, ont un potentiel démontré qui va bien au-delà des améliorations progressives. Nous parlons d'une véritable révolution, qui pourrait réécrire les règles sur la façon dont nous nous déplaçons, dont nous livrons les marchandises et dont nous concevons les infrastructures urbaines et de transport.

Cependant, un grand pouvoir implique de grandes responsabilités. L'un des défis majeurs de l'avenir sera de faire en sorte que cette révolution soit aussi éthique qu'efficace. Par exemple, même si l'IA pourrait rendre les transports plus efficaces, comment garantir qu'elle n'amplifie pas les inégalités existantes, en accordant un accès préférentiel à ceux qui peuvent se permettre les technologies de pointe ? Par ailleurs, le traitement éthique des données collectées pour alimenter ces systèmes sera crucial. La promesse d'une optimisation du trafic basée sur des données en temps réel pourrait facilement se transformer en un cauchemar de surveillance si elle n'est pas gérée avec soin.

La question de la durabilité n'est pas moins importante. Les systèmes d'IA sont extrêmement puissants, mais nécessitent souvent d'énormes quantités d'énergie pour fonctionner. Alors que nous explorons les moyens de rendre les transports plus efficaces, nous devons également prendre en compte l'impact environnemental des centres de données et de l'infrastructure nécessaire pour prendre en charge ces technologies avancées. La recherche explore déjà les moyens de rendre les algorithmes plus économes en énergie, mais il reste encore beaucoup à faire.

La mobilité durable est un autre thème qui bénéficiera d'un essor significatif de l'IA. Imaginez une ville où un système d'IA coordonne tous les modes de transport, des transports publics aux véhicules privés, optimisant les itinéraires pour réduire les émissions de carbone. Dans un tel écosystème, les véhicules électriques pourraient être dirigés vers des bornes de recharge rapide lorsque la demande est faible, tandis que les systèmes de transport en commun pourraient être ajustés en temps réel pour s'adapter aux modèles de circulation des véhicules et des piétons, réduisant ainsi le gaspillage d'énergie inutile.

L'IA peut également jouer un rôle clé en accélérant la transition vers des sources d'énergie plus propres dans le secteur des transports. Par exemple, des algorithmes avancés peuvent être utilisés pour optimiser la conception et l'exploitation de véhicules à hydrogène ou de réseaux de transport alimentés par des énergies renouvelables. Les systèmes d'IA peuvent surveiller et analyser d'énormes quantités de données en temps réel pour faire des prévisions précises de la consommation d'énergie, permettant ainsi une meilleure intégration des sources renouvelables dans les systèmes de transport.

Mais l'une des plus grandes promesses de l'IA dans les transports est peut-être son potentiel à améliorer la sécurité. Grâce à des systèmes avancés de détection et de réaction, les véhicules du futur seront non seulement plus efficaces, mais aussi nettement plus sûrs. L'IA peut contribuer à réduire le nombre d'accidents de la route, dont beaucoup sont causés par des erreurs humaines, comme la distraction ou la fatigue. Outre le fait de sauver des vies, cela aura également un impact positif sur le coût économique associé aux accidents de la route, qui est considérable.

L'IA a le potentiel de révolutionner le secteur des transports d'une manière que nous ne pouvons actuellement qu'imaginer ; elle est cruciale pour répondre à toute une série de problèmes éthiques, sociaux et environnementaux. Ce n'est que grâce à une approche holistique prenant en compte ces différentes facettes que nous pourrons pleinement réaliser les avantages que l'IA a à offrir. En relevant ces défis de manière proactive, nous pouvons espérer conduire le secteur des transports vers un avenir non seulement plus efficace et plus pratique, mais aussi plus équitable et durable.

Dans le même temps, nous devons considérer l'impact potentiel sur le marché du travail. L'automatisation croissante et l'utilisation de l'IA dans les transports pourraient menacer les emplois actuellement occupés par des humains.

D'un autre côté, l'évolution technologique crée souvent de

nouvelles opportunités et de nouveaux secteurs qui n'existaient pas auparavant.

Par conséquent, un élément crucial de notre vision de l'avenir des transports devra inclure des programmes de formation et de recyclage pour aider les travailleurs à s'adapter au changement.

Dans le domaine de la logistique et de la supply chain, l'IA propose des outils pour une planification et une gestion plus efficaces. Les algorithmes peuvent analyser des variables complexes allant des conditions météorologiques aux délais de livraison prévus pour optimiser les itinéraires.

Cela réduit non seulement les coûts, mais également l'impact environnemental résultant d'un transport inefficace. De plus, les systèmes prédictifs avancés peuvent anticiper la demande, permettant une gestion des stocks plus efficace et moins coûteuse.

Il est également possible que l'IA contribue à résoudre certains des plus grands défis infrastructurels du secteur des transports.

Par exemple, dans le contexte de villes encombrées et d'itinéraires de transport qui manquent de capacité, l'IA peut proposer des solutions alternatives pour alléger la pression sur les systèmes existants. Pensez aux systèmes de suivi avancés qui redistribuent dynamiquement le flux de circulation pour éviter les embouteillages, ou à l'utilisation de drones pour transporter des marchandises dans des zones difficiles d'accès.

La personnalisation et l'expérience utilisateur dans le secteur des transports vont être transformées par l'IA. Des assistants virtuels pourraient fournir des informations en temps réel sur les horaires des transports, réserver des billets et même suggérer des itinéraires alternatifs en cas de retard. Les applications de ce type pourraient également être intégrées à d'autres fonctions utiles, telles que la réservation de taxis ou le partage de véhicules, rendant ainsi l'expérience de voyage plus fluide et plus fluide.

Dans tout cela, il est crucial de ne pas sous-estimer l'importance de l'engagement du public et de la transparence dans la manière dont ces technologies sont mises en œuvre et utilisées.

Un engagement actif auprès des citoyens peut aider à identifier et à résoudre les problèmes de confidentialité, d'éthique et de sécurité qui surviennent inévitablement lorsqu'il s'agit d' IA et de données à grande échelle.

L'IA a le potentiel de changer la donne dans le secteur des transports, en offrant une gamme de solutions à des problèmes allant de l'efficacité énergétique à la sécurité routière.

Cependant, pour réaliser ce potentiel, il est essentiel que les mises en œuvre de l'IA soient guidées par un cadre éthique solide et qu'elles prennent en compte l'impact social et environnemental.

En fait, la technologie n'est qu'un outil ; le défi est de l'utiliser de manière à construire un système de transport plus durable, plus équitable et plus humain. De cette manière, l'IA sera non seulement un moteur de la prochaine révolution des transports, mais également une contribution à la construction d'une société meilleure.

Transformation de l'industrie aéronautique

L'industrie aéronautique connaît une transformation radicale grâce à l'incursion de l'intelligence artificielle (IA). Il ne s'agit pas seulement d'une évolution, mais d'une révolution qui change la façon dont nous voyons et vivons le transport aérien. Historiquement, l'industrie aéronautique a toujours été à l'avant-garde de l'adoption de nouvelles technologies. De l'introduction des radars à l'informatisation des tours de contrôle, l'objectif a toujours été d'améliorer l'efficacité et la sécurité des vols. Mais l'IA ouvre un nouveau chapitre en proposant des solutions que l'on croyait autrefois relever de la science-fiction.

Prenons l'automatisation comme exemple de départ. La plupart des avions commerciaux sont déjà capables de décoller, de naviguer et d'atterrir de manière semi-autonome. Cependant, la nouvelle génération d'IA offre la perspective d'avions entièrement autonomes.

Les algorithmes peuvent apprendre des données collectées lors de chaque vol, permettant ainsi aux systèmes de devenir de plus en plus efficaces et plus sûrs. Il est essentiel que l'état de l'avion soit surveillé en permanence, ce qui permet d'effectuer des corrections en temps réel susceptibles d'éviter des accidents ou des problèmes mécaniques.

Mais l'automatisation n'est que la pointe de l'iceberg. L'IA offre également de formidables opportunités en termes de maintenance prédictive. Traditionnellement, la maintenance des avions est planifiée en fonction du temps ou de l'utilisation, ce qui peut entraîner des temps d'arrêt inutiles ou, pire encore, une maintenance inadéquate. L'IA peut analyser d'énormes quantités de données provenant des capteurs des avions, identifier des modèles ou des anomalies, puis prédire quand une panne est susceptible de se produire. Cela améliore non seulement la sécurité, mais réduit également les coûts associés aux retards et aux pannes mécaniques.

Outre les avantages directs pour les compagnies aériennes, l'IA transforme également l'expérience des passagers. Les applications vont de la personnalisation du divertissement à bord aux assistants virtuels capables de répondre aux questions des passagers en temps réel, améliorant ainsi la qualité du service et la satisfaction des clients. Imaginez un système dans lequel l'IA connaît vos préférences alimentaires ou de divertissement et les applique automatiquement chaque fois que vous voyagez avec une compagnie aérienne spécifique.

Dans le contexte des opérations aéroportuaires, l'IA peut avoir un impact significatif sur l'efficacité et le flux des passagers.

Par exemple, les systèmes de reconnaissance faciale pourraient rendre les points de contrôle de sécurité traditionnels superflus, accélérant considérablement les temps d'embarquement et réduisant les risques d'erreur humaine.

Ces systèmes peuvent être intégrés à d'autres technologies, comme le Big Data et l'Internet des objets (IoT), pour créer un écosystème entièrement synchronisé qui optimise tous les aspects des opérations aéroportuaires.

La sécurité aérienne est un autre secteur qui bénéficiera grandement de l'adoption de l'IA. Les systèmes avancés de surveillance et d'analyse peuvent identifier les menaces potentielles pour la sécurité avec plus de précision et en temps réel, depuis les intempéries jusqu'aux pannes mécaniques, en passant par les actes de terrorisme potentiels. L'IA peut être utilisée pour simuler des millions de scénarios différents, fournissant ainsi aux pilotes et au personnel au sol des données précieuses qui peuvent être utilisées pour prendre des décisions rapides et éclairées dans des situations d'urgence. Il est donc essentiel de considérer les implications éthiques et sociales de l'automatisation croissante dans le secteur de l'aviation. Si l'IA offre la promesse d'une efficacité et d'une sécurité accrues, la suppression des emplois humains dans ce domaine est une question qui nécessite un examen attentif. Il convient d'adopter une approche équilibrée qui maximise les avantages de l'IA tout en maintenant des normes éthiques et sociales élevées.

L'intégration de l'IA dans l'industrie aéronautique promet d'être transformationnelle. Les opportunités d'accroître l'efficacité, d'améliorer la sécurité et d'améliorer l'expérience client sont énormes. Cependant, cette transition doit être gérée avec prudence, en équilibrant les promesses de l'innovation technologique avec les considérations éthiques et sociales pour réaliser un avenir où l'IA contribue à une industrie aéronautique plus sûre, plus efficace et plus humaine.

Alors que l'industrie aéronautique s'immerge de plus en plus dans le monde de l'intelligence artificielle, il devient impératif de développer des cadres de gouvernance et de réglementation qui suivent le rythme des innovations. Jusqu'à présent, une grande partie de la réglementation de l'aviation a été élaborée à une époque où l'automatisation et l'analyse des données étaient loin d'être aussi répandues qu'aujourd'hui.

Ce vide réglementaire constitue un défi, mais aussi une opportunité de repenser la façon dont les lois et les politiques peuvent évoluer pour mieux servir une société en évolution.

Une question particulièrement épineuse est celle de la

responsabilité en cas d'accident ou de panne. Dans le monde traditionnel de l'aviation, les lignes de responsabilité sont assez claires : il y a un pilote humain qui prend les décisions finales et peut être tenu responsable de ses erreurs. Mais dans un système dominé par les algorithmes, établir le blâme devient plus complexe. L'algorithme est-il défectueux ? Était-ce une erreur dans la phase de formation du modèle d'IA ? Ou peut-être s'agissait-il d'un problème dans la manière dont les données étaient collectées ou interprétées ? Répondre à ces questions sera crucial pour maintenir un degré élevé de confiance dans le système.

L'éthique est un autre élément qui mérite une réflexion sérieuse. Par exemple, comment les données des passagers sont-elles traitées ? L'IA offrant la possibilité de personnaliser considérablement l'expérience de voyage, la quantité de données collectées augmentera de façon exponentielle. Tout, des préférences alimentaires aux habitudes de voyage, pourrait être enregistré et analysé. Bien que cela offre des avantages incontestables en termes de commodité et de personnalisation, cela soulève également des problèmes légitimes en matière de confidentialité et de sécurité des données. Sans parler de l'impact environnemental. L'industrie aéronautique est un contributeur majeur aux émissions de gaz à effet de serre, et même si l'IA peut contribuer à optimiser les itinéraires et à améliorer le rendement énergétique, la véritable durabilité ne sera atteinte que par des changements plus profonds. Par exemple, l'IA pourrait accélérer le développement et l'adoption de carburants alternatifs et durables, aidant ainsi les compagnies aériennes à prendre des décisions plus éclairées concernant leur utilisation.

L' introduction de l'intelligence artificielle dans le secteur aéronautique représente l'une des transformations industrielles les plus importantes de ces dernières années. Cependant, comme toute révolution, elle présente à la fois des opportunités et des défis. Les compagnies aériennes, les régulateurs et les passagers doivent travailler ensemble pour garantir que le potentiel de l'IA soit exploité de manière à bénéficier à toutes les parties prenantes, sans compromettre la sécurité, l'éthique ou l'environnement. Le chemin à parcourir est long et semé d'incertitudes, mais avec la bonne combinaison d'innovation et de réflexion, l'IA a le pouvoir d'amener l'industrie aéronautique vers de nouveaux sommets extraordinaires.

CHAPITRE 9 : L'IA DANS LE TRAITEMENT DU LANGAGE NATUREL :

Ces dernières années, l'intelligence artificielle a discrètement envahi de nombreux aspects de notre vie quotidienne, de la façon dont nous nous déplaçons et travaillons, jusqu'à la façon dont nous interagissons avec le monde qui nous entoure. Mais l'un des domaines les plus intrigants dans lesquels l'IA fait des vagues discrètes, mais significatives, est le traitement du langage naturel (NLP). Alors que l'attention est souvent portée sur les véhicules autonomes et la robotique, la PNL travaille en coulisses, pilotant des interactions allant de simples commandes vocales sur nos smartphones à l'analyse en temps réel de millions de tweets .

Le traitement du langage naturel est essentiellement la capacité des machines à comprendre, interpréter et générer le langage humain d'une manière à la fois utile et significative. Cela peut paraître simple à première vue, mais le langage humain est extraordinairement complexe, chargé de nuances, de contextes et de règles tacites que les humains assimilent inconsciemment depuis l'enfance. C'est un domaine qui fascine les informaticiens, les linguistes et les philosophes depuis des décennies, voire des siècles. Mais ce n'est qu'au cours des dernières années, grâce à l'avènement du deep learning et du big data, que ces machines sont devenues suffisamment sophistiquées pour se rapprocher d'une interprétation authentique du langage humain.

L'importance de ces innovations ne saurait être suffisamment soulignée. Dans un monde de plus en plus globalisé, la capacité de communiquer efficacement au-delà des barrières linguistiques et culturelles est plus précieuse que jamais.

Et il ne s'agit pas seulement de traduire d'une langue à une autre. La PNL offre la promesse de traductions plus contextualisées qui prennent en compte non seulement les mots, mais également le sens, le ton et le sentiment intrinsèques, éléments qui sont souvent perdus lorsque nous nous appuyons sur des traductions littérales.

Mais la traduction n'est que la pointe de l'iceberg. L'analyse des sentiments, par exemple, devient un outil puissant pour les entreprises qui tentent de comprendre l'opinion des consommateurs, et elle peut avoir des applications allant du marketing à la politique. Les interactions quotidiennes évoluent également : les assistants virtuels deviennent de plus en plus sophistiqués, capables de gérer un éventail de tâches toujours plus large et de comprendre les commandes données en langage naturel plutôt que via des commandes spécifiques codées en dur.

Dans ce contexte, il devient crucial d'explorer en profondeur comment l'IA influence la PNL et comment cette interaction façonne, à son tour, de nombreux aspects de notre société. L'objectif de ce chapitre est donc d'approfondir ce sujet fascinant, en examinant divers aspects tels que la traduction automatique, l'analyse des sentiments, l'utilisation de chatbots et d'assistants virtuels, ainsi que les applications dans l'éducation et la communication. Cependant, comme toute technologie émergente, la PNL basée sur l'IA n'est pas sans défis et problèmes éthiques. Du risque de biais intégrés aux algorithmes aux implications de perte d'emploi due à l'automatisation, il est essentiel d'avoir une vision équilibrée du domaine. Avec ce chapitre, nous espérons offrir un aperçu complet qui met non seulement en évidence le potentiel de la PNL pour améliorer la communication et l'accès à l'information, mais met également en évidence les complexités et les responsabilités que ces potentiels impliquent.

Alors que nous poursuivons cette exploration, gardons à l'esprit non seulement les capacités techniques que l'IA apporte à la PNL, mais également les implications sociales, éthiques et même philosophiques plus larges de cette fusion de la machine et du langage. Dans un monde où la parole et l'écrit sont si puissants, comprendre le potentiel et les limites de la PNL peut être non seulement intéressant d'un point de vue académique, mais aussi fondamental pour l'avenir de notre coexistence sociale et mondiale.

Traduction automatique et analyse des sentiments : un monde plus petit mais plus complexe

Dans un monde en déclin dû à la mondialisation et à l'interconnectivité, la barrière linguistique reste l'un des obstacles les plus persistants à la compréhension et à la collaboration. Traditionnellement, surmonter cet obstacle a nécessité la médiation de traducteurs et d'interprètes humains, des professionnels capables de comprendre non seulement la grammaire et le vocabulaire, mais aussi les subtiles nuances culturelles et contextuelles qui peuvent changer le sens d'une phrase. Mais avec l'avènement de la traduction automatique basée sur l'IA, cette dynamique évolue rapidement.

Les algorithmes de traduction automatique d'aujourd'hui sont nettement plus avancés que ceux des générations précédentes. Grâce à des techniques telles que l'apprentissage profond et les réseaux de neurones, ces systèmes sont capables « d'apprendre » du contexte, rendant les traductions de plus en plus précises et naturelles. Mais c'est l'analyse contextuelle qui distingue réellement les systèmes de traduction automatique modernes. Au lieu de se concentrer sur une traduction mot à mot, les algorithmes actuels considèrent la phrase entière, voire le paragraphe, permettant une traduction qui prend en compte le sens général plutôt que des détails spécifiques.

Ce niveau de sophistication a ouvert de nouvelles opportunités dans les domaines des affaires, de la diplomatie et de l'éducation. Par exemple, une entreprise possédant des bureaux dans plusieurs pays peut désormais communiquer plus efficacement avec ses employés et ses clients sans avoir besoin d'interprètes. En outre, les outils de traduction automatique sont de plus en plus intégrés aux plateformes de médias sociaux, permettant une diffusion plus large des actualités et des informations.

Imaginez un article de journal rédigé en japonais qui est automatiquement traduit en anglais, espagnol, français et dans des dizaines d'autres langues, rendant l'information accessible presque instantanément à un public mondial. Aussi impressionnant soit-il, la traduction automatique n'est pas le seul domaine dans lequel le traitement du langage naturel fait des progrès significatifs. Un autre domaine fondamental est l'analyse des sentiments. À une époque où d'énormes quantités de données sont générées chaque jour, la capacité d'analyser et d'interpréter ces données est devenue vitale. Et lorsqu'il s'agit de données non structurées telles que des textes (pensez aux commentaires sur les réseaux sociaux, aux critiques de produits ou aux interviews), l'analyse des sentiments offre un outil inestimable pour comprendre l'opinion publique.

L'analyse des sentiments utilise des algorithmes PNL pour identifier et catégoriser les opinions exprimées dans un morceau de texte, afin de déterminer l'attitude de l'auteur envers un sujet ou un produit particulier. Cela peut aller de simples évaluations positives ou négatives à des analyses plus complexes prenant en compte des émotions telles que le bonheur, la tristesse, la colère ou la surprise. Les entreprises de tous types utilisent l'analyse des sentiments pour améliorer leurs produits et services. Si un nouveau produit reçoit des avis négatifs, l'analyse des sentiments peut aider à identifier des problèmes spécifiques qui pourraient ne pas être apparents avec les méthodes d'analyse traditionnelles.

Mais les applications dépassent le monde de l'entreprise. Par exemple, lors d'élections, l'analyse des sentiments peut fournir des informations précieuses sur l'opinion publique bien au-delà de ce qui peut être obtenu par le biais de sondages. De même, dans le domaine des soins de santé, la compréhension des sentiments peut être utilisée pour identifier les premiers signes d'affections telles que la dépression ou l'anxiété, qui se manifestent souvent par des changements dans le discours et le ton.

Dans ces deux domaines – la traduction automatique et l'analyse des sentiments – l'IA fournit des outils qui non seulement améliorent l'efficacité, mais ont également le potentiel de créer une compréhension plus profonde et plus humaine. Et à mesure que la technologie continue de s'améliorer, nous verrons probablement des applications encore plus innovantes et percutantes. Cependant, comme pour chaque avancée technologique, de nouveaux dilemmes et défis éthiques émergent également. Par exemple, si la traduction automatique peut servir de pont entre les cultures, elle peut également être un moyen de diffusion de fausses informations ou de préjugés. De la même manière, l'analyse des sentiments peut être utilisée pour manipuler l'opinion publique ou pour envahir la vie privée. Ces questions éthiques représentent une zone grise que la société n'a pas encore pleinement résolue. Même si les algorithmes peuvent fournir une traduction ou une analyse des sentiments avec un niveau de précision jamais vu auparavant, une confiance aveugle dans ces systèmes peut conduire à des erreurs de jugement ou à une compréhension déformée de la réalité.

La question de la responsabilité est un autre aspect qui mérite attention. Par exemple, qui est responsable si un algorithme de traduction fournit une traduction incorrecte entraînant un grave malentendu diplomatique ou médical ? Ou comment gérer la collecte de données émotionnelles à grande échelle que l'analyse des sentiments pourrait impliquer ?

Ces questions nécessitent une réflexion sérieuse et éventuellement une réglementation juridique pour garantir que la technologie est utilisée de manière éthique et responsable.

Se pose également le problème de la qualité des données. La qualité des algorithmes d'IA dépend des données sur lesquelles ils sont formés.

Si ces données sont biaisées ou incomplètes, les algorithmes produiront des résultats peu fiables. Cela est particulièrement vrai dans l'analyse des sentiments, où les nuances culturelles et contextuelles peuvent avoir un impact significatif sur le sens. La diversité linguistique, avec ses dialectes, son jargon et ses expressions familières, présente un défi supplémentaire pour la formation d'algorithmes précis.

Il est clair que la traduction automatique et l'analyse des sentiments ont déjà un impact profond sur la façon dont nous interagissons avec le monde et avec l'information. L'ampleur de cet impact ne fera que s'étendre à mesure que nous affinons nos algorithmes et intégrons plus profondément ces outils dans nos systèmes de reporting et d'analyse. Quoi qu'il en soit, à l'approche d'un avenir dans lequel les barrières linguistiques et interprétatives deviendront de moins en moins des obstacles à la communication et à la compréhension, nous devons également faire face aux défis éthiques et pratiques qui émergent de cette nouvelle frontière.

En résumé, l'IA dans la traduction automatique et l'analyse des sentiments offre des opportunités incroyables pour un monde plus connecté et informé, mais elle présente également son propre ensemble de défis allant de la qualité des données et de la formation à l'éthique et à la responsabilité.

En tant que société, il est impératif que nous abordions ces problèmes de manière proactive, en veillant à ce que l'innovation technologique soit équilibrée par des considérations humaines et morales.

À mesure que nous avançons dans un monde de plus en plus interconnecté, la traduction automatique et l'analyse des sentiments deviendront des outils indispensables pour interpréter et comprendre la quantité croissante de données générées chaque jour. Mais comme pour tout outil puissant, la clé sera de savoir comment nous l'utilisons et dans quel but. Avec la bonne combinaison d'innovation technologique et de conscience éthique, le potentiel d'un monde plus compris et plus empathique est à notre portée.

Chatbots et assistants virtuels

À l'ère du numérique, la manière dont les gens interagissent avec la technologie et accèdent à l'information subit un profond changement. Les assistants virtuels et les chatbots , souvent alimentés par des algorithmes de traitement du langage naturel (NLP), remodèlent l'interaction homme-machine d'une manière impensable il y a à peine dix ans. Ces agents artificiels, intégrés aux sites Web, aux applications ou aux appareils intelligents, transforment un large éventail d'industries, du service client au marketing, de la santé à l'éducation.

Un assistant virtuel, comme Siri d'Apple ou Alexa d'Amazon, fait désormais partie de la famille dans des millions de foyers, aidant les gens à régler des alarmes, à commander de la nourriture ou à vérifier les prévisions météorologiques avec de simples commandes vocales. Ces assistants sont capables d'interpréter le langage naturel, grâce à des algorithmes d'IA sophistiqués qui utilisent l'apprentissage automatique pour s'adapter et s'améliorer au fil des utilisations.

À mesure que ces technologies continuent d'évoluer, leurs capacités deviennent de plus en plus avancées, englobant non seulement les requêtes verbales , mais également le contexte dans lequel elles sont effectuées, permettant une conversation plus naturelle et plus utile avec l'utilisateur.

Cette fonctionnalité s'étend également aux chatbots d'entreprise , qui constituent souvent le premier point de contact entre une organisation et ses clients ou utilisateurs. Les chatbots modernes ne sont pas seulement capables de répondre aux questions fréquemment posées ou de guider les utilisateurs dans des processus complexes ; ils deviennent de plus en plus « intelligents », capables de traiter des demandes complexes, de transmettre les problèmes au personnel humain lorsque cela est nécessaire et de fournir des réponses personnalisées basées sur le comportement et les préférences des utilisateurs. La magie derrière ces fonctionnalités réside dans une combinaison de NLP, d'analyse de données et d'apprentissage automatique, qui permettent ensemble à ces systèmes d'offrir une expérience utilisateur de plus en plus sophistiquée.

Mais qu'est-ce que tout cela signifie pour l'avenir de notre façon d'interagir avec les machines et avec les organisations ? L'une des implications les plus évidentes est qu'à mesure que ces assistants virtuels et chatbots deviennent plus avancés, les obstacles à l'accès aux informations et aux services continuent de diminuer.

Les personnes handicapées, par exemple, peuvent bénéficier énormément de l'utilisation d'assistants vocaux pour des tâches qu'elles pourraient autrement trouver difficiles, voire impossibles à réaliser.

En outre, l'utilisation de chatbots dans le domaine de la santé permet déjà un suivi plus efficace des patients et un accès plus facile aux informations médicales, contribuant ainsi à combler le fossé entre les services de santé et ceux qui en ont besoin.

Cependant, comme pour la traduction automatique et l'analyse des sentiments, l'utilisation de chatbots et d'assistants virtuels soulève un certain nombre de questions éthiques et pratiques qui doivent être soigneusement étudiées. La confidentialité est peut-être la préoccupation la plus immédiate. Les assistants virtuels ont souvent accès à une grande quantité de données personnelles, allant des comportements d'achat aux informations de santé. Comment ces données sont utilisées et qui y a accès sont des questions qui nécessitent des réponses claires et transparentes de la part des prestataires de ces services.

Un autre problème est celui de la dépendance technologique. À mesure que nous comptons de plus en plus sur ces assistants pour diverses fonctions, nous risquons de devenir moins capables d'accomplir des tâches sans leur aide. C'est un sujet de débat entre experts : tandis que certains voient la possibilité d'une « stupidité assistée par la technologie », d'autres soutiennent que les assistants virtuels et les chatbots peuvent en réalité nous libérer des tâches banales, nous permettant ainsi de nous concentrer sur des activités plus créatives et plus gratifiantes.

Débattre de ces questions éthiques et sociales est donc un élément clé pour comprendre le rôle croissant des chatbots et des assistants virtuels dans nos vies. Il ne fait cependant aucun doute que l'intelligence artificielle rend ces interactions plus efficaces et, dans de nombreux cas, plus humaines.

Par exemple, certains assistants virtuels en santé mentale ont été développés pour fournir un premier niveau de soutien psychologique. Ils ne remplacent pas un professionnel de la santé qualifié, mais ils peuvent constituer une « première ligne » de soutien utile pour ceux qui ont besoin d'aide. Même dans cette application sensible, la PNL et l'IA jouent un rôle crucial en donnant le ton émotionnel et en fournissant des réponses appropriées et constructives.

Les applications dans l'éducation représentent un autre terrain fertile pour le développement des chatbots et des assistants virtuels. Les systèmes de tutorat automatisés peuvent aider les étudiants à surmonter les difficultés dans des matières spécifiques en proposant des exercices personnalisés et en suivant leurs progrès au fil du temps. Les enseignants, à leur tour, peuvent utiliser ces plateformes pour obtenir des informations précieuses sur les forces et les faiblesses de la classe, leur permettant ainsi d'adapter le programme en conséquence. De cette manière, la technologie améliore non seulement l'efficacité de l'enseignement, mais offre également un moyen de personnaliser l'expérience d'apprentissage de chaque élève.

Ces possibilités quasi futuristes sont passionnantes, mais il est crucial de ne pas perdre de vue les limites actuelles de la technologie. Aussi avancés que soient les chatbots et les assistants virtuels, ils sont encore loin d'avoir la compréhension contextuelle et la profondeur émotionnelle qui caractérisent les interactions humaines. Des erreurs peuvent survenir et, dans des contextes tels que les soins de santé ou les situations d'urgence, les implications peuvent être graves. Cependant, l'objectif n'est pas de remplacer le jugement humain mais de l'améliorer, en fournissant des outils capables de gérer des tâches répétitives ou des données à grande échelle, laissant les humains libres de se concentrer sur les aspects qui nécessitent de l'empathie, de la perspicacité et une compréhension approfondie.

L'utilisation de chatbots et d'assistants virtuels transforme radicalement la nature des interactions homme-machine et les relations entre organisations et utilisateurs.

Poussés par l'évolution rapide de la PNL et d'autres technologies d'IA, ces systèmes deviennent de plus en plus sophistiqués, capables de gérer un éventail toujours plus large de tâches et de s'adapter aux besoins individuels des utilisateurs.

Cependant, un grand pouvoir implique également de grandes responsabilités : alors que nous entrons dans cette nouvelle ère d'interaction numérique, nous devons prêter attention aux questions éthiques et sociales complexes qui se posent. Ce n'est qu'alors que nous pourrons pleinement réaliser les promesses de cette convergence révolutionnaire entre l'intelligence artificielle et le langage humain.

Applications en éducation et communication

Alors que les chatbots et les assistants virtuels ont commencé à transformer des secteurs tels que le service client et la santé, c'est dans l'éducation et les communications que l'on trouve peut-être certaines des applications les plus innovantes et les plus disruptives. Des plates-formes prenant en charge l'apprentissage à distance aux systèmes facilitant l'engagement éducatif, l'intelligence artificielle dans le traitement du langage naturel (NLP) apporte des changements spectaculaires dans la manière dont les informations sont transmises et reçues.

Prenons, par exemple, l'utilisation de l'IA pour améliorer les compétences linguistiques. Les systèmes basés sur la PNL sont désormais capables d'évaluer le niveau de compétence linguistique d'un individu et de proposer des leçons et des exercices personnalisés. De telles plates-formes identifient non seulement les erreurs grammaticales ou syntaxiques, mais peuvent également comprendre la complexité du langage humain à un degré permettant des corrections contextuelles. Cela améliore non seulement la qualité de l'apprentissage, mais le rend également plus accessible, constituant ainsi une ressource précieuse pour quiconque cherche à apprendre une nouvelle langue sans avoir accès à un professeur qualifié.

La personnalisation est un mot clé lorsqu'il s'agit d'applications éducatives basées sur l'IA.

En plus de l'apprentissage des langues, les plateformes éducatives peuvent utiliser des algorithmes d'analyse de données et d'apprentissage automatique pour comprendre les forces et les faiblesses de chaque élève.

Cela permet une approche plus ciblée de l'apprentissage, où le programme est adapté aux besoins individuels. De cette manière, l'IA devient un outil puissant pour réduire l'écart entre les élèves qui apprennent à des rythmes différents, donnant ainsi à chacun la possibilité de progresser efficacement.

Ce principe de personnalisation peut également s'étendre à des niveaux d'enseignement plus avancés. Imaginez un cours universitaire dans lequel un assistant virtuel est capable de fournir du matériel de lecture ou des exercices supplémentaires en fonction des performances de chaque élève dans les cours précédents. Au lieu d'une approche « taille unique », où tous les élèves reçoivent le même type d'éducation, nous sommes confrontés à un système qui s'adapte et change en fonction des besoins et des performances des élèves. Non seulement cela pourrait améliorer les résultats scolaires, mais cela pourrait également créer un contexte d'apprentissage plus stimulant et plus engageant.

L'impact de la technologie PNL sur l'éducation et la communication ne se limite pas aux contextes d'apprentissage formels. Des organisations telles que des musées, des galeries d'art et des centres scientifiques commencent à utiliser des chatbots et des assistants virtuels pour améliorer l'expérience des visiteurs. Un assistant virtuel pourrait, par exemple, fournir des informations détaillées sur une œuvre d'art ou un artefact historique, répondant aux questions en temps réel et offrant un contexte qui autrement pourrait passer inaperçu. De cette manière, l'IA peut servir de « conservateur numérique », enrichissant l'expérience culturelle et éducative sans remplacer l'importance de l'interaction humaine.

Dans le domaine de la communication, l'IA et la PNL font de grands progrès pour améliorer l'accessibilité. Pour les personnes handicapées, par exemple, les technologies basées sur la PNL facilitent la communication et l'accès à l'information.

Un logiciel avancé de reconnaissance vocale peut transformer la parole en texte et vice versa, tout en traduisant les solutions en temps réel, ils peuvent surmonter les barrières linguistiques comme jamais auparavant. Les implications de ces innovations sont immenses, allant de la facilitation d'interactions plus inclusives à la fourniture de nouveaux outils d' autonomisation individuelle et collective .

Mais comme pour toute technologie émergente, des défis nous attendent. Les questions liées à la confidentialité, à la sécurité et à l'éthique des données restent au cœur du débat public. En outre, si l'IA peut personnaliser l'éducation, elle risque également de créer des « bulles » d'apprentissage, dans lesquelles les étudiants ne sont exposés qu'à des informations et à des perspectives qui renforcent leurs croyances préexistantes. Il s'agit de questions complexes qui nécessitent une discussion approfondie et réfléchie de la part des éducateurs, des développeurs et des décideurs politiques.

Les applications de l'IA dans le traitement du langage naturel transforment radicalement le paysage de l'éducation et de la communication. Qu'il s'agisse de fournir un apprentissage personnalisé et accessible ou d'améliorer l'inclusion et l'engagement, ces technologies représentent une nouvelle frontière dans l'évolution de l'éducation et de la société. Il est cependant crucial que ces innovations soient guidées par un examen attentif de leurs implications éthiques et sociales.

Ce n'est qu'alors que nous pourrons exploiter tout le potentiel de l'IA pour créer un avenir plus égalitaire, inclusif et éduqué.

Quand on pense au chemin parcouru en quelques années seulement, il est difficile de ne pas être optimiste quant à l'avenir des applications de l'IA dans le traitement du langage naturel dans les domaines de l'éducation et de la communication.

Les années à venir pourraient voir émerger des systèmes encore plus intelligents et intuitifs, capables de remplir des fonctions pédagogiques toujours plus sophistiquées. Pourtant, comme toujours, un grand potentiel s'accompagne de grandes responsabilités.

L'IA offre la possibilité de révolutionner notre façon de concevoir l'éducation, en déplaçant l'accent du simple transfert d'informations vers la création d'environnements d'apprentissage.

un apprentissage flexible, personnalisé et surtout centré sur l'étudiant. Mais de nouvelles questions émergent alors : dans un monde de plus en plus dépendant de la technologie, quelles compétences seront considérées comme essentielles pour les citoyens de demain ? Et comment faire en sorte que ces outils pédagogiques avancés soient accessibles à tous, quel que soit leur milieu socio-économique ?

Les réponses à ces questions pourraient façonner l'avenir non seulement de l'éducation, mais aussi de la société dans son ensemble. Nous pourrions assister à la naissance d'une génération d'individus non seulement plus instruits, mais également plus aptes à la pensée critique, à la résolution de problèmes et à l'adaptabilité – autant de compétences essentielles dans un monde en évolution rapide. Mais pour que cela se produise, il est essentiel que l'IA dans l'éducation soit mise en œuvre de manière éthique et responsable.

De même, dans le domaine de la communication, nous devons être conscients du potentiel de l'IA à créer non seulement des opportunités mais aussi des inégalités.

La possibilité de personnaliser les informations peut être une arme à double tranchant. D'une part, il offre la possibilité de proposer un contenu plus pertinent et plus utile pour chaque individu. D'un autre côté, cela risque de créer des chambres d'écho dans lesquelles les gens ne sont exposés qu'à des points de vue qui renforcent leurs croyances et préjugés préexistants. Et puis il y a la question de la désinformation. Avec l'avènement de technologies de synthèse vocale et de génération de texte de plus en plus sophistiquées, le potentiel de création de « fausses nouvelles » ou de contenus trompeurs augmente. Il devient de plus en plus important d'éduquer les gens sur la manière de distinguer les informations fiables des informations non fiables. Les mêmes technologies qui pourraient être utilisées pour tromper peuvent également être utilisées pour éduquer, mais cela nécessite une approche holistique qui va au-delà de la simple mise en œuvre technologique.

L' IA ayant le potentiel de révolutionner l'éducation et la communication, le véritable succès sera déterminé par l'humain – par la manière dont nous choisissons d'utiliser ces nouvelles technologies puissantes et par les normes éthiques que nous fixons pour les guider. Si elles sont utilisées à bon escient, les technologies d'intelligence artificielle dans le domaine du traitement du langage naturel peuvent améliorer la vie individuelle et collective, ouvrant de nouvelles voies pour le développement personnel et le progrès sociétal. Mais comme pour tout outil puissant, le secret réside dans une utilisation responsable et consciente. Et dans ce domaine, comme dans bien d'autres aspects de la vie, l'éducation et la communication seront essentielles.

CHAPITRE 10 : CHAPITRE 10 : L'AVENIR DE L'IA : OPPORTUNITÉS ET DÉFIS

Le XXIe siècle sera sans aucun doute marqué par l'émergence et la maturation de l'intelligence artificielle, une technologie qui promet de révolutionner non seulement le fonctionnement des industries, des économies et des institutions, mais aussi les structures fondamentales des sociétés et leurs interactions. Lorsqu'il s'agit de discuter de l'avenir de l'intelligence artificielle, ou IA, nous nous trouvons sur un territoire chargé d'attentes, certaines réalistes, d'autres spéculatives et d'autres encore frisant la science-fiction. Mais quel que soit l'angle sous lequel on l'aborde, il est impossible d'ignorer l'impact incalculable que cette technologie aura sur la structure de notre monde.

Alors que l'IA commence à imprégner tous les aspects de notre vie quotidienne, de la navigation routière aux conseils d'achat en ligne, des services de santé à la gestion de l'énergie, il est devenu urgent non seulement d'en comprendre la portée, mais aussi de façonner de manière responsable son évolution. La tendance vers la numérisation et l'automatisation, dont l'IA est une composante cruciale, représente un tournant historique qui, s'il est dirigé judicieusement, a le potentiel de conduire à des progrès extraordinaires dans la qualité de la vie humaine. Mais c'est précisément ce potentiel qui rend indispensable une analyse critique des défis qu'il pose. Par exemple, l'IA a déjà commencé à montrer son efficacité pour accélérer la recherche médicale. L'utilisation d'algorithmes sophistiqués pour analyser de grands ensembles de données a permis d'identifier des corrélations et des modèles qui autrement seraient restés cachés à l'œil humain.

Cela a des implications significatives pour le diagnostic précoce et le traitement des maladies, sans parler des implications à long terme pour la personnalisation de la médecine.

De même, la puissance de calcul de l'IA a été exploité pour optimiser la logistique dans de nombreux secteurs industriels, en améliorant l'efficacité et en réduisant les coûts. Toutefois, parallèlement à ces évolutions positives, des problèmes et des enjeux inquiétants apparaissent également. L'IA n'est pas seulement une force bénéfique ; elle représente également une série de risques et d'incertitudes allant des implications éthiques à la sécurité de l'information, du chômage technologique à l'aggravation des inégalités. Son rôle dans le renforcement ou l'affaiblissement des structures démocratiques fait encore l'objet de nombreux débats, tout comme son impact sur la dynamique géopolitique mondiale.

Face à ce scénario complexe, ce chapitre vise à fournir une analyse détaillée et approfondie des opportunités et des défis posés par les progrès de l'IA. L'objectif est d'aller au-delà de l'hypothétique et du sensationnel pour explorer des scénarios futurs fondés sur des données et des faits, en considérant à la fois l'impact social et économique et le rôle crucial que l'humanité doit jouer pour façonner cet avenir. Grâce à cet examen, nous entreprendrons un voyage qui nous mènera des frontières de l'innovation technologique aux frontières de l'éthique et de la philosophie, en cherchant à comprendre comment l'IA peut être guidée d'une manière qui sert les meilleurs intérêts de l'humanité dans son ensemble.

Explorer des scénarios futurs : impact social et économique
L'un des aspects les plus intrigants mais aussi les plus inquiétants de l'intelligence artificielle est sa capacité à perturber les structures sociales et économiques existantes.

Prenons, par exemple, l'automatisation. Si l'automatisation basée sur l'IA peut conduire à une production plus efficace et à une utilisation plus rationnelle des ressources, elle peut également conduire à un chômage massif dans certaines catégories d'emplois. Certains emplois sont plus faciles à automatiser que d'autres, et les travailleurs de ces secteurs seront les premiers confrontés au problème de l'outplacement.

Il ne s'agit pas seulement de pertes d'emplois, mais aussi de qualité des emplois créés pour remplacer ceux perdus. L'IA est souvent mieux adaptée aux emplois répétitifs et par cœur, ce qui pourrait conduire à une polarisation du marché du travail, avec un nombre croissant d'emplois hautement qualifiés et peu qualifiés, tandis que les postes intermédiaires disparaissent. Dans un tel scénario, nous sommes appelés à réfléchir à la manière de restructurer nos économies et nos systèmes éducatifs pour préparer les gens à affronter ce nouveau monde.

Au-delà de l'automatisation, nous devons considérer l'impact de l'IA sur la vie privée et la surveillance. Alors que les techniques d'IA telles que la reconnaissance faciale et l'analyse de données deviennent de plus en plus avancées, leur application dans les systèmes de surveillance de masse et la surveillance des comportements individuels le devient également. La question clé ici n'est pas seulement de savoir si ces technologies doivent être utilisées, mais aussi comment elles peuvent être réglementées pour empêcher les abus de la part des autorités ou des entreprises.

Un autre domaine dans lequel l'IA montre un impact significatif est celui des soins de santé.

Grâce à des algorithmes sophistiqués, il est possible non seulement d'améliorer le diagnostic et le traitement des maladies, mais également d'adapter les plans de traitement aux besoins individuels des patients.

L'IA peut également jouer un rôle clé dans la gestion des ressources de santé, en contribuant à optimiser l'allocation des médecins, des infirmières et des équipements pendant les périodes de forte demande.

Ce ne sont là que quelques-uns des nombreux domaines dans lesquels l'IA a le potentiel de révolutionner notre façon de vivre. Mais chacun de ces changements entraîne une série de défis auxquels nous devons être prêts à faire face.

Si l'IA peut rendre les systèmes plus efficaces, elle peut également introduire de nouveaux types de vulnérabilités. Par exemple, un système de diagnostic médical basé sur l'IA pourrait être sujet à des erreurs ou à des manipulations susceptibles d'avoir de graves conséquences pour les patients.

Et si l'IA peut optimiser l'utilisation des ressources, elle pourrait également être utilisée pour renforcer les inégalités existantes, en concentrant les ressources et les opportunités entre les mains de quelques-uns au détriment du plus grand nombre.

La question n'est donc pas de savoir si l'IA aura un impact sur la société et l'économie ; cet impact est désormais inévitable. La vraie question est de savoir comment orienter cet impact pour qu'il soit le plus bénéfique possible tout en évitant les pièges et les dangers que présente sans aucun doute cette nouvelle technologie. Pour ce faire, il est essentiel d'aborder directement les opportunités et les défis que pose l'IA, ce qui constitue le cœur du prochain segment de ce chapitre.

Aperçu des opportunités et des défis

Les opportunités offertes par l'intelligence artificielle sont immenses, mais ces opportunités ne sont pas sans obstacles.

Comme nous l'avons vu, l'automatisation pourrait éliminer certains types de travail, mais elle pourrait aussi ouvrir la voie à de nouveaux métiers et à de nouvelles façons de faire des affaires que nous ne pouvons même pas imaginer actuellement. Le point clé ici est la nécessité d'une approche équilibrée et réfléchie qui tienne compte à la fois du potentiel inhérent et des limites de l'utilisation de l'IA.

Dans le secteur de la santé, par exemple, les algorithmes pourraient fournir des diagnostics plus rapides et plus précis, accélérant ainsi le processus de traitement et réduisant la pression sur les professionnels de santé. Mais cela soulève d'importantes questions éthiques : quels sont les critères permettant de décider si un algorithme est suffisamment « précis » pour être utilisé en milieu clinique ? Et comment garantir que les données sur lesquelles ces algorithmes sont formés sont représentatives de tous les groupes démographiques, en évitant les biais implicites qui pourraient nuire aux communautés déjà défavorisées ?

Les opportunités en matière de surveillance et de sécurité sont également doublées.

D'une part, l'IA peut fournir des moyens plus efficaces de prévenir la criminalité et d'assurer la sécurité. D'un autre côté, le même pouvoir peut être utilisé pour envahir la vie privée et limiter les libertés individuelles s'il n'est pas correctement réglementé. Cela est particulièrement vrai dans les régimes politiques autoritaires, mais aussi dans les démocraties, où la tentation de « faciliter » le travail des agences de sécurité pourrait conduire à une érosion des libertés civiles.

L'IA a le pouvoir de décentraliser l'accès à l'information et à la connaissance. Les plateformes d'apprentissage en ligne basées sur l'IA, par exemple, pourraient rendre une éducation de haute qualité accessible à toute personne disposant d'une connexion Internet.

Mais même dans ce cas, il existe un risque que ces plateformes soient utilisées pour propager de la désinformation ou des préjugés, soit intentionnellement, soit en raison des limites de la programmation des algorithmes.

Dans ce panorama complexe d'opportunités et de défis, la question qui se pose est la suivante : comment équilibrer ces éléments opposés ? C'est là qu'entre en jeu le rôle de l'humanité dans l'évolution de l'IA, un thème qui constituera la conclusion de ce chapitre. La gestion responsable du potentiel de l'IA nécessite une collaboration multidisciplinaire entre les technologues, les éthiciens, les législateurs et, in fine, l'ensemble du tissu social. Ce n'est que par un dialogue ouvert et honnête sur ces questions que nous pouvons espérer guider le développement de l'IA de manière à maximiser les avantages et à minimiser les risques. Et pour ce faire, nous devons réfléchir à notre rôle, en tant que société et en tant qu'individus, dans l'élaboration de l'avenir de l'intelligence artificielle.

Le rôle de l'humanité dans l'évolution de l'IA

La conception, la mise en œuvre et la régulation de l'intelligence artificielle sont en fin de compte le reflet des valeurs humaines. Si nous voulons que l'IA soit un outil pour le bien collectif, nous devons y être activement impliqués.

déterminer les principes éthiques et moraux qui le guident.

Il s'agit d'une tâche difficile mais indispensable qui nécessite la participation de toutes les parties prenantes, de la communauté scientifique aux décideurs politiques, des chefs d'entreprise au grand public. Prenons par exemple le cas des véhicules autonomes.

Lorsqu'ils sont programmés correctement, ces véhicules ont le potentiel de réduire considérablement les accidents de la route causés par l'erreur humaine.

Mais cela soulève un certain nombre de questions éthiques. Comment un véhicule autonome devrait-il être programmé pour réagir dans une situation d'urgence où toutes les options comportent un certain niveau de risque pour la vie humaine ? La réponse à cette question n'est pas seulement technique, mais profondément éthique et devrait être le résultat d'un large débat public.

Un autre aspect crucial est la transparence. Bon nombre des technologies d'IA les plus avancées, telles que les réseaux neuronaux profonds, sont souvent décrites comme des « boîtes noires » qui effectuent des calculs que les humains ne comprennent pas. Si nous voulons confier des décisions critiques à ces systèmes, il est impératif que nous comprenions comment ils fonctionnent, ou du moins que nous disposions de moyens de les interroger sur les décisions qu'ils prennent. Cela est particulièrement vrai dans des domaines tels que la médecine légale ou les soins de santé, où les décisions peuvent avoir des implications directes et significatives sur la vie des personnes.

La gouvernance de l'IA est une autre question cruciale qui nécessite une action collective. À mesure que l'IA s'implante dans de plus en plus d'aspects de nos vies, le besoin d'un cadre réglementaire devient de plus en plus pressant. Qui doit être responsable lorsqu'un algorithme prend une mauvaise décision ? Comment pouvons-nous garantir que l'IA est utilisée de manière éthique et responsable ? Ce sont des questions qui ne peuvent être laissées aux seules entreprises technologiques ou aux gouvernements, mais qui nécessitent une structure de gouvernance solide impliquant tous les principaux acteurs de la société.

Le dernier point à considérer concerne l'aspect de l'inclusivité . L'IA, comme toute autre technologie, n'est pas à l'abri des préjugés sociaux qui peuvent être intégrés dans les données sur lesquelles elle est formée.

Du diagnostic médical aux décisions juridiques, de la reconnaissance faciale à la sélection du personnel, il est crucial de garantir que l'IA ne perpétue pas les inégalités sociales existantes mais contribue plutôt à les atténuer.

L'IA est à la fois extrêmement prometteuse et présente un ensemble complexe de défis. Pour réussir à naviguer dans ces eaux incertaines, une approche holistique est nécessaire qui place l'humanité au cœur de l'évolution de l'IA. Nous devons être proactifs pour façonner le paysage éthique, social et politique dans lequel l'IA est censée fonctionner. Ce n'est que grâce à des efforts conjoints que nous pourrons garantir que l'IA soit développée et utilisée de manière à ce que les avantages l'emportent largement sur les risques, conduisant ainsi l'humanité vers un avenir plus sûr, plus équitable et plus prospère.

CONCLUSIONS : L'IA COMME PONT ENTRE LE PRÉSENT ET LE FUTUR

Alors que nous nous apprêtons à conclure ce voyage dans l'univers de l'intelligence artificielle, il est essentiel de relativiser le contexte dans lequel tout cela se produit. L'intelligence artificielle est devenue l'une des forces de transformation les plus puissantes de notre époque, allant des algorithmes invisibles qui régulent les détails de notre vie quotidienne à la recherche de pointe qui ouvre de nouvelles possibilités en science et en médecine. Ma a differenza di molte altre tecnologie, l'IA possiede un singolare potere di autoriflessione: essa ci invita a interrogarci su chi siamo, su cosa significhi essere intelligenti e, infine, su quale ruolo vogliamo che la tecnologia giochi nel disegnare i contorni del nostro futur.

L'intelligence artificielle, en ce sens, n'est pas seulement un ensemble d'outils technologiques avancés. C'est une lentille à travers laquelle examiner les questions fondamentales liées à l'éthique, à la société, à l'éducation et à l'évolution humaine. C'est un pont, une connexion entre le présent dans lequel nous vivons et le futur qui nous attend. La solidité de ce pont dépend toutefois de la manière dont nous aborderons les différents défis et opportunités qui émergent de cette révolution en cours. S'il est construit judicieusement, ce pont peut nous conduire vers un avenir de prospérité, d'équité et de bien-être. Mais si les fondations sont faibles, si nous ignorons les dilemmes éthiques et les implications sociales, nous risquons d'ériger un passage instable qui pourrait s'effondrer sous le poids de ses propres contradictions.

Pour cette raison, ce chapitre du livre est à la fois une réflexion et une synthèse. Ici, nous rassemblons les différents fils de discussion que nous avons tissés dans les chapitres précédents pour créer une image plus complète du paysage de l'IA.

De son rôle dans l'évolution de l'industrie et des soins de santé à sa capacité à transformer le langage et la communication, nous abordons les nombreuses façons dont l'IA impacte nos vies.

Et alors que nous regardons vers l'avenir, il est essentiel de maintenir un sentiment d'équilibre et de perspective. L'IA est une force puissante, mais c'est aussi un outil créé par l'homme. Ses effets, tant positifs que négatifs, sont le résultat des choix que nous faisons aujourd'hui. Dans ce dernier chapitre, nous nous efforçons de fournir une vision équilibrée et réfléchie de ce qui pourrait arriver, d'examiner les opportunités passionnantes ainsi que les défis troublants, et d'envisager le rôle crucial que chacun de nous peut jouer dans la direction de cette aventure technologique révolutionnaire.

En fin de compte, l'histoire de l'intelligence artificielle est aussi l'histoire de l'humanité – un récit qui est encore en cours d'écriture. Nous ne concluons donc pas par un point, mais par un point de suspension, laissant la porte ouverte aux possibilités infinies que l'avenir a à offrir. Et ce que deviendra cet avenir dépendra, dans une large mesure, de la manière dont nous choisirons de franchir le pont entre le présent et ce qui est à venir.

S'il y a un message fondamental que nous espérons faire passer dans ce livre, c'est que l'intelligence artificielle est autant le produit de notre ingéniosité qu'un acteur qui affectera profondément notre avenir. Il ne s'agit pas d'une force toute-puissante et indépendante, mais plutôt d'un miroir reflétant à la fois nos idéaux les plus élevés et nos contradictions les plus manifestes. En ce sens, l'IA n'est pas seulement un défi technologique ; c'est un défi éthique, social et finalement humain.

La technologie continue d'évoluer, il ne faut jamais perdre de vue que ce sont les êtres humains qui programment les algorithmes et définissent les critères de réussite. Nous décidons quels problèmes résoudre et comment les résoudre. Et même si l'IA peut effectuer des calculs à une vitesse et avec une précision qui dépassent de loin nos capacités, elle est incapable d'exercer un jugement moral, de percevoir la beauté ou d'éprouver l'amour et la compassion. Ces domaines restent exclusivement humains, et ce sont ces caractéristiques que nous devons valoriser et protéger à mesure que nous naviguons dans l'ère de l'intelligence artificielle.

Si nous voulons saisir les opportunités offertes par l'IA – de la médecine personnalisée à la mobilité durable, de l'éducation inclusive à la démocratie participative – nous devons également être proactifs pour atténuer les risques. Nous devons aborder les questions de vie privée, d'éthique et de justice avec la même urgence et le même engagement avec lesquels nous poursuivons les innovations technologiques. De la même manière, nous devons veiller à ce que les bénéfices de l'IA soient répartis équitablement, afin que chacun, et pas seulement une petite élite, puisse profiter des fruits du progrès.

Cela nécessite une prise de conscience collective et un engagement partagé. Cela implique la participation non seulement d'ingénieurs et de scientifiques, mais aussi de philosophes, d'artistes, de législateurs, d'éducateurs et, bien sûr, de tous les membres de la société. Chacun de nous a un rôle à jouer pour façonner l'avenir de l'intelligence artificielle, et donc l'avenir de l'humanité. Et alors que nous approchons de l'horizon de cet avenir inexploré, nous sommes invités à prendre cette responsabilité au sérieux, avec humilité, mais aussi avec un sentiment d'espoir et d'émerveillement.

Par conséquent, en clôturant ce livre, ne le considérons pas comme une conclusion, mais plutôt comme un début. L'histoire de l'IA est encore en train de s'écrire, et les pages blanches qui suivent sont une invitation ouverte : une invitation à réfléchir, à discuter, à expérimenter et surtout à agir. Ensemble, nous avons l'opportunité, et peut-être même le devoir, de façonner une technologie capable d'amplifier le meilleur de ce que signifie être humain, en construisant un avenir que nous pouvons non seulement imaginer, mais que nous sommes fiers de transmettre aux générations futures.

Dans la course à l'innovation, l'éthique et la sensibilisation ne sont pas facultatives mais des impératifs essentiels. L'IA est bien plus qu'un ensemble d'algorithmes ; c'est une lentille à travers laquelle nous nous voyons nous-mêmes et le monde qui nous entoure. Cela peut magnifier nos aspirations les plus nobles, mais aussi refléter nos préjugés les plus subtils.

La responsabilité de naviguer dans ce double potentiel incombe à chacun de nous. Nous ne pouvons pas permettre que la technologie serve d'excuse à l'indifférence éthique ou au mépris des principes humains fondamentaux. De l'accès équitable aux traitements médicaux à la protection de la vie privée des individus, des décisions de mobilité durable à la justice dans la répartition des ressources, notre conduite éthique dans ces domaines définira non seulement l'avenir de l'IA, mais aussi le tissu moral de la société dans laquelle nous vivons. bâtiment. Chaque choix que nous ferons sur ce chemin façonnera notre destin collectif. L'invitation est donc claire : abordons l'aventure de l'intelligence artificielle avec un œil ouvert sur l'innovation extraordinaire et l'autre fixé sur les valeurs qui rendent la vie humaine extraordinaire.

Nous agissons avec conscience, nous agissons de manière éthique et surtout, nous agissons ensemble.

Parce que ce n'est que grâce à l'union de la technologie et de l'humanité que nous réaliserons un avenir dans lequel les deux pourront prospérer.

Intelligence artificielle

1. OpenAI GPT-3 : l'un des plus grands réseaux de neurones pour la génération de texte, utilisé dans une variété d'applications allant de l'écriture créative au support client.

2. DeepMind AlphaGo et AlphaFold : AlphaGo est connu pour avoir vaincu le champion du monde de Go, tandis qu'AlphaFold a fait des progrès révolutionnaires dans la prédiction de la structure des protéines.

3. Waymo : Une filiale d' Alphabet Inc. _ (la société mère de Google) qui développe une technologie pour les véhicules autonomes.

4. Tesla Autopilot : Bien qu'il ne soit pas entièrement autonome, le système d'aide à la conduite de Tesla est l'un des plus avancés disponibles dans le commerce.

5. IBM Watson : utilisé dans divers secteurs tels que les soins de santé et le service client pour l'analyse des données et l'interprétation du langage naturel.

6. Nvidia DLSS : Deep Learning Super Sampling est une technologie d'intelligence artificielle qui améliore les graphismes des jeux vidéo.

7. Spot de Boston Dynamics : un robot quadrupède

capable de naviguer dans des environnements difficiles et utilisé dans diverses industries, de l'industrie à la recherche scientifique.

8. BERT (Bidirectionnel Encoder Representations from Transformers) : Un modèle de langage naturel qui a montré des résultats remarquables dans une variété de tâches de traitement du langage.

9. Salesforce Einstein : une suite d'intelligence artificielle qui fournit des informations et des analyses de données pour améliorer la gestion de la relation client.

10. Chatbots avancés comme Mitsuku et Replika : Ces chatbots utilisent des techniques avancées de traitement du langage naturel pour offrir des conversations plus naturelles et plus réalistes.

L'intelligence artificielle pour tous

1. **Assistant Google et Siri d'Apple** : assistants virtuels sur les appareils mobiles qui peuvent vous aider dans des tâches telles que la recherche sur le Web, la configuration de rappels et la réponse à des questions de base.

2. **Amazon Alexa** : Un assistant virtuel présent dans

les enceintes intelligentes Echo d'Amazon , avec une grande variété de « compétences » ou d'applications pouvant être activées.

3. **Chatbot comme Replika** : Un chatbot avec lequel vous pouvez mener des conversations sur un large éventail de sujets.

4. **GPT-2 d'OpenAI** : Alors que la version plus grande de GPT-3 n'est généralement accessible que via l'API et a souvent un coût associé, des modèles plus petits comme GPT-2 ont été publiés pour un usage public et sont disponibles pour la formation et le développement.

5. **TensorFlow et PyTorch** : bien qu'elles ne soient pas des IA en soi, ces bibliothèques open source permettent aux utilisateurs de créer et de former leurs propres modèles d'IA.

6. **Zapier** : Un service qui permet d'automatiser les workflows entre différentes applications web, en utilisant une forme d'intelligence artificielle pour identifier et créer des « Zaps » ou actions automatisées.

7. **Wit.ai** : Une plateforme de création d'applications en langage naturel pouvant être intégrées à d'autres applications ou services.

8. **étreindre Visages Bibliothèque Transformers** : Une bibliothèque pour travailler avec des modèles comme BERT et GPT-2. Il est orienté recherche mais est suffisamment accessible aux développeurs.

9. **Quillbot** : Un outil de réécriture et de paraphrase basé sur l'IA, gratuit et facile à utiliser.

10. **Otter.ai** : Un service de transcription qui utilise l'IA pour convertir une conversation vocale en texte.

11. **DeepArt** : Un outil qui utilise les réseaux de

neurones pour transformer vos photos en œuvres d'art basées sur les styles de peintres célèbres.

12. **Vite , dessine !** : Un jeu en ligne de Google qui utilise l'apprentissage automatique pour deviner ce que vous dessinez en temps réel.

13. **FaceApp** : Une application qui utilise l'IA pour éditer des photos de visages, ajouter des sourires, vieillir des personnes, changer de sexe, etc.

14. **Grammarly** : Un assistant d'écriture qui utilise l'IA pour corriger les erreurs grammaticales, améliorer le style et même suggérer un ton approprié.

15. **Rasa** : Une IA open source qui permet aux utilisateurs de créer des chatbots conversationnels . Il est suffisamment polyvalent pour être utilisé dans différentes applications de messagerie.

16. **Pandorabots** : une plate-forme pour créer et implémenter des chatbots basés sur AIML (Artificial Intelligence Markup Language) .

17. **DataRobot** : Un outil d'auto-apprentissage qui aide les entreprises à construire des modèles prédictifs sans nécessairement être des experts en science des données.

18. **Mailchimp** : principalement connu comme outil de marketing par e-mail, Mailchimp propose également des fonctionnalités basées sur l'IA telles que l'optimisation du temps d'envoi.

19. **MonkeyLearn** : un outil d'analyse de texte basé sur l'IA qui peut extraire des informations, baliser des textes et bien plus encore.

20. **Blippar** : Une application de réalité augmentée qui utilise l'IA pour identifier des objets dans le monde réel grâce à la caméra de votre appareil mobile.

21. **Zapier** : Bien qu'il ne s'agisse pas strictement d'une

application d'IA , Zapier utilise des algorithmes intelligents pour vous aider à automatiser les flux de travail entre différentes applications Web.

22. **Dialogflow** : Une plate-forme de Google pour créer des chatbots et des assistants vocaux pouvant être intégrés dans une variété d'applications, des sites Web aux applications mobiles .

23. **Wit.ai** : Semblable à Dialogflow , il vous permet de créer des applications vocales et textuelles capables de comprendre le langage naturel.

24. **Prisma** : Une application qui utilise des réseaux de neurones pour transformer des photos en images qui ressemblent à des techniques de peinture célèbres.

25. **Gboard** : le clavier de Google utilise l'IA pour suggérer la complétion du texte et améliorer la prédiction des mots au fur et à mesure que vous tapez.

26. **Quillbot** : un paraphraseur en ligne qui utilise l'IA pour aider les utilisateurs à reformuler ou à synthétiser des textes.

27. **Otter.ai** : Un service qui propose des transcriptions audio en temps réel, utilisant l'IA pour reconnaître la langue parlée.

28. **Loomie** : Une application qui crée des avatars 3D personnalisés en utilisant l'intelligence artificielle pour cartographier les expressions faciales.

29. **Drift** : Une plateforme de chatbot marketing et commercial qui utilise l'IA pour automatiser les interactions clients.

30. **Freenome** : Bien qu'il ne s'agisse pas d'une application grand public, Freenome utilise l'IA pour diagnostiquer le cancer à un stade précoce grâce à

des analyses de sang.

31. **Grammarly** : une extension de navigateur et une application de bureau qui utilise l'IA pour améliorer votre écriture, corriger les erreurs de grammaire et suggérer de meilleurs styles et tons.

32. **Replika** : Un chatbot conçu pour converser comme un humain, dans le but d'agir comme un « ami virtuel » pour l'utilisateur.

33. **Kuki** : Un chatbot multiplateforme utilisé à diverses fins, du support client à la capture de leads .

34. **Blippar** : Une application qui utilise la réalité augmentée et l'intelligence artificielle pour fournir des informations sur des objets et des lieux via l'appareil photo de votre smartphone.

35. **AIVA** : Un moteur de composition musicale qui utilise l'IA pour créer des morceaux de musique pour différents genres et styles.

36. **SoundHound** : Une application de reconnaissance musicale qui utilise l'IA pour identifier les chansons et également pour donner des commandes vocales comme un assistant virtuel.

37. **GPT-3 d'OpenAI** : bien qu'ils ne soient pas directement accessibles au grand public, divers services utilisent cette puissante technologie de génération de langage pour diverses applications, de l'écriture créative au traitement du langage naturel.

38. **Pandorabots** : Une plateforme qui vous permet de créer et d'héberger des chatbots dotés de capacités d'apprentissage.

39. **CureMetrix** : Bien que centrée sur le secteur de la santé, cette plateforme utilise l'IA pour améliorer la précision des mammographies.

40. **Citymapper** : Une application de navigation

urbaine qui utilise l'IA pour proposer des itinéraires optimisés en utilisant différents modes de transports publics.

41. **Quillbot** : Un outil de paraphrase alimenté par l'IA qui aide à reformuler des phrases ou des paragraphes, populaire parmi les étudiants en rédaction et les professionnels.

42. **TrueLayer** : Une interface qui utilise l'IA pour permettre l'accès et la gestion des données financières, optimisant ainsi les services bancaires et financiers.

43. **Zapier** : Bien qu'il ne soit pas uniquement alimenté par l'IA, il utilise des algorithmes intelligents pour automatiser les tâches dans différentes applications Web.

44. **Nutonomy** : Une entreprise dédiée à la création de véhicules autonomes pour les transports publics, améliorant l'efficacité des transports et réduisant les accidents.

45. **Jasper AI** : Un générateur de texte qui utilise l'IA pour créer du contenu écrit à des fins telles que le marketing, la blogosphère et la rédaction académique.

46. **Deep 6 AI** : Un outil qui accélère le recrutement de patients pour les essais cliniques, en utilisant l'apprentissage automatique pour trouver plus rapidement des candidats appropriés.

47. **H20.ai** : Une plateforme qui propose un ensemble d'outils pour l'analyse de données, l'apprentissage automatique et la modélisation de l'IA, en mettant l'accent sur l'accessibilité pour les non-experts.

48. **SenseTime** : Spécialisée dans la reconnaissance visuelle et faciale, cette société utilise l'IA dans des applications de sécurité et de surveillance.

49. **Rainbird** : Un système de raisonnement automatisé qui aide les entreprises à prendre des décisions plus éclairées en simulant le processus de prise de décision humain.

www.ingramcontent.com/pod-product-compliance
Lightning Source LLC
LaVergne TN
LVHW051444050326
832903LV00030BD/3232

9798860981539